KB079862

아르카와 이라

Título original en español
Arca e ira con/versaciones en tiempos de deshumanización ©
2019, Miguel Andrés Rocha Vivas
D.R. © 2019, Editorial de la Universidad de Guadalajara

This book has been supported by The Ministry of Culture of
Colombia.
이 책은 콜롬비아 문화부의 지원을 받아 출간되었습니다.

아르카와 이라

비인간화
시대의
대 / 화

미 켈
로 차
비 바 스

우 석 균
김 현 균
옮 김

차례

생명의 꽃이 되살아나는
빛나는 꽃망울, 아말리아에게

여행, 바퀴, 레일
그리고 동물의 구속

(개 두에르메아우토피스타스와 걸어가는 아르카와 이라)

아르카 여행자들은 운명의 수레바퀴에 노출된 채 소용돌이
　　치듯 움직이지.

이라 순례자는 행운아이기 십상이야. 열성적인 관광객과 여
　　기저기 출장을 다니는 사업가는 우연에 훨씬 더 많이 노출
　　되어 있어. 소비하는 동시에 여행에 의해 소비되는 거지.

아르카 관광객은 빚을 떠안은 채, 기억할 만한 순간이나 기념
　　물이 담긴 사진을 잔뜩 짊어지고 돌아오지만, 여전히 집이
　　나 사무실을 떠났을 때와 매한가지거나 더 공허한 경우가
　　다반사야.

이라 사업가는 차례가 되어서 여행하는 것이지 꼭 원해서 하
　　는 건 아니야. 이따금 도시에 도착해서 회의에 몰두하지만,
　　여전히 예산과 비즈니스 목적에 묶여 있어. 실은 자신이 속
　　한 세계의 테두리를 벗어나지 못한 거지. 때때로 잠시 짬을
　　내서 누군가가 아닌 무언가를 방문하기도 해. 구매자가 가
　　족을 대체하는 것이지. 여행지와 여행 자체는 비즈니스에
　　의해 대상화되었고, 계약서에 서명하는 일이 '발견'으로 간
　　주되지 않는 한, 그것은 대체로 해방도 발견도 아니야. 안
　　그래?

아르카 맞아. 하지만 적어도 사업가에게는 하나의 목적이 있

어. 비즈니스 목적. 관광객은 타인들의 비즈니스 대상이지. 이른바 투어는 일반적으로 고비용에 시간에 쫓기는 긴 여정이야. 매일매일 지시로 인해 스트레스를 받는 유람의 연속인 셈이지. 타세요, 내리세요, 가까이 오세요, 이제 그만, 주목!, 쇼핑하세요, 들어가세요, 들어가시라고요.

이라 두 경우 모두 예외가 있다는 걸 기억해. 적정한 여행 가이드가 인솔하는 소규모 그룹의 경우가 그래. 아니면 사람들이 비즈니스를 넘어 서로 격의 없이 친근하게 지낼 때도 그렇지. 이 경우에는 목적, 즉 타깃이라고 하는 것을 제쳐두잖아.

아르카 관광객들은 흔히 상품 취급을 받고 많은 경우 투어 중에 만나는 사람들을 똑같이 상품으로 취급하는 법을 배워. 그들은 움직이는 건 뭐든지 먹지. 토박이 아이들, 원숭이, 희귀 동물들에게 사탕을 던져 주고. 또 지역에 서식하는 동물로 만든 파테를 주문하지. 촬영해서는 안 될 것을 촬영하기도 하고.

이라 때때로 관광객들은 국제정치의 관심을 끌기 위한 군사적 표적이 되기도 하지. 무장단체가 자신들의 존재를 드러내고자 할 때 해변에서 일광욕을 하거나 사원을 방문하거나, 심지어는 극장이나 야외 카페에서 즐거운 시간을 보내는 관광객들에게 총격을 가하기도 하잖아.

아르카 인도에는 순례를 갈 수 있는 지역들이 있어. 채식과 영성의 나라라고 하지만 우리를 고기나 미끼 취급하는 곳이 도처에 널려 있어서… 살아남으려면 조금은 공격적으로 처신해야 해. 이것이 관광객의 카니발리즘인데, 어떤 투어들은 여기에서 우리를 보호해 주지. 하지만 순례자로 혼자 간다면… 물론 총을 들이대고 강탈하는 것은 아니지만 기념품을 입속에 쑤셔 넣고 싶어 해. 무엇을 사든, 이동을 위해 어떤 삼륜차를 타든, 필요로 하는 서비스가 무엇이든, 보통은 적어도 두세 배 또는 몇 배 더 많은 요금을 청구하지.

이라 NO! 라고 말하는 법을 배워야 해. 노기등등하게. 천둥과 벼락의 신 인드라나 의식용 검을 든 칼리처럼 눈에 불을 켜고.

아르카 인도는 여행자에게 순수한 불꽃이야.

이라 요가 수행자들이 프라티아하라라고 부르는 것. 지나치게 과도한 감각과 외부 자극(이미지, 냄새, 스모그, 소음) 때문에 결국 내면으로 침잠하게 되는 것이지…

아르카 자연스러운 반응이야. 우리를 내면으로 도피하도록 이끄는 셈이니까.

이라 실질적인 영향력을 감안하면 현재 우리를 영성으로 이끄는 길은 거리, 교통 그리고 군중이라고 말할 수도 있어. 우리는 우리가 누구인지 스스로 물어야 해.

아르카 맞아. 그리고 그건 어떤 유형의 정신적 접촉에도 적용할 수 있을 거야. 애초에 이러한 내면으로의 퇴각은 소음과 불시의 위협, 그리고 심지어 오염으로부터 자신의 몸을 보호하기 위한 것이지.

이라 사실이야. 우리는 더 맑은 공기를 마시기를 원해. 힌두교도들이 사우차saucha(청결)라고 부르는 것이 시작되는 것은 바로 그때야. 적어도 교통, 가스 배출, 쓰레기 방출 등을 전혀 통제할 힘을 갖고 있지 못한 우리 여행자들에게는 말이야.

아르카 바라나시와 콜카타에서는 소들이 쓰레기를 먹어 치우지… 어느 날 원숭이들이 한 호텔에서 거리에 던져진 화장실 휴지를 가지고 노는 것을 보았어. 불교 사원 근처였어. 아무도 원숭이들을 제지하지 못했어. 원숭이들에게 그들 자신의 기도 깃발을 매달 권리가 주어졌던 거지.

이라 그런데, 알아? 거리, 사원, 기차역에서 원숭이를 만나는 건 인상적이야. 정말로 패거리를 지어 몰려다니지. 때로는 한눈파는 관광객들 물건을 훔치기도 한다니까.

아르카 하지만 나는 그런 일은 전혀 겪어 보지 않았어. 원숭이 무리를 보았을 때 나를 위협하긴 했지. 비하르주에서 기차를 탈 때의 일이었던 것 같아. 그리고 이건 같은 인도 북부지만 비하루주의 서쪽에 있는 오르차의 한 호텔에서 겪은 일이야. 방에서 쉬고 있다가 멀리 중세 인도의 황갈색 성들을 보려고 창문으로 머리를 내밀었어.

이라 원숭이 왕 하누만을 봤어?

아르카 아니! 하지만 어쩌면 본 것도 같아. 발코니에서 느긋하게 쉬고 있는 원숭이였어. 너무나 골똘히 사색에 잠긴 모습이어서 그 비슷한 동물을 한 번도 본 적이 없다는 생각이 들 정도였어.

이라 우리의 형제!

아르카 맞아. 우리의 형제이자 사촌이고 친구지. 실은 내게 눈길도 주지 않았지만. 사진을 두 장 찍었는데, 미동도 하지 않았어. 아래쪽 다른 지붕들 위에서 무리의 원숭이들이 어슬렁거리고 있었는데 쥐 죽은 듯이 조용했어. 보아하니 먹을 것을 찾는 눈치더라고. 발코니에 있던 원숭이가 보초였는지는 모르겠어. 하지만 그렇게 보이지 않았어. 솔직히 말하자면, 내가 밤에 하누만 사원을 찾았을 때 유색 가루를

랑구르 원숭이. 인도 오르차.

입힌 하누만 조각상들과 향기로운 꽃목걸이는 내 창문에
서 본 랑구르[1]에 비해 전혀 인상적이지 않았어.

이라 그 마을에서는 대대로 원숭이와 하누만을 숭배해 왔다
고 책에서 읽었어.

아르카 맞아. 아시아의 일부 지역에서는 동물들이 유구한 세
월 동안 존중받아 왔어. 그 덕분에 그 지역의 동물들은 자

---

1 몸이 여윈 인도산 원숭이.

붙잡힌 원숭이. 파나마 산블라스 제도.

신들이 우리와 동등하거나 심지어 더 낫다고 느끼게 된 거
야. 서커스의 놀잇감이나 맥도날드 햄버거 신세가 될까 봐
도망칠 일은 전혀 없지.

이라 스테이크 얼굴을 한 채 트럭에 실려 파타고니아의 팜파
스를 지나가는 소들처럼. 소들은 곧장 도살장으로 실려 가
는데, 먹어 치우기 전에 왜 그렇게 가혹하게 다루는지 모르
겠어.

아르카 많은 관광객들이 그렇듯, 상품 취급을 당하는 거지.

이라 이봐! 서양이라고 불리는 곳에서 우리 인간은 신성한
동물들에게 정말이지 몹쓸 짓을 하고 있어.

아르카 나는 내가 서양인이라고 생각하지 않아. 부분적으로

는 우리의 동시대인들이 인간이 동물이라는 사실을 잊었기 때문이야. 우리는 보통 건물에 살고, 신문을 읽고, 비행기를 타며, 우주로 날아가기 때문에 우리가 동물이 아니라고 생각해. 또 우리가 '동물'을 먹어 치우기 때문이기도 하고.

이라 우리 인간은 우리가 선택된 존재, 우월한 종이라고 믿어. 부분적으로는 일신교의 경전들이 우리에게 이러한 생각을 주입했으니 참 어처구니없는 일이지. 우리의 종교적 DNA에는 그런 편견이 들어 있어.

아르카 무속적·다원론적 기원을 가진 많은 토착 종교에서 인간과 동물의 표상과 성상은 서로 뒤바뀌곤 해. 인식론적으로 말해 서로 공조한다고 할까. 동물과 인간, 심지어 식물과 광물을 갈라놓는 일체의 급진적인 분리주의 입장을 넘어 영성을 불어넣는 거지.

이라 일부 기독교적 환시幻視에서는 독수리를 성 요한의 알레고리로 볼 수 있지만, 신성 자체는 동물 그 자체가 아니라 그것이 전달하는 메시지야.

아르카 하지만 힌두교 신들의 경우에는 동물이 신성의 매개체 그 자체이기도 해. 파르바티[2]는 사자를 타고 있고 시바는 호랑이 가죽을 깔고 앉아 명상을 하잖아.

이라 하지만 그건 달라. 예를 들어, 가네샤[3]는 인간의 머리를 잃어버리고 코끼리 머리를 하고 있어. 코끼리는 사람만큼 신성해. 바로 거기에 관계적 존재론[4]이 있는 거지. 안 그래?

---

2 힌두교의 3대 여신 트리데비 중 하나로 파괴의 신 시바의 아내.
3 힌두교 신화에 등장하는 코끼리 머리를 한 지혜와 행운의 신.

우리에 갇힌 코끼리의 시선, 피츠버그.

아르카 맞아. 기독교적 인물들은 인간적이야, 너무 인간적이
지. 그렇지만 예수도 프란치스코도 동물에게 각별한 친밀
감을 나타냈어.

이라 예수는 물고기로 상징되지만, 물리적으로는 결코 물고
기로 표상될 수 없을 거야.

아르카 물론이야. 하지만 예수가 예루살렘에 입성할 때 탔던
나귀는 단순한 알레고리가 아니야. 어찌 보면, 겸양과 반영
웅주의를 드러낸다는 점에서 그분 자신이었던 거지.

---

4 미국의 신학자이자 철학자인 조나단 에드워즈Jonathan Edwards가
주창한 독특한 존재론으로, 이에 따르면 "모든 창조물 사이에는 관
계적 조화와 질서, 일치가 존재하고 이 원리는 자연 세계뿐 아니라
영적 세계에도 적용되며 두 세계 사이에서도 일치와 조화를 이루고
있다."

이라 전사인 구원자, 백마를 타고 반로마 군대와 함께 예루
살렘에 입성하는 영웅을 기다리던 이스라엘인들의 낙담한
얼굴을 상상해 봐.

아르카 그들은 길을 걷는 부랑자와 절름발이, 창녀, 어부의
무리에 섞여 나귀를 타고 오는 목수의 아들과 맞닥뜨렸지.

이라 그런데 이상하지 않아? 예수는 세상의 죄를 없애시는
하느님의 어린양이 되셨다고 했잖아.

아르카 그 상징적 이미지의 핵심은 동물이 아니라 바로 인간
이 희생물이라는 거야. 동물을 신에게 제물로 바치던 당시
의 지배적인 관습에 대한 비판임이 분명해.

이라 스스로를 하느님의 아들이라 칭하는 사람이 동물 대신
제물로 바쳐지고 폭력적인 저항도 하지 않으며, 게다가 타
인을 위해, 심지어 자신의 사형 집행인을 위해 희생한다는
것, 바로 거기에 영감을 불러일으키는 기독교의 엄청난 신
비가 있어.

아르카 매우 강력해. 안 그래? 수 세기 동안 우리의 마음을 흔
들어 놓을 만큼.

이라 동물들과 성 프란치스코의 관계는 공생과 이해, 사랑의
관계였다더군. 새들은 두려움 없이 성인에게 다가갔고, 맹
수들도 성인의 너그러운 영혼과 마음 앞에 무릎을 꿇었다
고 해.

아르카 유토피아이자 어쩌면 우리가 영원히 짊어지고 가야
할 부채일지도 몰라. 우리는 우리가 더 우월하다고 믿었을
뿐 아니라 막대한 권능을 행사했으니 말이야. 우리는 다른
동물들을 사지로 내몰고 있어.

이라 우리는 담수를 독점하고 있고 바다에 물고기보다 플라

스틱이 더 많은 시기가 도래할 수 있다고들 하지. 플라스틱 물고기로 상징화된 그리스도는 현세보다 내세를 더 믿는 수백만의 사람들에게 경각심을 불러일으키는 데 도움이 될 거야.

아르카 실은 바다 동물들이 이따금 플라스틱을 먹을 것과 혼동해서 삼켜 버리기도 해.

이라 우리처럼 다른 동물들도 이젠 쓰레기 음식을 먹는다는 얘기니?

아르카 그게 다가 아니야. 잦은 원유 유출로 석유를 삼키고 질식하기도 해.

이라 그런데 아무도 책임지지 않지. 지구의 위기는 이제 우리가 손쓸 수 없는 지경에 이른 것 같아.

아르카 우리가 할 수 있는 일이 아예 없는 건 아니야(재활용, 의식적인 식생활, 플라스틱 사용 안 하기, 화석연료 사용 최대한 줄이기, 아니오라고 말하는 법 배우기). 하지만 가장 큰 문제는 거대 채굴 기업들이지. 이런 회사들은 파렴치해. 인간적인 면모를 부각시키는 광고를 통해 자신들에게 사회적 책임이 있으며 우리에게 이른바 소비 욕구가 있음을 납득시키려 들지.

이라 정크푸드를 먹으라고. 더욱더 행복해지려면 최대한 많이 소비하라고.

아르카 정반대지.

이라 갈수록 우리는 더 공허하고, 더 불행하고, '모든' 것이 가능하다는 이 세상에서 점점 더 길을 잃고 있어.

아르카 몇 년 전 북미에 잠시 머물고 있을 때 마푸체족[5]의 전통 샤먼인 마치machi이자 시인인 한 여성을 초청했어. 그분

바다의 플라스틱 쓰레기. 산블라스 제도

문명인의 초자아 이미지. 뉴욕 록펠러 센터의 아틀라스.

이 맨 처음으로 충격을 받았던 것은 공항이 불러일으키는 절대의 느낌이라고 하더군. 세계 각처에서 오는 항공편, 전 세계의 음식, 지구 곳곳에서 도착하는 서적, 물건, 제품. 신체적으로는 각양각색인데 유전적으로는 정말 유사한 사람

---

5   칠레와 아르헨티나에 걸쳐 사는 선주민 부족.

들. 영어를 비롯한 수많은 언어. 인터넷과 가상 네트워크의 무한한 정보와 통신에 24시간 접속하는 수백만 대의 컴퓨터와 휴대폰, 태블릿의 화면. 현금이 아닌 플라스틱 카드를 사용해서 언제라도 원하는 것을 손에 넣을 수 있는 온 세상 사람들. 나는 누구나 닿을 수 있는 환영적인 절대의 느낌에 대해, 사람과 가상 세계 사이의 극히 인공적인 현실 도피에 대해 생각했어.

이라 인간이 자신의 형상을 본떠 창조한 만물.

아르카 우리가 비록 자연, 다시 말해 풍경이 형성되는 데 개입할 수 있었다 해도 본질적으로는 인간에 의해 창조되지 않은 공간 속에 침잠할 기회를 갖게 될 때 사회적 보금자리와 인간적 침상이 안전하다는 느낌은 사라지기 마련이야.

이라 밀림, 사막, 바다, 산 따위를 말하는 거로구나…

아르카 그래, 물론이야. 비록 우리가 숲의 생성과 파괴, 사막화, 인위적인 강줄기의 변화를 통한 거대한 수역의 출현에 어떤 식으로든 개입해 오긴 했지만 지구가 우리에 의해 창조되었다고 말할 수는 없으니까… 더군다나 이 행성이 배타적으로 우리, 그러니까 소위 '선택된 존재'만을 위해 창조된 것은 더더욱 아니야.

이라 밤에 밀림 속을 걸으면 기막히게 좋아. 특히나 혼자라면. 나무나 산 앞에서 자신을 미소한 존재로 느끼는 기분이 어떨 것 같아?

아르카 우리를 '본래 우리의 자리'에 놓는 것이니 아름다운 동시에 고통스럽겠지. 우리를 우리에게 걸맞은 크기로 되돌려 놓잖아. '우월'이나 '목적지' 대신 '평등'이나 '출발점'으로 말이야.

동물들은 우리를 바라볼 때 우리의 행동에 대해 스스로에게 질문을 던진다.

이라　히말라야의 황량한 봉우리를 등정하는 일부 머저리들은 때때로 일종의 우월 콤플렉스로 보상받으려는 모종의 열등 콤플렉스를 가지고 있다고 생각해. 고작 몇 발자국만 올라가도 산호 백화현상을 목도하게 될 테고, 우리가 자연에 맞서는 일체의 행동을 즉각 중단할 것을 요구하는 개인적·집단적 변화의 진정한 도전과 마주하고 있음을 깨닫게 될 거야.

아르카　정신분석적 언어가 이 경우 도움이 될지 모르겠어. 심리학의 일부도 때때로 초월성과 내재성을 모두 부정하는 인간적 척도로 계속 한정되어 있으니까. 반면에, 우리를 규정하는 동시에 뛰어넘는 자연의 힘과 접촉할 때 우리는 때때로 정상이 눈으로 덮이고 구름에 둘러싸인 울창한 산 그늘 밑 허름한 사원 앞에 서 있음을 느껴. 맨 먼저 할 수 있는 일은 입산 허가를 신청하고, 그곳에 있을 수 있는 기회에

숲의 겨울.

감사하고, 신발을 벗고 나서, 몸으로 느껴지는 경의와 경탄
을 표하는 최소한의 몸짓으로 침묵을 지키는 거야. 거기에
이르면 더는 산의 정상과 풀밭 꼭대기에 도달하는 것에 집
착하지 않게 돼. 대신 심리적 분석과 심리적 유형론을 신발
처럼 벗어던지면 차 한 잔을 나누거나 인접한 정원과 연못
을 방문할 기회가 생기지. 그렇지만 숲속 깊숙이 들어가거
나 산을 오르려면 체력만으로는 충분치 않아. 배꼽을 통과
하는 중력장과 연결되어야 해. 대나무와 과두아[6] 앞에서 머

---

6 매우 굵고 키가 큰 대나무의 일종.

리를 숙여야 하고. 우리의 머리는 유연성을 되찾아야 해.
아이와 고양이, 그리고 우리가 맨발로 밟는 풀과 같은 유연
성을. 풀은 우리가 보지 않을 때 몸을 일으켜.

이라 언젠가 우리가 일본의 고대 시가집 중 하나인『고킨와
카슈古今和歌集』[7]에서 읽었던 시 기억나?

왜 이슬방울이 / 덧없다고 / 생각했던가?
다만 내가 풀밭 위에 눕지 않아서인 것을.

아르카 정말 아름다운 시야!

이라 맞아, 우리는 거의 항상 위에서 내려다보거나 밑에서
올려다보잖아. 멈춰 서 있는 것은 이미 위에 있는 거야. 잠
을 자거나 육체관계를 맺기 위해서가 아니라면, 직립 상태
를 버리기는 너무 어려워. 우리가 특별한 유인원이 된 건
두 발로 서는 그 직립 자세 때문이지.

아르카 다른 영장류처럼 네 발로 땅을 딛는 대신 자유로운 두
팔을 이용해서 창조하거나 파괴할 수 있었던 호모 에렉투
스. 하지만 네 발로 기어 다니는 것 역시 우리 인간의 모습
이야.

이라 우리가 취해야 할 모습이지. 혼자 혹은 여럿이 풀밭에
누워 하늘을 올려다보는 광경을 상상하는 그 멋진 이미지
를 떠올려 봐. 맨 밑바닥에서 위를 올려다보는!

---

7 905년 일본 헤이안 시대 전기에 편찬된 와카(중국에서 온 한시와 대
   조되는 일본 고유의 시를 이르는 말) 모음집.

아르카 그 일본 시는 우리에게 매우 깊은 성찰을 전하고 있어. 직립 상태에서는 이슬방울이 사라지잖아. 하지만 시적 목소리의 바람대로, 우리가 풀밭에 누우면 이슬방울이 천천히 미끄러져서 식물과 땅을 끌어안는 모습을 볼 수 있을 거야.

이라 우리가 충분히 곤충이 되지 못해서 놓치고 있는 것들을 상상해 봐. 땅 위에서 이슬방울을 마시고 있는 작은 개미의 눈앞에 펼쳐지는 섬세한 풍경.

아르카 아니면 땅 밑에서 갑자기 사랑에 빠진 두 이슬방울의 조각들 위에서 물기로 멱을 감고 있는 작은 지렁이.

이라 먼지에게 구애하는 물.

아르카 아니면 물과 사랑에 빠진 먼지.

이라 그 먼지는 땅이고… 반쯤 눈이 멀었지만 감각이 예민한 지렁이야.

아르카 지렁이는 동시에 신방新房이고 시청각실이지.

이라 그리고 물은 영원히 세상의 모든 시간을 지니고 있어.

아르카 그런데도 시인은 덧없는 방울이라고 생각했지.

이라 난 몸을 웅크리고 있는 시인을 상상할 수 있어.

아르카 아니면 바닥에 납작 드러누워 있거나. 뿌리처럼 긴 머리를 가진 소녀라면 더욱 아름답겠지.

이라 그러면 물은 그녀의 머리카락이고 이슬방울은 그녀의 눈.

아르카 그녀의 상상의 잎사귀. 해와 달이 떠 있는 탁 트인 하늘.

이라 내가 아직 꼬맹이였을 때 어른들이 읽어 준 동화의 삽화가 떠올라.

아르카 어땠는데?

이라 맨발을 반쯤 물에 담근 채 연못가에 앉아 있던 긴 머리 소녀가 기억나. 평온한 오후의 표정이었어. 침묵의 여유. 아름다움의 가없는 단순함.

아르카 네 말을 듣고 보니 언젠가 썼던 짧은 시가 생각나네.

이라 암송할 수 있어?

아르카 물론이지! 아마도 밤에 별똥별을 보기 위해, 그리고 당연히, 가까운 계곡의 소리를 들으며 아침에 눈을 뜨는 순전한 즐거움을 위해 혼자 야영하곤 했던 샘 근처에서 시간을 보내면서, 아니면 꿈을 떠올리면서 쓴 것 같아.

내가 보았을 때 / 그녀는 폭포에 / 발을 담그고 있었네.

이라 그런데, 알아? 짧은 시는 거의 항상 상상의 여지를 더 많이 남기기 마련인데, 대개는 그게 바로 문학의 마력이지.

아르카 맞아, 실제로는 그녀를 보지 못했으니까. 아마도 내가 상상해 냈겠지.

이라 그런데 시에서 현실과 상상 사이의 경계는 뭘까?

아르카 사실 그 경계는 그렇게 명확하지 않아. 어쩌면 그런 경계가 없을지도 모르지. 지금 생각해 보니 그녀를 본 것 같기도 하거든. 난 소녀가 마음에 들었어. 그녀에게는 폭포 근처 숲에서 자라는 환각버섯에 빠진 골치 아픈 친구들이 있었어.

이라 걔들이 널 괴롭혔니?

아르카 맞아. 매우 무례한 태도로 자기들은 버섯을 마치 마약이나 술처럼 그냥 막 먹는다고 했거든. 내가 보기에 소녀는 어딘가 연약해 보였어. 분위기가 너무 냉랭해서 말 몇 마디 건넨 것 말고는 다가간 적이 전혀 없지만. 나중에 그녀가

우리의 형상은 지표면 아래의 뿌리에 존재한다. 콜롬비아 센트
랄 산맥.

어느 날 버섯에 너무 취해서 폭포에서 떨어졌다는 얘기를
들었지.

이라 작은 폭포 아니었어?

아르카 그렇게 작지 않았어. 최소 20미터의 자유 낙하. 무엇
보다 놀라운 사실은 그녀가 목숨을 건졌다는 거야. 그 뒤로
그 친구들을 멀리했지. 하지만 두 번 다시 그녀를 보지 못
했어.

이라 이유가 뭐야?

아르카 모르겠어. 연락처가 없었어. 그 뒤에 이사를 가버렸
고. 분명한 건 어느 날 내가 폭포에 갔고 그녀가 거기에서
물에 발을 담그고 있는 모습을 상상했다는 거야. 이상하게

도 시를 쓴 시점이 그녀가 추락하기 전인지, 아니면 후인지 지금은 모르겠어. 실은 그녀와 관련해서 내게 남은 건 그 스무 음절의 시밖에 없어.

이라 잘 생각해 보면 그 음절들은 이슬방울처럼 덧없어. 하지만 풀밭에 누워 그녀를 떠올린다면, 그녀는 오늘 오후처럼, 내 어린 시절 동화의 삽화에서처럼 분명 잔잔하고 행복하게 폭포에 발을 담근 채 언제나 그곳에 있을 거야.

아르카 어린 시절 얘기가 나왔으니 말인데, 넌 몇 살 때 자전거 타는 걸 배웠어?

이라 늦은 나이에. 자식들이 차에 치일까 봐 아버지가 겁을 내셨거든.

아르카 내 경우도 비슷해.

이라 운전자가 공용 공간을 자기 소유라고 믿고 마치 종말의 날인 것처럼 난폭하게 운전하는 도시에 사는 건 어린아이에게 슬픈 일이야. 아이에게 위협적이잖아. 안 그래?

아르카 노인들에게도 위협적이기는 마찬가지야. 심지어 멀쩡히 걸을 수 있는 사람이라도 그래. 언제라도 길을 건너는 보행자를 칠 수 있으니까.

이라 있잖아, 언젠가 도시의 자전거 운전자들을 혐오하는 사람을 봤어. 사륜구동 트럭을 모는 자신이 무슨 대단한 존재처럼 느껴졌나 봐. 같은 차로를 달리던 자전거 운전자들에게 클랙슨을 울리고 머저리라고 고래고래 소리를 지르면서 차창으로 삿대질을 해댔어.

아르카 자전거길은 없었나?

이라 응. 그 지점에서는 차도 위로 달려야 했고 그들은 그런 권리가 있었어. 나는 택시를 타고 가면서 대형차를 탄 땅딸

보 사내가 자전거 운전자들을 갈구는 장면을 멀리서 쳐다 봤어.

아르카 내 인생의 황금기 중 하나는 거의 항상 자전거로 구석 구석 누비고 다닐 때였어. 자전거를 타고 숲을 가로지르곤 했지. 자전거로 직장과 도서관을 오가기도 했고. 어느 날 페달을 밟으면서 통화를 하다가 네 말마따나 머저리처럼 굽잇길에서 넘어지긴 했지만, 내가 자전거 타기의 역동적 인 균형을 무척 즐긴다는 걸 깨달았어. 사타구니에 타박상 을 입었는데도 생일날 밤까지 며칠 동안 계속 페달을 밟아 댔으니까. 우리는 레스토랑으로 개조된 기차 차량 안에서 생일 파티를 벌였어. 어떤 고통도 친구들과 아내와 함께하 는 저녁 식사를 위해 자전거를 타고 기차 차량으로 가는 기 쁨을 앗아갈 수 없었지. 며칠간 페달링을 멈춰야 할 것임을 예고했던 일종의 움직이지 않는 여행…

이라 맞아. 기차와 자전거는 종종 해방이라는 자유로운 마법 을 퍼뜨리지. 무의식의 상징이라는 생각이 들지 않아?

아르카 기차는 무의식의 상징이면서 자율신경계의 상징이라 고도 할 수 있어. 반면에 자전거 타기는 온정신을 쏟으면서 도 아주 느긋한 각성 상태를 유지하는 거라 더없이 근사하 고 재미있는 의식 활동의 하나로 느껴질 정도야.

이라 기차는 흔히 우리를 낯선 미지의 차원으로 데려다주지. 그것이 기차의 나른한 리듬이야. 생명의 외침처럼 내뿜는 불. 기차를 타고 가면서 만나는 사람들…

아르카 한번은 인도에서 삼등 열차를 타고 여행하는데, 노인 이 한 신사와 어린 소녀와 함께 탔어. 그들이 일종의 아로 스 콘 레체[8]를 먹으라고 건네줘서 자연스럽게 이야기를 나

힐크레스트 서클 공원에서 찍은 자전거.

누게 됐지.

이라 기차에서는 늘 먹을 것을 권하는 사람이 있기 마련이
야. 대화를 시작할 충분한 이유가 돼.

아르카 신사 양반만 영어로 의사소통을 했어. 소녀는 아무
말 없이 빙긋이 웃기만 했고. 노인은 영어라고는 '예스yes'
와 '쌩스thangs'밖에 몰랐어. 자기들끼리는 힌디어로 말했
는지는 확실치 않아. 엄청나게 큰 것과 엄청나게 작은 것이
공존하는 나라에서 사용되는 수백 가지 언어 중 하나였어.

이라 어디로 가는 중이었는데?

---

8 쌀과 우유 등을 넣어 끓여 낸 디저트로 스페인과 라틴아메리카에서
즐겨 먹는다.

아르카 콜카타. 비하르에서 테러로 추정되는 사고가 발생해 기차가 우회했어. 그 지역을 여행하는 외국인은 많지 않더라고.

이라 이미 인도의 관광 트라이앵글을 벗어나서 여행하고 있었던 거네? 델리, 아그라, 자이푸르…

아르카 맞아. 인도의 위협적인 광활함 앞에서 공작부터 벨리 댄스까지 다양한 볼거리를 즐길 수 있는 투어를 통해 안전을 찾는 관광객에게 안심 순회 여행을 제공하는 황금 트라이앵글을 벗어난 여행이었지… 하지만 하던 얘기로 돌아가면, 놀라운 사실은 데바나가리 문자로 적힌 이해할 수 없는 이름의 역에 정차할 때마다 많은 사람이 우리가 타고 있는 차량의 창문에 다가와서 노인을 만지려고 했다는 거야.

이라 다름 아닌 바로 간디와 여행하는 느낌이었겠네…

아르카 농담이 아니라… 그 비슷한 기분이었어. 인도를 여행하다 보면 어디에서 왔냐고 묻는 성인들을 느닷없이 만날 수 있어. 권역을 벗어나면 알아보지 못하는 수천 명의 마하트마.

이라 또 어떤 지역이나 가정에서는 여전히 조부모와 부모에게 엄청난 존경심을 가지고 있는 것도 사실이야. 자녀들은 존경의 의미로 그들의 발을 만지지.

아르카 부적절하게 서양이라고 불리는 이 지역에서 성인을 만난다는 발상은 거의 항상 조각품을 엿보는 정도의 의미를 가져. 우리에겐 불가능해 보여. 먼 과거의 일이지. 사람들의 신성함, 곧 신에 대한 깊고도 겸허한 헌신은 우리가 일상에서 쉽게 접할 수 있는 일이 아니야.

이라 종교를 벗어나면 더 그래. 신성함과 신성한 체하는 건
변개니까.

아르카 맞아. 우린 신을 아주 멀찍이서 범접할 수 없는 존재
로 바라보도록 배웠지. 그래서 그토록 아득한 천국에 대한
열망이⋯

이라 사후의 구원을 상상해 봐. 현세는 달아나고 잊히는데
우린 내세를 위해 덕을 쌓으며 평생을 보내지.

아르카 그게 가장 흥미로운 점이야. 부인할 수 없는 사실이지
만 만약 우리 인도-아프리카-아메리카[9] 사회가 뿌리 중
에 다양한 기독교적 유산을 가지고 있다면, 그런 의미에서
신성에 대한 우리의 집단적 이미지는 인간성의 모습을 띠
고 있다고 추정할 수 있을 테니 말이야. 예수는 에우로페[10]
라는 이름의 소녀처럼 예쁜 소녀들을 쫓아다니려고 올림
포스를 내려온 최고조로 흥분한 신이 아니라 우리들 중 하
나였어.

이라 보르헤스[11]를 괴롭힌 것이 바로 개별적인 인간으로서
의 신이라는 개념이었어. 하지만 수리타[12]는 심지어 네루

---

9   유럽의 유산 외에 선주민과 아프리카의 유산이 뒤섞인 아메리카의
    혼종적 정체성을 강조하고 있다. '인도'가 토착 선주민 유산을 가리
    킨다.

10 그리스신화에서 제우스가 납치하는 페니키아 공주. 유럽이라는
    지명이 에우로페에서 비롯됨.

11 Jorge Luis Borges(1899-1986). 아르헨티나의 소설가이자 시인, 평
    론가로서 환상성이 두드러지는 단편들로 20세기 후반의 문학과
    사상에 큰 영향을 끼쳤다.

12 Raúl Zurita(1950-). 생태주의적 사유가 두드러지는 칠레의 시인.

다[13]의 몇몇 시에서 기독교적 요소를 찾아내기도 했지. 두 시인 다 신자는 아니었지만 우리 언어의 존재적 기반으로부터 그걸 표현하고 있지. 그런데 아무리 어린양과 물고기의 비유가 많아도 예수는 제우스처럼 동물로 변한 신은 아니었어.

아르카 그렇지만 힌두교도, 심지어 선불교도에게도 신성은 손이 닿는 거리에 있고 다행히도 현재와 공명하고 있어. 네팔에서는 사람들이 거리의 사원에서 자신의 신을 손으로 만지지. 신들에게 유색 분말을 입히거나 씻기기도 하고. 우리 눈에는 기이한 모습의 신이지만 그들 자신의 개인적 척도의 일부야… 일본 선불교에서는 일상성이 두드러져.

이라 어떤 신들은 인간보다 동물에 더 가까워서 기이하게 보여. 그런데 사실 인간과 동물은 겉으로 보이는 것 이상으로 서로 닮았어. 꿈속에서 어떻게 보이는지 생각해 봐.

아르카 비인간화에는 아주 다른 두 가지 차원이 있어. 인종화되고 착취당하는 이른바 '하위' 인간의 차원. 그리고 인간중심적 세계의 해체라는 차원.

이라 많은 이들에게 그리스도는 십자가와 교회일 뿐이야. 일요일의 관습이 상투어가 되었지. 안 그래? 그건 그리스도와 기독교도 모두에게 비인간적이야.

아르카 그렇지만 인간성에서 신성을 보는 것은 신이 한없이 멀게 느껴졌고 동시에 동물을 제물로 바쳐야 했던 구약시

---

13 Pablo Neruda(1904-1973). 칠레의 민중 시인이자 사회주의 정치가로 1971년 노벨문학상을 수상했다.

대에는 대단히 탈규범적이고 의미심장한 것이었어… 당시에는 인간화가 오늘날의 채굴 사회가 보여 주는 전지전능한 신인神人동형론적 에고의 인간화와는 판이하게 다른 역할을 수행했던 거지. 우리는 이성적이라는 것과 '의식意識적'이라는 것을 혼동해.

이라 내 생각에 인도의 일부 신학·철학적 흐름의 목표 중 하나는 무의식의 이미지들을 의식적으로 통합하는 거야.

아르카 인도를 여행하다 보면 이따금 매우 다른 논리적 토대를 가진 사유와 감각, 지각의 차원을 느낄 때가 있어. 때로는 우리에게 무의식이 흘러넘쳐. 이른바 '몽환적인' 꿈의 이미지들에 더 가까운 의식 수준에 있는 거지. 프로이트의 증손자들은 억압된 욕망과 두려움이라는 것을 과신했어. 하하!

이라 하하하! 프로이트에 반대했던 짐머의 말을 들어 봐. "인도 사상의 주된 목적은 삶의 힘에 억눌리고 은폐돼 온 것을 드러내고 의식 속에 통합하는 것이다. 눈에 보이는 세계를 탐사하고 기술하는 것이 아니라."

아르카 그럼 독일의 인도 학자에 따르면, 인도철학은 유럽과 미국의 경험주의적 과학 방법론과는 반대의 길을 걷고 있는 거네.

이라 맞아. 인도인들이 영국인들에게 항거했던 것만큼이나. 너도 알다시피, 어쨌든 서로에게 이끌리는 두 가지 상반된 사고방식이지.

아르카 내 생각도 그래, 이라. 발리우드 영화에서 유럽인이나 미국인이 되기를 간절히 원하는 전형적인 인도인 캐릭터를 본 적이 있나 모르겠네?

이라 맞아, 물론 본 적 있지. 단골 모티프잖아. 그런데 힌두교도와 불교도보다 더 힌두교도와 불교도가 되고 싶어 하는 서양인, 심지어 히스패닉에 대한 비디오도 셀 수 없이 많아. '교황보다 더 가톨릭적'이라는 유명한 속담을 생각해 봐. 그런데 수 세기가 지난 뒤에야 스페인어권 출신이 교황으로 선출되었다니.[14]

아르카 글로벌화된 세계의 혼종적·과도기적 정체성이라는 게 참 복잡해.

이라 우리가 다른 전통을 받아들일 수 없다는 게 아니야. 그런데 있잖아, 때로는 이른바 정체성이라는 게 사람들이 마음대로 입고 벗는 셔츠나 심지어 코스튬과도 같아.

아르카 많은 경우 정체성은 결국 법복과 라벨로 환원돼. 승복이 승려를 만들지는 않지.

이라 비구니를 만들지도 못해. 요즘은 변장이 식은 죽 먹기라는 걸 생각해 봐. 비인간화 시대에 우리는 끊임없는 핼러윈 속에 살고 있어. 우리는 지나치게 유아적이 됐지. 마치 영원히 사춘기를 벗어나고 싶지 않은 것처럼 말이야. 그래서 정치인들도 막돼먹고 불안정하며 변덕스러운 십 대처럼 행동하고 걸핏하면 성질을 부리나 봐.

아르카 오늘날에는 뭐든 원하는 것이 될 수 있다는 생각이 팔리고 있어. 우리는 모든 것을 성취할 수 있다는 환상의 빙판 위에서 스케이트를 타지. 많은 사람들에게 그 선택지가

---

14 2013년에 프란치스코 현 교황이 제266대 교황에 선출된 것을 말한다.

모로코 페스 시의 시장.

매력적으로 들릴 수 있겠지만, 대부분은 이목을 끌기 위한 소비사회의 슬로건에 지나지 않아.

이라 세상이 비인간화되면서 많은 사람들이 정체성 소비자가 돼. 정체성은 구매하고, 판매하고, 임대하고, 폐기할 수 있어. 그러니 끊임없는 핼러윈이지.

아르카 처음에 우리가 나누었던 여행자 얘기로 돌아가면… 관광객은 더 이상 관광객인 것에 만족하지 않는다고 할 수 있겠지.

이라 구경꾼.

아르카 바라보는 행위 자체를 넘어 지금은 자신이 직접 이전에 바라만 보던 대상이 되고 싶어 하는 거지.

이라 시뮬레이터, 리얼리티, 몰입 경험. 뉴에이지 워크숍의 유산.

아르카 오리엔탈리스트 관광객은 더는 타지마할과 만리장성 엽서에 만족하지 않아. 지금은 그에게 동양인으로 탈바꿈할 수 있는 패키지가 제공돼.

이라 이봐, 그런데 그 모든 것은 자기애적selfish 경향이라고 불리는 것과 연결되어 있어. 사람들은 스스로 자신의 사진을 찍어. 하지만 소셜미디어에 올려야 하기 때문에 더 많은 '좋아요'를 받을 수 있는 더 근사한 의상이나 이국적인 장소가 필요하지. 자기애적인 관광객은 자신이 바라보고 있던 것으로 위장할 수 있어. 그와 타자는 사진 포즈의 플라스틱 자아 속에서 하나가 되는 거지.

아르카 참 신기해. 지금은 관광객들이 한창 유행 중인 셀피를 찍기 위해서 미니 삼각대를 들고 다니는 모습을 흔하게 볼 수 있어.

이라 모든 것은 변해. 민족지학자나 자연 사진가는 전통적인 삼각대를 사용하여 일정한 거리를 두고 안정적으로 세칭 원시사회와 풍경, 즉, 랜드스케이프landscape라고 불리는 것에 구현된 타자성을 찍었지.

아르카 문자 그대로, 땅tierra과 탈주escape를 공통의 어근으로 삼고 있는 단어지. 다시 말해, 탈주하기 위한 땅.

이라 그런 의미에서, 자세히 들여다보면, 자기애적인 여행자가 더 솔직한 것일 수도 있을 거야. 그 혹은 그녀의 중요한 관심사는 거기 세상 한가운데로 가서 미소를 지은 다음 신속하게, 아니 즉시 사진을 SNS에 게시하는 거야.

아르카 지금은 동양과 서양의 시대가 아니라 자아self, 나I라는 존재, 제멋대로 움직이는 납작한 얼굴의 시대야. 중요한 것은 남반구에 있느냐 북반구에 있느냐가 아니라 모든 장소, 차이, 역사성을 상대화하면서 첫 페이지의 중앙에 배치된 자아지.

이라 자기애적인 것은 지금, 여기, 라이브, 생방송, 여기 나, 저기 나, 위 나, 아래 나, 온통 나, 나, 나를 뜻해.

아르카 타자성은 피상적인 차원으로 넘어간 것 같아. 무엇보다 시장성의 차원으로. 타자성은 배제되거나 통합될 수 있어. 거의 모든 사람이 어떤 플랫폼 안에 있잖아. 안 그래? 그것은 가상의 평등과 점점 더 깊어지는 불평등의 세계야.

이라 그리고 거기에 타자가 되기를 거부하는 순례자가 있어. 자신에게 더 솔직해지기 위해, 어떤 이야기를 들으며 배움을 얻기 위해, 또 기회가 된다면 자신의 이야기를 들려주기 위해 떫은맛을 음미하며 남쪽의 한 가족과 마주 앉아 마테차를 마시는 여행자…

사회 상층부로, 텅 빈… 공간으로 가기 위한 교육.

여행, 바퀴, 레일 그리고 동물의 구속

고래들은 타고난 여행자이며 그들만의 언어가 있다. 캘리포니아 샌프란시스코.

아르카 맞아. 아직은 인터넷으로 모든 것을 예약하지 않고도
  여행할 수 있기 때문이지. 바다에 닿기 위한 사전 예약 없
  이, 강물에 발을 담그듯, 삶과 더불어 걷기 시작할 수 있어.
이라 그래, 마테차 좀 더 마셔. 너한테는 좀 떫겠지만, 그래도
  이 여행길은 우리에게 대/화를 허락해 줬어.

자유로운 케찰[1]을 보다.
두 번이나!

이라 그날 5분 늦었어. 하마터면 기차를 놓칠 뻔했어. 라틴아메리카를 여행하는 것과 아프리카를 여행하는 것은 같지 않아. 정시에 도착하려고 했지만 그 나라의 언어를 몰라서 길을 잃고 말았지. 순간순간이 한없이 길게 느껴졌어. 너도 알다시피 5분간에 인생은 영원하잖아.

아르카 급할 때는 특히 그렇지. 아내와 함께 신비로운 마추피추로 가는 기차를 타기 위해 그 비슷하게 뜀박질했던 게 기억나. 낮에는 쿠스코[2]에 사는 친구의 안내로 산길을 걸었어. 하지만 친구가 약속했던 3시간의 트레킹은 9시간의 여정으로 바뀌었지. 우추이 코스코의 인상적인 계단식 잉카 경작지에 다다랐을 때, 우리는 압도적인 장엄함 속에서 중부 안데스의 닳아지고 굽이진 광대한 풍경을 바라볼 수 있었어.

이라 분명 넌 머리에 출루스ch'ullus, 즉 원뿔형 모자를 쓴, 만년설로 덮인 산을 본 적이 있을 거야.

아르카 나는 아직 십 대 소년이었을 때 눈 덮인 그 거대한 산

---

1 비단날개새과에 속하는 새로 중앙아메리카 멕시코 남부에서 파나마 서부 산악지대까지에 이르는 지역에 서식한다.
2 잉카의 수도.

을 처음 바라보았어. 페루에서는 아푸apu, 즉 산신령으로 불린다는 말을 듣고는 너무 연로한 모습을 상상해서 산을 쳐다볼 때 백발의 노인 앞에서처럼 깊은 존경심을 느꼈지.

이라 마치 "흔들어 터시오!"라고 말하듯이 삶이 머리와 얼굴에 쌓이는 보이지 않는 눈으로 우리를 덮고 있다고 생각해 봐. 또 어떤 때는 우리에게 이렇게 노래하기도 해. "활기 넘치고 감각이 예민한 동안에는 젊다네. 하지만 연륜이 필요하지."

아르카 맞아. 눈 덮인 거대한 산에서 배우는 것이 바로 겸양이야. 그 산신들에 둘러싸여 인간에게 걸맞은 진정한 크기로 돌아가는 거지. 거대한 건물 위와 기념비적인 초인간적 건축물 아래를 걸으며 경험하는 가공의 우월성을 뽐내지 않고 전체의 일부가 되는 것 말이야.

이라 네 말을 들으니 카르마파[3]인 외겐 틴레 도르제가 생각나네. 한 책에서 그는 "건물들이 머리 위로 기울어질 것처럼 (…) 좁은 협곡"이 있는 도시의 거리를 걷다가 느낀 압박감에 대해 말하고 있어. 중국의 국경 획정 식민화의 위협속에 광활한 땅과 탁 트인 하늘의 티베트에서 어쩔 수 없이 도망치기 전에, 장차 카르마 카규 종단의 카르마파가 될 그는 계절의 리듬에 맞춰 땅과 밀착하여 야영하는 유목민 가족의 아들에 지나지 않았어.

---

3 티베트에는 달라이라마가 수장인 겔룩파와 카규파, 샤카파, 닝마파 등 4개의 불교 종파가 있다. 카르마파는 겔룩파에 이어 두 번째로 큰 종단인 카규파의 수장이며, 외겐 틴레 도르제Ogyen Trinley Dorje 는 17대 카르마파다.

아르카 가끔 아스팔트 위를 걸어야 해서 발이 아플 때가 있어. 때로는 맨발로 걷는 느낌이 너무 그리워서 일부러 풀밭을 찾기도 해. 땅을 느끼고는 나뭇가지 아래에 누워 하늘을 바라보기 위해서 말이야. 아니면 그저 나무 그늘 아래서 좋은 사랑에 영감을 받은 책을 읽거나.

이라 내가 감탄해 마지않는 그림 중에는 고대 중국, 일본 그리고 한국 화가들의 것이 있는데, 한 사람 또는 여러 사람이 아름드리나무나 절벽, 산 사이에서 걷거나 쉬고 있는 모습을 볼 수 있어. 그게 바로 진정한 크기의 인간이지.

아르카 실제 크기의 인간. 왕유王維[4]의 시에서처럼, "인적 하나 없는 빈 언덕".

이라 위대한 사람이 되기 위해 거인이 될 필요는 없어. 노자의 도道에 대한 성찰을 떠올려 보자고. 까마득한 심연의 가장자리에서 무위無爲와 연륜은 우리에게 작은 고추가 더 맵고 부드러운 것이 단단한 것보다 강하다는 것을 가르쳐 주지.

아르카 산등성이에 서서 도道의 신비한 암컷인 심연의 억제된 힘을 느끼는 것만큼 근사한 건 없어. 안데스의 가파른 계단식 농경지 가장자리에 그녀와 함께 멈춰 서서, 제시간에 기차를 타려면 갈라진 틈에서 돌rumi이 숨 쉬는 고부랑길 사이를 퓨마나 곰ukumari처럼 빠르고 대단히 민첩하게 걸어야 한다는 것을 깨달았을 때처럼 말이야.

---

4 당나라의 시인이자 화가로 중국 자연 시인의 대표로 꼽히며 남종화의 창시자로 불린다.

자유로운 케찰을 보다. 두 번이나!   43

이라 잉카족에 대해 많은 설이 있지만, 아무도 그들이 심연에 대해 느꼈던 매혹을 부정할 수 없을 거야. 눈 덮인 봉우리들 아래 허공을 앞에 두고 산마루에 세워진 도시들. 한 걸음만 헛디뎌도 천 길 낭떠러지로 추락하는 길들ñan. 바람wayra이 우리를 생명으로 채우는 동안 심장sonqo은 미친 듯이 날뛰지. 견딜 수 없을 만큼 아름다운 건축양식이라는 생각 안 들어?

아르카 심연에 가까워 흔들린다고 말할 수도 있겠지만, 동시에 장난감 블록을 조립하는 방식으로 서로 이어 맞춰진 거대한 석벽만큼이나 견고해. 단단한 잉카의 석조 건축양식에 대해서는 많은 글이 쓰였어. 난 그 견고한 암석이 심연과 정상 사이에서 교직되는 방식에 대해 글을 쓸 거야. 안데스 건축에서의 공空의 역사라고나 할까. 왜냐하면 잉카인들은 차빈, 파라카스, 나스카, 모체, 와리-티와나쿠 같은 수많은 이전 문화의 창의적인 과학적 발견을 일부 계승했으니까.

이라 성채의 수호 봉우리인 와이나피추 정상에 도착하면 순수 중력에 의해 돌 위에 앉거나 몸을 기대고 마치 자신이 광대한 우주의 일부가 된 듯한 기분이 들어. 전체 속의 한 점. 우주에서 바라본 지구의 푸른 점 같은.

아르카 그 엄청난 광대함은 우리를 무심히 바라봐. 산정에서 푸른 파리를 보았는데, 죽음의 예고가 아니라 움트는 유기적 전체의 계시라는 느낌을 받았어.

이라 아르카, 그 거대한 돌들은 숨을 헐떡이며 정상에 도착하는 여행자와는 대조적으로 장구한 세월의 흐름을 전혀 개의치 않는 눈치야.

아르카 좁은 돌길을 기어오르면 와이나피추 정상에 도착하게 돼.

이라 퓨마, 과나코, 비스카차, 안데스 고원지대의 동물이 된 듯한 기분일 거야.

아르카 내로라하는 세계의 정상을 네발로 기어 가로지를 때 우린 단지 더 나은 호흡법을 배우기 위해 하늘에 도달하는 젖먹이 아이에 지나지 않아. 넋을 놓고 앉아서 경탄할 뿐이지.

이라 네 말을 들으니 정상에 도착했을 때 웃통을 벗어던지고 아기처럼 비명을 질러 대던 젊은이가 생각나네. 마치 꿈에 그리던 자유라는 이름의 케이크 조각을 미친 듯이 물어뜯는 것 같았어.

아르카 정상에 오르면 언제나 내려와야 하는 법이지. 잔치에 참석하기 위해 콘도르를 타고 하늘로 올라가 배가 터지도록 음식을 먹어 치운 안데스 여우처럼 말이야. 여우가 별안간 땅에 떨어졌을 때 산산조각이 난 여우의 몸뚱이에서 퀴노아, 마카 그리고 안데스 고지대에서 기적처럼 싹을 틔우는 많은 덩이줄기 식물의 씨앗이 튀어나왔어.

이라 나는 구름, 넝쿨 꽃과 함께 숨 쉬는 돌들, 특히 여왕 돌 인티와타나, 즉 태양을 묶는 돌에 대해 계속 생각하고 있어. 모든 언어를 통틀어 시계에 붙여진 가장 적확하고 가장 시적인 이름 중 하나지… 인티와타나는 무엇보다 그림자를 묶어. 휴대폰에 내장된 것을 포함하여 우리가 시계를 두고 이렇게 말한다고 생각해 봐. 여기가 우리가 태양을 묶어 두는 곳이야!

아르카 묶이는 것은 묶기도 하지.

이라 정상에 올라 여행자가 옷을 벗고 소리를 지른 것도 그런 이유에서였을 거야. 옷의 속박에서 벗어나고 싶었던 거지. 우리의 시간 개념은 우리의 삶을 정의하고 제한해.

아르카 그것과 짝을 이루어 우리의 삶을 정의하고 제한하는 것은 우리의 공간 개념이야. 계곡의 스페인 마을과 산속의 일부 잉카 마을(모든 잉카 마을이 심연 위에 자리 잡고 있는 건 아니니까)을 비교해 볼 때, 우리는 왜 굽이진 곳이나 심연이 아니라 대부분 평탄한 곳에 대규모로 거주하는 생활양식을 유지하고 있는지 의아해. 적어도 여기 안데스에서는 산 사이와 위, 그리고 아래에서 살고 있는데 말이야.

이라 편의를 위해서라고 말하는 사람이 늘 있을 거야. 공간 효율성을 위해서라고. 팜파스 옆 항구에 산다면 우리가 바다라고 부르는 움직이는 사막에서 배를 탈 수 있지.

아르카 아니면 우리가 강이라고 일컫는 물의 길에서.

이라 거기서 우리는 문제의 핵심을 발견해. 계곡과 평야와 고원은 사람들로 가득 찼어. 거대한 주거 타워가 발명되었지. 평원이라고 해도 크고 작은 심연의 가장자리에 있는 아파트와 주택에 살고 있는 사람들이 너무, 너무 많아…

아르카 13층에서 밖을 내다보면 어지러워서 뒷걸음치고 싶어져. 산등성이에 오르면 자연히 꼿꼿이 서서 가슴을 쭉 펴고 싶어지고. 겸허하게, 다시 말해 땅에 발을 딛고 지평선을 바라볼 때마다 상상력이 재충전되는 기분이야.

이라 식민지 마을을 세운 조상들이 격자무늬와 안정성에 대해 가졌던 그 모든 욕망이 어떻게 건물의 인공 심연과 불규칙성이 수백만 명의 일상인 라틴아메리카의 대도시로 탈바꿈했는지 참 궁금해.

아르카 최근 지진 당시 안에 사람이 있는 채로 속절없이 무너져 내리던 멕시코시티의 건물 모습을 보고 나서 마음을 진정하기가 힘들었어. 휴대폰 영상에서 한 사람이 창밖을 내다보고 있었는데 불과 몇 초 만에 먼지가 되었어.

이라 건물과 달리 올라가 있는 모든 사람과 함께 산이 폭삭 무너져 내릴 가능성은 없어. 산사태나 눈사태로 일부가 쓸려 내려가는 일은 있어도.

아르카 사람이 있는 채로 건물과 다리가 붕괴해서 지금 당장 엄청난 논란이 일고 있어. 그 지긋지긋한 개발주의, 가뜩이나 부패가 만연한 가운데 엉망으로 추진된 개발주의로 인해 공공사업 입찰은 날고기를 내던지는 행위로 변질했지. 사실, 일단 계약을 따내면 형편없는 자재로 느릿느릿 짓는 일이 다반사인데, 별안간 사람들은 일면식도 없는 속물적인 공무원들 탓에 잔해 속으로 무너져 내리는 거라고.

이라 지진 경보는 수백만 명의 희생을 예방할 수 있을 만큼 전 세계적으로 충분히 발달되어 있어. 하지만 노자가 인간을 밀짚 개처럼 취급한다고 말한 바 있는 갑작스러운 하늘의 힘 앞에서는 예측이란 게 큰 의미가 없어. 그렇게 허술하게 만들어진 인공 심연의 엉터리 건축가와 엔지니어의 부패한 시선 앞에서 세상이 어떻게 무너지는지 봐봐.

아르카 땅을 움직이고 집어삼키는 두려운 존재로 믿는 우와족이나 나와족 같은 부족들의 세계관은 오늘날 다시 유효해졌어.

이라 땅을 가리키는 메소아메리카[5]의 상형문자가 거대한 턱을 가진 카이만[6]인 시팍틀리Cipactli라는 것을 기억하고 있어.

아르카 콜롬비아의 안데스산맥에 있는 시에라 델 코쿠이의 우와족은 땅의 네 끝에 묶인 대지의 어머니 카카Kaká에 대해 이야기해. 카카는 몸을 움직여 지축을 뒤흔들고, 또한 주기적으로 입을 열어 제물과 사람을 삼키지.

이라 높은 산이나, 화산과 만년설에 덮인 산기슭에 위치한 많은 사원들이 땅과 우주의 무시무시한 힘을 달래는 공간의 역할을 수행했다는 것을 생각해 봐.

아르카 대도시에서 우리는 마치 자연의 회복력의 보호를 받고 있는 것처럼 살고 있지만, 그렇지 않다는 걸 점점 절실히 깨닫고 있어. 사실, 우리가 안식처 또는 집이라고 부르는 건물은 예상치 못한 지진, 허리케인, 화산 폭발 또는 쓰나미가 발생하면 언제라도 우리를 위험에 빠뜨릴 수 있어. 우리는 조상들의 두려움을 극복했다고 믿지. 하지만 그러한 힘을 온몸으로 마주하여 느낄 때 소위 인간의 우월성이라는 가면은 떨어져 나가 무용지물이 되기 일쑤야…

이라 인도인과 유대인의 뿌리를 가진 자신의 특수한 배경에 근간을 둔 것이긴 하지만, 우리 철학자 로돌포 쿠쉬[7]는 그것을 아주 잘 표현하고 있어. 도시인은 자신이 신의 진노뿐만 아니라 광활한 들판에서의 천둥의 무모함을 극복했다고 믿지. 하지만 그러한 두려움은 실직과 같은 가장 심각하고도 일상적인 걱정의 일부로 물러났을 뿐이야.

---

5 고고학이나 민족학에서 오늘날의 멕시코 및 과테말라, 온두라스, 엘살바도르, 니카라과, 코스타리카 등 중앙아메리카 일원을 가리키는 용어.

6 악어목 앨리게이터과의 악어를 통틀어 이르는 말.

7 Rodolfo Kusch(1922-1979). 아르헨티나의 인류학자이자 철학자.

아르카 그 두려움 뒤에는 페르시아어의 어원에 따르면 성벽에 둘러싸인 곳을 의미하는 낙원에서 추방될지도 모른다는 두려움이 있어. 우리는 때때로 우리를 마비시키는 두려움과 죄악을 대물림하며 성장하지. 노동을 형벌로, 출산을 끔찍한 고통으로 여기는 창세기의 개념.

이라 코란에서도 선지자로 인정받는 예수를 마리아가 고통스럽게 분만하는 것을 볼 수 있어. 낙원을 벗어나면 우리는 추락할 거야. 수평 낙하.

아르카 수많은 성인과 고행자가 따르는 가시밭길은 때때로 눈물의 계곡으로서의 세계관을 고통스럽게 구현하는 것처럼 보여. 반￦사막지대인 중동과 추락으로서의 삶에 대한 이야기에서 매우 중요한 관점이지.

이라 노동에 대해 이야기할 때 두 처녀와 팔짱을 낀 채 걸어가는 자신을 상상하는 시인이 차라리 좋아.

아르카 한 처녀는 건강한 아름다움의 뮤즈, 다른 처녀는 일상에서 사랑을 구현하는 뮤즈.

이라 고통이 아니라 즐거움으로서의 노동.

아르카 어제의 짐과 내일의 고통이 아니라 현재의 기적으로서의 삶.

이라 그런 비관적이고 탈신성화된 시선은 들러붙은 각질처럼 우리를 짓누르고, 뒤집힌 가면을 통해 거대한 플라스틱 상자에 떨어지는 오염된 강과 같은 삶의 이미지를 보여 줘. 우리에게 재생에 대해 가르쳐 주지 않는 태양 또는 달의 주기가 있을까? 자연 상태의 강은 모두 드넓은 생명의 바다로 흘러들지 않나? 우리의 수평적인 시선에서 보면 바다는 움직이는 사막이야. 하지만 그 깊은 곳에는 인간 존재의 원천인 생명이 들끓고 있지. 우리는 대체 어쩌다가 무덤의 공허나 화장장의 불꽃 위로 떨어지는 죽음의 강이라는 관념을 받아들이게 된 걸까? 추락으로서의 죽음은 낙원에서의 추방이라는 비관적인 시각과 의미도 신도 없는 세계에 대한 현대적 감각을 결합하고 있어. 불에 의한 소멸로서의 죽음이라는 개념에는 영혼을 정화하는 데 방해가 되는 육체의 즉각적인 파멸에 대한 고대 힌두교와 기독교의 믿음이 남아 있어. 그러한 믿음에 따르면 영혼은 육체와 삶에 의해 더럽혀지는 것이지.

아르카 비록 거칠고 돌투성이라도 우리의 삶이 강이라면, 무엇 때문에 존재와 비존재에 대한 파괴적이고 우울한 생각들로 물을 휘젓는 걸까? 강은 자신이 바다와 합류하여 사라진다는 것을 어떻게 믿을 수 있을까? 천체 주기의 관측을 통해 명백하게 밝혀지고 과학에 의해 재검증된 법칙이 단언하듯이, 에너지는 파괴되지 않고 변화한다는 것을 어쩌면 우리가 잊고 있는 건 아닐까?

이라 우리는 우리 사회가 물질주의적이라고 생각하면서도 결국 물질을 분해조차 되지 않는 쓰레기로 폐기해 버려. 우리는 지구를 착취하거나 오염시키면서 동시에 일종의 불멸을 갈구하기도 하지. 혈액, 엽록소, 산소, 수소, 물 없이 생명이 없듯이 변화 없이는 불멸도 없어…

아르카 이른바 영혼과 물질의 모순 속에 우리가 불태우고 폐기하는 숱한 의심 앞에서 최선의 선택은 우리 자신을 단순히 에너지로 간주하는 거야. 과학이 가르치는 대로 변화하고, 동시에 종교가 가르치는 대로 상호 의존하는 에너지 말이야.

이라 카르마파 외겐 틴레 도르제는 상호 의존을 무척 강조
하지.

아르카 그분이 말씀하시는 상호 의존은 무얼 뜻하는 거야?

이라 우리가 서로를, 그리고 지구를 필요로 한다는 거야. 카
르마파는 연민에 도달하려면 먼저 타인과 삶에 대한 깊은
공감을 키워야 한다고 설파하고 있어.

아르카 중미에는 철새 종의 이동 경로인 광대한 삼림지대뿐
만 아니라 재규어 같은 동물들의 정교한 통행로도 있어. 인
간의 건축물과 목재, 광물, 수지와 같은 소위 원자재의 필
요성 때문에 생명의 녹색 강인 이러한 자연 통로는 대부분
끊기고 파편화되었지. 수로와 댐을 건설하고 땅을 차지하
려는 열망은 유례없는 공동의 생명 공급원 독점이라는 결
과를 불러왔고. 인간과 같은 단일 종이 지구 담수의 대부분
을 독점한다는 게 가당키나 해? 이러한 관점에서 보면, 우
리는 이른바 인간이 아닌 지구상의 수많은 아들딸들을 성
벽에 둘러싸인 정원에서 추방하는 성난 반신半神이자 탐욕
스러운 천사야.

이라 사람들은 신화가 우리가 세상을 해석하는 방식을 표현
한다고 가르쳤지만, 또한 그것이 우리가 세상을 보고 싶어
하는 방식이기도 하다는 것을 깜박 잊고 지적하지 않았지.
적어도 후에 다른 피조물들 위에 군림할 권한을 위임받게
되는 추방당한 존재로서의 인류에 대한 성서적 관점은 우
리에게 너무나 큰 해악을 끼친 우월성을 정당화하는 방법
이야. 다른 존재들을 파괴함으로써 우리 자신을 파괴하기
때문이지. 우리가 갖가지 방법으로 학대하는 나무, 다른 동
물들, 심지어 조약돌에 대해서도 공감을 느끼지 못한다면,

인종과 피부색, 신념에 의해 분리되어 빈번하게 적이나 경
쟁자로 모습을 드러내는 다른 인간 존재와도 완전한 유대
감을 느끼지 못할 거야.

아르카 우리는 소위 '자원'에 대한 경쟁을 부추기는 교육을
받고 있어. 우리의 자연을 포함한 자연은 착취 가능한 '자
원'으로 가득 찬 플라스틱 상자 같아. 심지어 수직적인 위
계가 고착화된 사회에서의 경쟁을 위해 교육비까지 지불
하기에 이르렀고, 그리하여 다중적이며 수평적인 삶을 지
향하는 창조적 연대의 길이 가로막혀 버렸지. 그러한 교육
은 양심에 대한 테러이자 기후 변화에 맹목적인 찬성표를
던지는 행위야.

이라 넌 기후와 교육의 연관성을 어떻게 인식해?

아르카 주지하다시피 기후 변화 또는 기후 불균형은 주로 인
간 중심적인 악덕과 생명의 공동 원천을 고갈시키는 채굴
장난감을 통해 지구에 대한 비인간적인 압력과 수탈이 날
로 심해지고 있다는 징후야. 경쟁을 위한 교육은 일반적으
로 대기업과 지배 집단에 유리한 트로피로 개인의 성공을
인증하지. 사람들과 공동체가 쓸모없거나 실용적인 지식
으로 상대방보다 우위에 서려고 양심, 공감, 생명 율동에
역행하도록 강요당할 때, 우리는 그것을 비인간적인 기후
변화라고 말할 수 있을 거야. 사람들과 그들이 만들어 가는
사회 사이에서 생성된 대기는 또한 대인적 기후와 대인적
마이크로 기후climas y microclimas interpersonales를 생성하고,
소수의 이익이 우세할 때 여기에 변화가 일어나지. 단지 사
장님들만의 문제가 아니야. 알량한 권력자의 자리에서 영
향력을 행사하는 비서도 문제지.

이라 자전거 운전자도 자동차 운전자만큼 사람을 칠 수 있어. 태도의 문제라는 걸 명심해.

아르카 다른 사람들에게 밟히는 방법뿐만 아니라 다른 사람들을 밟고 올라서는 방법을 가르치는 기업 교육은 시장에서 매우 생산적인(공격적인) 개인의 태도를 개발하기 위한 최고의 군사훈련 중 하나야. 어느 시험에서 한 선생이 나에게 취업 면접을 보고 있는 상황을 연출해 보라고 했어. 그렇게 할 수 없었을 뿐더러 사업가가 나를 '교육'하려 든다는 것을 알아챘어. 사업이나 거래 자체가 부정적이라는 것은 아니야. 모든 것을 사고팔 수 있다고 믿는 태도 또 그렇게 하고 싶어 하는 태도가 잘못이고 우리의 숨통을 조인다는 거야.

이라 카르마파의 가르침을 좇아, 오늘날처럼 세계화된 사회에서는 자신이 사용하는 제품이 어디에서 왔는지 의식해야 해. 만약 우리가 신고 있는 신발이 노동권이나 사회보장의 사각지대에 놓인 노동자의 착취 사슬에서 나온 것이라면, 어떤 의미에서 우리는 그들의 손과 머리를 짓밟으며 걷는 셈이야. 간디가 가르친 대로, 실제로 서로 만날 일은 없겠지만 물 거울에 비친 모습을 바라볼 때 똑같은 갈증의 몸짓을 알아볼 수 있을 만큼 우리를 빼닮은 인간 존재를 착취한 결과물인 질 좋은 외제 옷을 입느니 차라리 허름한 누더기를 걸치는 편이 더 낫겠지.

아르카 외국산 옷을 소각한 다음에 물레를 다시 이용해 자체적으로 피륙을 짜는 편이 나은가 하는 논쟁에서 내가 간디의 편에 섰을지, 아니면 타고르의 편에 섰을지 장담 못 하겠어. 간디는 영국인들에게 더 이상 그들이 필요치 않다는 것을 보여 주고 싶었던 것 같아. 그것은 위엄 있는 몸짓이었어. 물레는 스스로 삶을 직조하고 스스로 국가의 운명을 짊어지는 것에 대한 상징이었던 셈이지. 그렇지만 타고르는 그러한 시위를 위해 사람들이 몇 벌 있지도 않은 옷을 벗어던지는 모습에 마음이 쓰였던 거고. 타고르가 보기에 인도와 영국 사이의 상호 의존성을 굳이 부정할 필요까지는 없었던 거지. 그가 원한 바는 독립 정신으로 무장한 나라에 영국이 남긴 최고의 유산을 보존하는 것이었어.

이라 타고르는 간디의 민족주의를 다소 불편해했어. 구체적으로, 매우 급진적인 수단이 그랬지. 타고르는 인도인이나 벵골인이라는 정체성이 큰 부분을 차지하고 있지 않은 보편적이고 포괄적인 인간에 대한 개념을 가지고 있었어. 간디는 국가 통합을 위해 인도인이라는 정체성을 강조해야 했지. 결국 이슬람교도와 힌두교도의 분리주의적 이해관계로 인해 그러한 통합은 물 건너가고 말았지만.

아르카 비하르에 지진이 일어났을 때 간디가 이른바 불가촉천민, 즉 달리트를 학대한 것에 대한 신의 징벌이라고 말한 것이 타고르의 심기를 상하게 했던 것을 기억해.

이라 성자의 신은 대개 시인의 신과 같지 않은 법이지. 즉, 감성적인 차원에 있어서 말이야. 간디의 참회하는 종교적 관점은 때때로 타고르의 시적이고 창의적인 관점과 맞지 않았어. 하지만 그들은 인류와 생명에 대한 큰 사랑을 공유했지. 같은 물을 다른 샘에서 마셨다고나 할까. 쓴맛이냐 단맛이냐는 어떤 관점이냐에 따라 다른 문제지.

아르카 인간의 과도한 야망으로 인해 많은 종의 서식지가 파괴되고 줄어든 결과는 명백하고 씁쓸해. 기후에 침식된 빙

하 위에 서서 떠돌아다니는 눈웃 입은 북극곰의 이미지…
또는 야생동물 인형처럼 안마당에 둘 수 있다고 생각하는
구매자들과 시간을 보내기 위해 나무에서 떨어져 나온 나
무늘보… 이것들은 생태 비평이 허위로 만들어 낸 사례가
아니야… 치아파스에서 우리에 갇힌 케찰을 보았어. 긴 깃
털이 떨어진 상태였는데도 아직 뻔뻔하게 사진을 찍어 대
는 사람들이 있더라고. 인간이라는 종이 어찌나 부끄럽던
지! 그래서 그들과 맞서야 했어.

이라 동물원에서 우리에 갇혀 지내다 미쳐 버린 북극곰을 보
았어. 말 그대로 돌아 버린 거지. 앞발로 허공을 휘젓고는
절망적으로 유리 벽을 향해 몸을 돌리는 강박적인 몸짓을
반복하며 창살 없는 우리 안을 왔다 갔다 하더라고.

아르카 곰의 천국 아닌가? 유리로 둘러싸인 곳. 침을 질질 흘
리는 시선 앞에 횟감이 전시되는 중국과 한국의 수족관처
럼. 우리에 감금된 동물의 비참함은 우리 인간이 갇혀서 살
아가기 일쑤인 이기주의의 거울이고, 이 비참함을 통해 우
리는 자진해서 갇힌 빗장 속에서 죄수처럼 우리 자신을 소
모하고 있어.

이라 우리는 천박해져 가고 있어. 점점 둔감해지기도 하고.
뛰어난 선수들에게 주어지는 금메달처럼 사회가 제시하
는 성공과 특권의 자리를 얻지 못하면 어려서부터 열패감
에 사로잡히기도 하지. 내가 사회라고 말할 때 꼭 엘리트와
도덕성을 갖춘 사람들의 시선을 언급하는 건 아니야. 가령,
끊임없는 파티, 감각의 과잉, 돈벌이에 대한 과도한 열망이
라는 공통의 메시지를 가진 대저택과 고급 자동차, 화려한
애인을 과시하는 온갖 장르의 젊은 가수들을 상상해. 눈앞

의 현재와 나만 생각하는.

아르카 모든 것에는 예외가 있기 마련이지만, 영상을 통해 성
性과 노동, 생물, 동물이 착취당하는 현실을 보여 주고 '좋
아요'를 받는 가수들이 그리 좋아 보이지는 않아. '좋아요'
를 받아 어디에 쓰려고? 우리를 현실로부터 고립시키고 분
리하는 수많은 창과 스크린이 있어…

이라 아직 동물원에 다니던 때 차가운 창문을 통해 자기 손
의 크기와 아이 손의 크기를 대보려는 새끼 고릴라를 보았
어. 아버지 고릴라는 멀뚱멀뚱 멀찍이 드러누워 있었어. 우
리에 갇힌 상태에서 태어난 고릴라는 다른 아이를 볼 수 있
는데도 왜 만질 수는 없는지 영문을 모르겠다는 표정이었
지. 아이도 이해하지 못하는 눈치였고 둘은 서로 손 크기를
재보았어.

아르카 우리가 살아가는 비인간화 시대에 대한 비유네. 기분
이 어땠어?

이라 누구나 분노와 애정을 느낄 거야. 창문과 벽을 부수고
싶은 욕구도… 우리는 예배당이 필요해. 바라건대 양심의
예배당. 안전유리로 분리된 아이 고릴라와 아이 사람의 손
의 이미지가 커다랗게 전시되어 있는… 우리에겐 자각도
필요하지만, 무엇보다 그 벽을 허물고 자유의 이미지와 행
동으로 그 돔을 다시 색칠할 필요가 있어… 우리는 모두 각
자의 자리에서 자유롭게 살 수 있어야 해… 겨우 신의 손가
락에 닿을락 말락 하는 르네상스인의 민숭민숭한 손가락
을 더욱 멀리까지 뻗을 필요가 있어. '겨우 신의 손가락'이
라고 말해서 미안해. 하지만 우리가 인간이 아닌 우리의 친
척에게서 신성함을 느끼지 못한다면 우리 자신의 비인간

화를 봉인하는 거야. 내 말은 유인원과 그에 뒤이은 해방 사이의 불완전한 결합의 장면을 그릴 수 있다면, 나는 기꺼이 네가 말하는 것과 같은 그런 심연 위에 있는 발판 중 하나를 밟고 올라설 것이라는 거야.[8] 나는 우리를 갈라놓는 유리의 장력을 섬세하게 그릴 거야. 교도소 면회자들을 위해 사용되는 것과 같은 유리. 그리고 아직 전적으로 현실이 아닌 것에 대한 이상주의에 빠지지 않도록 곳곳에 금이 간 유리를 그리겠어.

아르카 절대다수의 동물원은 감옥이야. 처음에는 검은 피부와 붉은 피부를 가진 인간이 전시되었어. 그다음에 고릴라가 남았고 부상당한 늑대와 송곳니 없는 퓨마를 위한 티켓 가격이 매겨졌지. 더군다나 우리가 수감자들을 보기 위해 돈을 지불한다면 그건 우리도 수감자이기 때문이야.

이라 청소년기의 어느 시점에 우리는 동물원이 잠시 거쳐 가는 임시 시설이라는 이야기를 받아들였어. 게다가 모인 돈은 원래 서식지에 있는 동물을 구하는 데 사용된다는 말을 들었지. 나는 이젠 더는 그 말을 믿지 않게 되었어. 아니면 예외적인 상황에 대한 더 많은, 그러나 단정적이지 않은 설명이 필요해. 부에노스아이레스의 동물원 같은 곳들은 꾸준한 비판의 대상이 되었고, 결국 부분 폐쇄 조치가 행해지고 전면적인 개선 작업이 진행 중이야. 어떻게 달라질까? 이른바 제1세계의 많은 도시에서 동물원은 관광 가이드북

---

8 시스티나 대성당에 〈천지창조〉 등의 그림을 그릴 때 미켈란젤로가 발판 위에 올라가 작업한 것을 말한다.

에 광고가 실리지. 수많은 동물들이 국내외 관광객들의 공모의 시선 앞에서 그곳에서 태어나고 죽고 심지어는 미쳐 버리기까지 한다고. 그건 범죄야!

아르카 대도시는 종종 말 그대로… 자신의 손아귀에 있는 환경에 대해 우월 의식을 가지고 통제하려는 경향이 있어.

이라 쿠쉬가 지적했듯이, 도시는 단지 인간의 두려움을 위한 피난처가 아니야. 그가 아직 살아 있다면 동물들에 대해 물어보고 싶었을 거야. "당신은 어떻게 생각하나요?"라고 말이야.

아르카 뭐라고 물었을까?

이라 말해 주세요. 아르헨티나 북서부의 돌과 라 아구아다 문화의 도자기에 그려진 고양이는 어디로 갔다고 생각하세요? 500년 전인지 100년 전인지 모르지만, 우마와카 계곡에서 아름다운 새들을 본 사람이 있나요? 실은 그 새들은 다시는 우리 머리 위로 날아다니지 않았어요. 마이마라에 있는 당신 집에 매달려 있는 꽃들 사이에서 나스카 지상화[9]에 있는 것과 같은 부리를 가진 벌새를 보았나요?

이라 쿠쉬는 먼저 하늘나라로 떠났지. 그는 아르게다스가 상상했던 것과 같은 안데스산맥 위를 나는 하늘빛 제트기에

---

9 페루의 수도 리마에서 남쪽으로 400킬로미터 떨어진 나스카 일대의 땅에 그려져 있는 거대한 그림들로 거미, 고래, 원숭이, 벌새, 거인 등의 그림이 30개 이상, 소용돌이, 직선, 삼각형과 같은 곡선이나 기하학적 무늬가 140개 이상 그려져 있다. 각각의 그림은 최대 300미터의 크기로 매우 거대하기 때문에 오직 하늘에서만 완전한 그림을 볼 수 있다. 기원전 300년경에 그려졌다고는 믿을 수 없을 정도의 크기와 정교함 덕분에 오랫동안 초고대문명설의 근거가 되었다.

서 응답할 거야…[10] 우리도 각자 응답해야겠지. 그런데 안데스산맥에 대해서는 네 이야기로 돌아가자. 그래서 결국 마추피추로 가는 기차를 탔어?

아르카 우리는 좁은 안데스 고산지대 협곡을 따라 친구들과 함께 걸었어. 한 케추아족 농부 가족이 막 갖가지 덩이줄기 식물을 수확했더라고. 안데스산맥의 감자의 다양성은 놀라워. 모든 것이 멀리 약 8천 년에서 1만 년 전부터 그곳에서 감자 재배가 이루어졌음을 가리키고 있어. 가족의 아버지가 우리에게 가까이 오라고 손짓했어. 한 친구가 케추아어로 유창하게 이야기를 나눴지. 전통적인 방식으로 코카를 교환했는데, 각자 상대방의 추스파chuspa, 즉 손으로 짠 가방에 코카 잎을 넣어 주었어.

이라 코카 잎을 교환하는 안데스식 인사는 과거의 물물교환과 호혜 체계[11]를 오늘날에 되살리고 있어. 그런 관점에서 볼 때 볼에 입을 맞추는 우리의 인사법은 그들에게 이상하게 보일 거야. 특히나 남자들끼리 볼에 입을 맞추면. 티티카카 호수의 섬에서 케추아족과 아이마라족 공동체 구성원들을 만났을 때 그들은 매우 심각하고 서먹하게 느껴졌어. 물론 외국인은 많은 경우 언제나 의심의 대상이 되지. 사실 입맞춤 인사는 몸짓과 감정의 교환이지만, 엄밀한 의

---

10 페루의 소설가이자 시인, 인류학자인 호세 마리아 아르게다스José María Arguedas(1911-1969)의 시 「제트기를 기리는 노래Oda al jet」를 언급하고 있다.

11 일종의 상부상조를 말하는데, 안데스의 세계관, 윤리, 사회 시스템 등의 근간이었다.

미의 물물교환은 없어. 적어도 안데스산맥 사람들이 생각하는 물물교환의 의미에서는.

아르카 흔하디흔한 악수에서 우리는 서로 감정을 교환하지만 상대방에게 유형의 무언가를 건네지는 않아. 코카와 같은 상징적인 먹거리의 교환은 없는 거지. 악수는 일반적으로 입맞춤 같은 다른 인사들보다 훨씬 거리감이 느껴지는 인사법이야. 우리의 경우 입맞춤 인사는 대개 남녀 사이에서만 주고받지. 가까운 사이라면 여자끼리도 하지만, 남자끼리 입맞춤 인사를 나누는 건 아버지나 형제 또는 친척 아이처럼 예외적인 경우에나 가능해.

한번은 실수로 최근에 알게 된 타국 출신 남자에게 입맞춤 인사를 했어. 내가 주먹으로 얼굴을 치기라도 한 것처럼 쳐다보더라고. 많은 라틴아메리카 국가에서 마치스모는 남자가 여자 앞에서 취해야 할 모습뿐만 아니라 남자들 사이에서 취해야 할 모습도 규정하고 있어. 일반적으로 남자는 다른 남자들 앞에서 큰 목소리의 어조를 유지하는 가운데 냉정하고 단호해야 하는 반면, 여자와의 관계에서는 훨씬 더 섬세하고 다정하며 친밀해야 해. 여자에게 세게 악수하는 것은 그다지 좋아 보이지 않지⋯ 사업상의 관계라 해도 그래.

아르카 흥미로운 점은 마치스모와 관련하여 엠브리스모hembrismo 또는 거꾸로 된 마치스모라고 부를 수 있는 또 다른 현상이 존재한다는 거야. 최악의 마치스모 스타일 남자처럼 보이고 싶어 하는 전형적인 여성 말이야. 마초처럼 보이기 위해 최선을 다해. 누구보다 거칠게 말하고, 자신의 입장을 강요하고, 또 인사할 때 아주 세게 악수를 하지.

이라 마치스모의 위압적인 태도가 모성 및 팜므파탈의 양가적 특성과 결합하는 혼합 형태의 여성도 존재하긴 해. 악수는 하지 않지만 섬세하게 인사하는 방법을 알고 있는 알파걸 또는 보스 우먼의 유형으로, 목소리의 억양은 마초의 위풍당당한 알토와 여성스럽고 고혹적인 웨이브 사이를 오르내려. 상황에 따라 달라지는 거지.

아르카 네가 티티카카에서 보았듯이, 안데스 선주민 세계에서는 젠더 역할이 매우 엄격히 구분되어 있어. 내가 우추이 코스코를 경유하면서 안데스 협곡에서 목격한 코카 잎 교환은 사실상 남자들 사이에서 이루어졌어.

이라 맞아. 티티카카를 함께 여행했던 젊은 여성이 우리가 배에 올랐을 때 섬 남자들의 가방에 대담하게 코카 잎을 넣었어. 일부는 웃었고 다른 사람들은 잠자코 바닥을 바라보았어. 하지만 아무도 답례로 그녀에게 코카 잎을 돌려주지 않더라고. 그들의 관점에서는 운전자의 속도위반을 경찰이 적발하듯이 법을 위반하는 것으로 보였을 테지. 그렇지만 외국인이 코카 인사법 같은 규범을 어길 때는 일종의 무관심을 초래해. 방문자는 무지한 사람으로 간주되어 결국 아무도 눈길을 주지 않게 되지. 친밀해지려는 시도는 정반대 결과를 가져와. 어떤 문화에서는 인사가 훨씬 더 가까운 접촉을 의미하거든. 라틴아메리카 사회에서 강한 포옹이나 접촉은 가족에게만 가능해. 매일 아침 상사에게 다가가 격렬한 포옹으로 인사를 건네면 어떻게 반응할지 상상해 봐.

아르카 거리를 두고 떨어져 있을 때 권력이 생겨나지. 상대나 직원이 많을수록 누군가 우리에게 명령을 내릴 가능성이 훨씬 더 커. 친구와 가족에게는 명령을 하지 않잖아.

이라 그런 경우가 없는 것은 아니지! 남편이 아내에게 "여기서는 내가 순종하는 대로 하는 거야!"라고 말할 때처럼 말이야.

아르카 허 참, 그 농담은 거꾸로 해도 말이 되네.

이라 우리가 결코 끝내지 못한 기차 이야기처럼.

아르카 기차 얘기로 돌아가면, 멀리 기차가 오는 것을 보고 우리는 산기슭 쪽으로 냅다 달렸어. 거의 통행이 없는 도로를 만나기도 했지. 기차 있는 곳까지 가려고 아난파차에서 내려온 승합 택시를 잡기에 이르렀어. 시간에 맞춰 도착하려고 기사가 액셀을 심하게 밟아 대는 통에 고대 잉카 정착지인 오얀타이탐보의 돌길을 지날 때 우리는 마치 아이들이 장난치듯 몸을 들썩이며 깔깔 웃어댔어.

이라 머리를 택시 지붕에 쾅쾅 부딪히고 비좁은 택시 안에서 행운의 여신과 몸을 맞부비는 모습이 눈앞에 그려지네.

아르카 난 어떻게 말해야 할지 모른 채 기차를 타기 위해 달려가는 네 모습을 상상할 수 있어. 그런데 무슨 언어였어?

이라 아랍어. 나는 아틀라스산맥의 북쪽을 여행하고 있었고 지중해의 한 항구에 도착하기 위해 그 기차를 타야 했어. 역에 도착했을 때 기차가 연착해 탑승까지 1시간 이상 기다려야 한다는 것을 알게 되었지. 허겁지겁 달린 터라 기운을 내서 긴장도 풀고 민트 차도 찾아볼 요량으로 시장통으로 향했어. 따지고 보면 아프리카 여행이나 라틴아메리카 여행이나 거기서 거기야. 오늘의 비인간화 시대에 우월감을 느끼고 싶어 하는 사람들이 말하듯이 우리가 제3세계이기 때문은 아니야.

아르카 우리가 객차에서 좌석을 발견하자마자 기차가 움직

이기 시작했어. 조금만 늦었어도 기차를 놓칠 뻔했어. 그
뒤에 한 시골 아낙이 지나가면서 코카 잎이 든 차를 권했
어. 파티에 가는 길인 듯 립스틱을 바른 금발 여자가 그녀
를 보더니 미간을 찌푸리며 싫다고 앙칼지게 쏘아붙였어.
원주민 아낙의 입장에서는 그 여자가 자기 조상들의 집에
그녀가 들어가는 걸 거부한 것과 같은 느낌이었겠지. 혹 잉
카인들은 엽서 속에서만 살고 있는 걸까?

이라 젊은 여성은 자신에게 코카인을 권하는 것으로 착각했
을 거야. 아니면 환각제…

아르카 안데스 여행자, 특히 마추피추를 방문하는 사람이라
면 코카 잎이 그 독성 물질과는 전혀 다르다는 것을 틀림없
이 알 거라고 누구나 생각할 텐데…

이라 이 채굴주의적 관광의 세계에서 많은 사람들은 몇몇 공
공 기념물에서 사진을 찍고는 곧바로 SNS에 올리고 싶어
해. '좋아요' 몇 개를 받기 위해 극지에 가는 사람들도 있지.
하지만 그들은 시원한 곳cool에서 추운 곳cold으로 옮겨갈
뿐이야.

아르카 이 대중 세계에서는 비교적 납득이 가는 관광 공포증
turisfobia이라는 추한 단어를 어제 생전 처음 들었어. 라디
오에서 마추피추가 입장객 한도에 도달했다는 소식도 들
었고. 베네치아와 심지어 타지마할 인근 마을인 아그라에
서도 같은 일이 일어나고 있어. '죽기 전에 가봐야 한다'고
들[12] 하는 곳에서 흔히 있는 일이지.

이라 그 캠페인을 구상한 사람들은 아주 성공한 셈이네. 나
는 단지 우리를 실어 나르는 것이 목적인 기차, 생활을 위
한 생활과 여행을 위한 여행의 번잡한 비행기는 타고 싶지

않아. 이른바 제3세계 국가에 들러 노점상에게 값을 깎아 달라고 하는가 하면 가는 곳마다 스타벅스를 찾고 6성급 호텔에 묵는 그런 관광객처럼 말이야.

아르카 케찰은 공허한 시선으로부터 도망쳐 고속도로와 기차에서 멀리 떨어진 곳에 살아. 삶의 내밀함 속에서 아름다움이 꽃을 피우는 법이지. 어떤 투어도 우리를 그 아름다움으로 데려갈 수 없고 그곳에 이르는 유일한 가이드는 마음이야.

이라 그런 스승의 가이드를 받는 진짜 행운을 누렸으니 네 말에 전적으로 동의해. 비록 내가 딴 길로 새기도 했지만. 세이렌의 노랫소리는 매우 강력하잖아.

아르카 알아. 우리는 슈퍼맨이 필요치 않아. 아내와 함께 코스타리카의 태평양 연안 열대우림을 찾았을 때 자유로운 케찰을 보는 말할 수 없는 행운을 누렸어. 두 번이나!

이라 얘기해 줘, 아르카.

아르카 열대우림이 우거진 산정에 이를수록 정초의 바람에 기분이 상쾌해져. 아, 운무와 함께 우리에게 무수한 축복을 건네는 바람. 운무가 살갗에 닿아 흩어질 때의 그 순수한 쾌감이란!

이라 비가 오고 있었다는 얘기니?

아르카 꼭 그런 건 아니고. 오히려 스콜에 가까웠어. 끝없이 계속되는 미세한 애무 같은 영구적인 스콜.

---

12 패트리샤 슐츠의 책 『죽기 전에 가봐야 할 1,000곳 1,000 places to see before you die』을 떠올릴 수 있다.

이라 정원사가 최상의 물을 뿌리는 잎사귀, 현자가 차를 끓이려고 고르는 잎사귀 같은.

아르카 케찰을 관조하기 위해서는 생각할 필요도 없고, 그것을 보고자 하는 열렬한 욕구도 필요치 않아. 그저 보고 싶다고 말없이 생각하기만 하면 돼. 일주일 전 숲에서 케찰을 처음으로 보고 사진을 찍었을 때처럼 바라보기만 하면 돼.

이라 케찰에 대해 좀 더 얘기해 줘.

아르카 케찰은 아보카도 나무들 근처의 습한 숲에 서식하는데, 녹색의 달콤한 아보카도 과육이 식사의 절반 이상을 차지하지. 산림보호구역에 들어서자 가이드가 길을 알려 주었지만, 직감적으로 반대 방향으로 가야 한다는 것을 깨달았어. 샛길에서 방향을 틀었을 때 우리는 이탈리아인 부부와 지역 조류학자와 마주쳤지. 그들은 우리에게 조용히 다가오라고 손짓했어. 그런 다음 친절하게도 그들의 망원렌즈를 들여다볼 수 있게 해주었고, 우리는 긴 꼬리 깃털이 세상에서 가장 정확하고 귀중한 시계의 바늘처럼 흔들리는 동안 무성한 나뭇가지의 물결에 잠긴 케찰을 관찰했지… 봐봐, 여기 사진이 있어.

이라 네가 보여 준 사진은 꼭 그림자극 무대 위에 비친 이미지 같아. 내가 그림자를 꿈꾸도록 만들어. 예술가의 손이 꿈의 교훈을 배웠으면 좋겠어. 새들이 곧 그의 손이라는 것을. 깨어나면 노래하는 새들 그 자체인 손.

아르카 케찰은 단순히 새가 아니야. 미의 이상이지.

이라 아름다운 - 깃털Bel-zal.[13]

아르카 우리가 케찰을 새라고 부르는 이유는 우리가 배운 그 단어를 통해 케찰을 우리에게 익숙한 분류 체계에 포섭할

케찰.

수 있기 때문이야. 하지만 그런 단어, 더군다나 그런 분류학적 명칭으로는 우리를 사로잡는 케찰의 매력을 온전히 설명할 수 없지.

이라 우리는 우리가 왜 체che라는 단어를 사용하는지 설명할 수 없어. 그 단어가 사람을 의미한다는 걸 이해하지 못한다면 말이야. 예컨대, 마푸체족의 언어 마푸둥군어에서는 체che가 땅의 사람, 땅을 가진 사람, 땅 사람을 의미해.

아르카 사실 이상적인 케찰은 어떤 면에서 우리 자신의 거울이야. 깃털을 제거하기 위해 케찰을 죽일 수 있는 사람은 이상을 배반할 뿐만 아니라 스스로를 부정함으로써 자신의 모습을 흉측하게 만들지. 케찰을 훼손하는 것은 곧 자기 자신을 훼손하는 것이니까.

이라 네사왈코요틀[14]의 시에서 케찰의 깃털은 지구상에서 가장 숭고한 아름다움의 표현 중 하나야. 하지만 머잖아 몸통처럼 갈기갈기 찢기겠지. 가장 아름답고 겉보기에 더없이 실제적인 것을 포함하여, 케찰의 깃털은 덧없음의 메타포야. 시인은 그 어떤 것도 붙잡을 수 없어. 모든 것을 손에서 놓아야 하지. 남는 것은 오직 그의 노래, 그의 꽃, 그의 시적인 질문과 이미지뿐.

아르카 모든 새가 그렇듯, 케찰도 꼼짝 않고 같은 나뭇가지에 오래 앉아 있기는 어려워. 새들은 우리에게 일시성에 대

---

13 케찰quetzal이라는 명칭은 나와틀어 'quetzalli(아름다운 깃털)'에서 유래했다.

14 Nezahualcóyotl(1402?-1472). 정복 이전 멕시코의 도시국가 텍스코코의 통치자이며 철학자·시인으로 명성이 높았다.

해 가르쳐 줘. 아시시의 성 프란치스코는 새들을 생각에 비유했어. 즉, 본질적으로 변덕스럽고 유동적이며 변화무쌍하다는 거지. 맞아. 새들은 우리에게 일시성에 대해 가르쳐 줘. 이따금 암컷 케찰은 미동도 않고 시선은 너무 고정되어 있어서 나무 전체에서 식별해 내기가 불가능할 정도야. 그 고요함과 파도처럼 일렁이는 깃털 사이의 대조는 매혹적이지. 수컷은 일반적으로 기다란 꼬리에 달린 두 개의 긴 깃털을 뽐내. 그 쌍둥이 깃털은 아무도 우리를 추방하지 않은 낙원의 시간을 가리키지. 영원한 현재의 시곗바늘이야. 우리는 여기서, 지금 현재, 아름다움으로부터 말하고 있어. 감히 꽃에 오줌을 갈기지 못하고 꼬리를 치는 두에르메아 우토피스타스가 잘 알고 있듯이 말이야.

이라 내가 직접 보지 못했기 때문에 그런 건지는 몰라도 케찰의 붉은 가슴은 큰마음을 생각하게 만드는 것 같아. 또한 민중을 구하기 위해 목숨을 바친 영웅의 가슴을 상상하게끔 만들기도 해. 호세 마르티[15]가 꿈꾸었던 것과 같은… 그가 자신의 또 다른 이상을 품고 몸소 전장에 뛰어들어 사람들 말마따나 세 발의 총탄에 쓰러질 때까지 말이야.

아르카 그렇지만 케찰은 독수리 같은 큰 새나 벌새 같은 작은 새의 공격성을 드러내지 않는 작은 머리와 적당한 부리를 가졌어.

이라 케찰은 부처의 전생 설화에 안성맞춤일 것 같아. 그런

---

15 José Martí(1853-1895). 19세기 쿠바의 시인이자 정치가, 독립운동가.

이야기가 자타카[16]에 없는 것은 역사상의 부처가 코스타리카, 멕시코, 온두라스, 니카라과 또는 과테말라가 아닌 인도와 네팔에서 수행의 길을 걸었기 때문이지.

아르카 중미 국가들에서 케찰은 지역 고유종 새로 알려져 있어.

이라 그런데 이상이 결국은 현실을 왜곡한다는 생각은 안 들어?

아르카 물론이지. 많은 경우 이상은 어김없이 우리가 보는 것이 아니라 우리가 보고 싶어 하는 바에 따라 형성되기 때문에 사라지거나 기대를 저버리지. 하지만 반면에 다양한 방식으로 볼 수 있는 것 또한 사실이야. 신화와 시의 시선은 관계적 존재론을 자아내며 내부로부터 보는 방식이지. 모든 것을 향한, 모든 것과의 깊은 공감의 차원은 우리가 비이원론적으로, 다시 말해 우리가 보는 대상인 동시에 우리 자신인 것에 말을 걸고 건드리는 가운데 서로 관계 맺는 방식으로 표현돼. 하지만 내가 여기서 말하는 건 분리하기 일쑤인 정체성이 아니야. 우리에게서 객관성을 박탈하지 않고 오히려 더욱 충만하고, 무엇보다 더 헌신적이고 더 세심하며 덜 집착적이라는 점에서 윤리적으로 더 고차원적인 관조를 허락하는 깊고 자유로운 공감에 대해 말하는 거야.

이라 네 말은 카르마파가 주장하는 상호 의존성을 생각하게 해 줘. 우리가 새나 타인들과 공감하지 못한다면, 우리 안에서 깊은 연민의 정서를 발견하지 못할 거야. 우리가 잘못

---

16 석가모니가 전생에 수행자였던 시절에 행한 일을 기록한 설화집.

배운 연민, 즉 우리가 도와야 하는 불쌍한 존재에 대한 연민이 아니라는 점을 명심해. 부분적으로는 함께 느끼고 때로는 더불어 고통받는 연민, 차이를 폐기하지 않는 공통의 지평을 배경으로 하는 서로 다른 것들 사이의 관대하고 정직한 공감을 말하는 거야. 모두에게 같은 하늘과 같은 땅. 마푸mapu[17]는 단 하나야. 케찰에게 일어나는 일은 숲에게도 일어나. 숲에게 일어나는 일은 물에게도 일어나고. 또 물에게 일어나는 일은 무한하고 놀라운 일련의 상호 관계를 통해 우리에게 일어나지. 누구도 타인과 공감하면서 자신을 홀대할 수는 없어. 그래서 공감은 일시성 너머에 존재하는 자신의 아름다움을 인식하는 것을 의미해.

아르카 케찰에 경탄하는 것은 삶 자체에 대한 존중을 의미해. 우리 자신을 보는 것이 아니라 케찰을 보는 것이고, 그런 의미에서 케찰과 더불어 우리 자신을 보는 것이지. 그리고 각각의 존재와 더불어. 우리의 과카몰레[18]를 위해서 모든 아보카도를 싹쓸이하지 않는 것만큼이나 단순해. 연민은 공감이야.

이라 연민은 또한 아름다움이고, 그런 의미에서 거울이자 심오한 조화야. 동시에 우리를 완전히 사로잡는 감정이자 정서이기도 하지. 또한 시선, 특히 소용돌이치는 감정의 깊숙한 곳에 자리 잡고 있는 원이야. 연민은 남인도의 유명한 구루[19]가 고름이 나오는 나환자의 상처에 입을 맞추고, 또

---

17 마푸체족의 언어인 마푸둥군어로 '국가', '장소', '땅'을 가리킨다.
18 아보카도를 으깬 뒤 다진 양파, 토마토, 고추, 고수, 라임즙 등을 섞어 만든 멕시코 소스.

낯모르는 사람들을 껴안고 오랜 시간을 보내게 하는 힘이지. 북인도의 유명한 가톨릭 수녀[20]가 나환자, 결핵 환자, 사회 소외계층을 섬기는 일에 헌신적인 노력을 기울이게 한 것도 연민이고. 연민은 둥지에서 떨어진 아기 새를 줍는 아이의 손이야. 거리에서 병든 앙상한 개를 보고 안쓰러운 마음에 먹을 것을 주어야겠다고 느끼는 것이고.

아르카 연민은 또한 지성의 감성적 형태이기도 해. 숲의 생명력을 이해하고 함께 나누기 위해 일생을 바치는 사람들은 큰 나무가 작은 나무에게 충고하는 소리를 듣고 생명의 웅대함과 그 섬세한 관계에 감탄하게 되지. 숲, 바다, 산, 강, 호수, 늪, 사막에 대한 공감은 그들로 하여금 각양각색의 존재들이 계속 나름의 방식으로 살아가고 동시에 사람들은 교류와 경탄, 배움, 존중의 관계 덕분에 계속 인간화될 수 있기를 바라는 그런 장소들을 보호하게 해.

이라 세상의 차원은 일반적으로 우리 자신의 감수성, 생각의 척도이며, 심지어 우리 언어의 척도라고 말하기도 해. 우리가 탑에 갇힌다면 머잖아 세상은 감옥의 형태를 취하겠지. 우리의 에고와 우리 부족의 법 외에 다른 법은 없을 거야. 우리의 눈이 닿지 않는 지평선은 우리 또는 우리를 따르는 사람들이 두려워하는 법을 배우고, 최악의 경우 복종시키는 법을 배울 변방이 되겠지.

아르카 누가 딱히 부탁한 것도 아닌데 다른 사람들이 과카몰

---

19   힌두교·시크교의 스승이나 지도자.
20   마더 데레사 수녀를 말한다.

레를 독차지한 바로 그 자리에 케찰을 위해 아보카도 나무를 심은 사람들이 바로 나의 형제자매야.

이라 네 말을 듣다 보니 친애하는 타고르의 이야기가 생각나. 그가 강에서 배에 타고 있을 때, 갑자기 거대한 물고기가 물 위로 힘차게 솟구쳤어. 그는 그 광경에 너무 감동하여 시적인 황홀감을 느꼈지. 동시에 배의 키잡이는 꿀꺽 침을 삼키며 물고기를 먹고 싶다는 욕구를 내비쳤고… 잘 생각해 보면, 삶에 대한 기막힌 우화야. 시인은 자신에게 색채와 감동과 경이로움을 선사하는 물고기를 경외의 눈으로 바라봐. 물고기의 솟구침은 상징이 되어 그의 하루를 밝혀 주지. 반면에, 기관사는 물고기에게서 자신의 결핍의 징후를 보게 돼. 그가 찰나의 아름다움을 놓치는 사이에 먹고 싶지만 먹을 수 없게 된 생선. 굶주림은 결핍인 동시에 필요야. 재물과 먹을 것에만 관심을 쏟는 사람이 물고기에게서 맛 좋은 한 입 거리 음식 이상의 그 무엇을 볼 수 있다는 것은 상상하기 어려워.

아르카 수많은 대학이 인문학을 내팽개치는 우리 시대에 시인을 이상주의자로 보는 사람들이 적지 않아. 한마디로 실용적인 것과 거리가 멀다는 거지. 시는 보고 느끼는 방식이고, 신화와 마찬가지로 상징적 의식의 표현이야. 신화 속 할머니가 어떤 숲에는 뱀, 재규어, 그리고 혼령 같은 위험이 도사리고 있다고 경고하지 않는다면, 원자재로 사용될 익명의 숲에 대해 실용주의적인 시선이 압도적으로 우세하겠지. 수리타가 말했듯이, 시가 없다면 세상은 눈 깜박할 사이에 사라질 거야.

이라 이제 과학과 신화, 시, 예술의 감정사유sentipensar는 서로를 필요로 해. '과학'이 경험주의와 초분류 범주화의 기계론적·공리주의적 탈신성화 모델을 극복할 때 신화와 시의 경이로움과 대화하는 게 가능해. 신화적 관점은 종종 존재들과 세계에 영향을 미치는 자연의 파괴적이고 창조적인 힘을 드러내는 경향이 있지. 겉보기에 과학과 신화보다 덜 구체적인 시는 신앙이 단언하고 과학이 설명하는 것을 넌지시 암시하는 경향이 있고. 우리가 계속해서 세상을 물고기를 잡을 기회로 본다면, 또 우리 자신과 타인들 속에서 자유로운 물고기의 출현을 즐기지 않는다면, 강과 생명은 손가락 사이로 물이 빠져나가듯 우리에게서 달아날 거야.

아르카 정도의 차이가 있을 뿐 세상 만물이 세상의 다른 모든 것에 의존하는 것처럼, 시인과 과학자, 소설가가 공히 보여주는 경탄의 시선은 공감과 연민의 삶을 살도록 우리를 초대해. 삶의 관대함과 풍요로움은 너무도 무한해서 굶주림은 육체적으로도 영적으로도 채워질 거야. 우리는 바다로 흘러 들어가는 하구의 방향을 믿는 강의 에너지가 될 거야. 우리가 비로 변해 생명을 주는 끝없는 입자들로 계속 흘러갈 때 우리는 물고기처럼 솟구쳐 오르겠지.

이라 가속 사회의 스트레스 속에서 낙담한 인류는 어긋난 삶을 살아가고 있지. 하지만 우리는 아직 심장과 대지의 리듬으로 시곗바늘을 되돌릴 수 있어.

아르카 케찰이 아름다움의 이상이자 삶의 구조에 대한 실제적인 열망이 아니라면, 우리는 그것을 경매하려는 배의 승객들의 소음에 섞여 들어갈 거야. 소설가의 경탄에 더해 시인과 과학자의 영혼이 최대한 실질적으로 협력하여 아무도 무지로 인해 태양 빛 덕분에 황금 물고기가 헤엄치는 수

자유로운 케찰을 보다. 두 번이나! 73

정처럼 맑은 강물에 젊음을 되찾은 나무들의 섬을 감히 파
괴하지 않았으면 좋겠어.

이라 모든 생명의 강이 넓어지길! 모든 피조물이 존엄성을
지키며 행복하고 평화롭게 살아가길!

아르카 그렇게 되길!

사랑에 빠진 먼지[1]

아르카 심지어 사물도 서로 끌어당겨. 옷의 실들은 언니들, 즉 따뜻한 바람에 지그재그로 흔들리는 빨랫줄의 힘에 끌려가. 설거지용 작은 스펀지는 액체비누를 보관하는 용기에 달라붙고, 그들은 떨어지고 싶어 하지 않아. 이것은 화학이 아니라 원시 상태의 사랑이야!

이라 중력의 법칙은 인력引力의 법칙이기도 해. 땅은 하늘의 애무를 요구하지. 아무리 가벼워도 무게가 있는 것은 결코 지구의 흙의 부름을 피할 수 없어.

아르카 심지어 먼지도 사랑에 빠져 끌려가지⋯

이라 끌어당기는 중력의 힘에 깜짝 놀랐어. 이봐, 그러한 법칙이 우리 삶에 미치는 무게 때문에 그것은 위중한 어떤 것이야. 위중한 것을 생각할 때 죽음의 위험이 머리에 떠올라⋯ 죽음 또한 다른 원초적인 상태에서 지구가 우리 몸에 미치는 인력으로 이해할 수 있어.

아르카 지구가 자신의 구성 요소, 즉 우리 몸을 구성하는 요소들에 작용하는 강력한 욕망이 바로 결합과 통합의 추구

---

1 스페인 황금기 작가 프란시스코 데 케베도Francisco de Quevedo (1580-1645)의 시 「죽음 너머의 변치 않는 사랑Amor constante, más allá de la muerte」에서 가져온 표현이다.

를 표현한다고 말하는 편이 낫겠어.

이라 지구가 자신을 구성하는 요소들을 재흡수해야 할 필요
성. 그 요소들 중 우리는 단지 일부를 대여받는 것이지. 아
니 오히려 양도받는 것이라고 해야겠네.

아르카 맞아. 신자들은 그것을 신이 주신 선물이라고 불러.

이라 하지만 생각해 보면, 지구를 구성하는 요소의 무서운
재흡수 역시 재결합에 대한 우리 자신의 원형原型적 본능이
기도 해. 지구의 포옹은 정말 위중하고 우리를 끌어당기는
힘의 일부는 기본적으로 위중한 것이라고 할 수 있어. 재흡
수 가능성이 높아지면 병세가 더 위중해지지만, 죽음 그 자
체는 재통합, 재결합, 그리고 흔히 말하는 휴식과 해방이
야. 루미[2]에 따르면, 그것은 결혼식 날 밤, 인간과 신이 완전
체가 되는 사랑스러운 재회의 순간이지.

아르카 반면에 케베도가 노래한 사랑에 빠진 먼지는 미래의
우리야. "먼지가 되리라. 그러나 사랑에 빠진 먼지가." 의
심할 여지 없이, 모든 시대를 통틀어 시가 우리에게 제공한
가장 사실적인 동시에 가장 희망적인 이미지 중 하나야.

이라 네 말이 맞아. 요즘 죽음에 대해 이야기할 때 갈수록 분
해의 개념이 많이 등장하니까. 정반대 아닌가? 오늘날 죽
음의 개념은 비관적이고 불안한 데다 무엇보다 매우 인간
중심적이야. 육신이 다하면 사랑도 끝나. 누가 우리에게 삶
전체와 조화하지 않는 방식으로 생각할 권리를 주었을까?

---

2 Yalal ad-Din Muhammad Rumi(1207-1273). 중세 페르시아의 시
   인이자 신비주의 철학자.

과학? 죽기 전에 해야 할 모든 일 어쩌구 하는 상업적 슬로건? 좌절?

아르카 우리는 케베도처럼 죽음 너머의 변치 않는 사랑을 믿을 권리가 있고 무엇보다 그럴 필요성이 있지만, 그렇다고 몸이 결국 먼지가 될 것이라는 사실에 눈을 감는다는 의미는 아니야. 원초적인 상태의 몸을 말하는 거야.

이라 동시에 우리는 죽음을 땅에서의 지구에 대한 사랑, 우리가 신이라고 부르는 존재에 대한 사랑의 가장 구체적인 표현 중 하나로 생각할 수 있어. 그 지구적 물질성을 통한 신의 위대한 통합적 포옹으로서의 죽음. 우리의 위대한 내재內在의 순간, 그리고 신의 사랑의 실현의 일부. 시곗바늘은 커다란 시계와 결합되니까. 요소들은 분해되지 않고 오히려 진정한 재통합을 이루지. 성대한 결혼식. 사랑에 빠진 먼지. 먼지는 죽은 잔재로 간주되지만 실제로는 유기적 세계와 비유기적 세계 사이에 놓인 문턱이라는 걸 생각해. 희석되어 가는 일종의 압축이 해제된 성체聖體… 그 안에서 우리도 희석되어 가지… 연인과 연인, 독실한 신자와 주 하느님의 재회, 그 신비로운 결혼의 리듬에 맞춰…

아르카 가톨릭에서 사순절의 시작을 알리는 재의 수요일 의식을 앞두고 카니발이 대거 열린다는 것은 여전히 놀라워.

이라 왜?

아르카 육체, 개인, 심지어 문명으로서의 영속성에 기반을 둔 의식에 선행하는 색채와 냄새의 광란, 과도한 음식과 성적 과잉 때문에.

이라 카니발이 카르페디엠[3]을 기린다는 말이니?

아르카 모든 열정을 다해 오늘을 기념한다는 점에서 부분적으로는 그렇다고 생각해. 하지만 실제로는 그날이 마지막이 아니라는 확고한 집단적 믿음이 있어. 카니발의 시간은 주기적이고 우리 삶의 순환 고리와 연결되어 있지. 카니발은 감각과 존재를 고양하는 물질주의적 축제야. 반면, 카르페 디엠이 의미하는 현재는 로마의 시인 호라티우스가 제안한 오늘 하루의 수확과 달리 사회·종교적 틀을 넘어 흔히 끝 그 자체로 여겨지지. 심연 속으로 가라앉는 끝. 게다가 '끝'에 대한 부정적 개념 때문에 의식을 통해 반복되는 카니발 특유의 주기적 시간에서 벗어나곤 하지. 카르페디엠의 시간은 오늘 너머로 연결되지 않아. 종교라기보다는 니힐리즘이야. 하지만 풀리거나 불태워진 실에서 새로운 시작과 구원에 대한 일말의 열망이 빛을 발할 수 있어. 물론 찰나의 구원.

이라 그것은 영원한 순간은 아니겠지만, 일상 고유의 안정성과 시간의 통제된 흐름, 반복되는 주기적 리듬을 비판하는 순간이지. 나도 너처럼 종교가 물질주의적이라는 사실을 깨달았어. 사람들은 보통 종교가 물질주의적인 것과 관계가 없다고 생각하겠지만. 마테르mater, 물질, 어머니의 물질주의. 그래서 교회의 포근한 품이라는 표현이 생긴 게 아닐까?

아르카 맞아. 더하여 인간을 고통스럽게 하는 것은 어머니라는 물질이 아니라 직선적이고 소모적인 일상의 공허함이야. 끊임없는 시간의 흐름. 우리는 그 앞에서 그것이 어떤

---

3 지금 살고 있는 현재 이 순간에 충실하라는 뜻의 라틴어.

의미가 있는지 물음을 던지지. 종교의 필요성은 의미에 대한 필요성이자 '시간 너머에 있다'는 표현에서처럼 (탈)압박하는 시간과 공간의 공허함을 채울 필요성이야. "가난한 날pobre día"과 참담한 일상에 대한 개념 때문에 비관주의자로 낙인찍힌 페루의 시인 세사르 바예호는 『트릴세Trilce』에서 이렇게 적고 있어. "매일 무작정 눈을 뜬다 / 살기 위해 일하려고. 그리고 매일 아침 / 아침밥을 먹는다, 밥은 한 톨도 먹지 않고."[4]

이라 피라고 할 수도 없는 하얀 피를 흘리며 무릎을 꿇고 앉아 있는 죽음이라는 바예호의 이미지를 떠올려 봐. 그 무릎은 또한 "늙고 귀먹은, 식물성의" 인내심이야. 그 좀먹은 인내심 앞에서 시인은 이렇게 외쳐. "말 없는 입 큰 / 일요일은 무덤에서 언제 올까! / 일요일은 언제 올까 / 누더기로, 무심코 우리를 낳는 쾌락, / 우리를 추방하는 쾌락의 / 끔찍한 솔기로 이 토요일을 가득 채우러!"[5]

아르카 시간과 공간을 분리하는 우리의 문화적 관습에 토요일과 일요일 사이의 긴장이 더해지고 있어. 가톨릭교회의 바로크 예술에서처럼 아름답고 소름 끼치는 괴물과 잡종을 낳는 공허의 상당 부분이 이 틈에서 생겨나지.

이라 바예호의 토요일은 쾌락과 생산하는 성의 표현, 따라서 삶의 상처 자체의 표현이야. 누더기는 그의 "가난한 날"의 무거운 옷이고. 그의 토요일은 네가 재보다 선행하는 카니

---

4 「트릴세 56」의 첫 연에 나오는 표현이다.
5 「트릴세 60」의 마지막 연에 나오는 표현이다.

발이라고 부르는 바로 그거야.

아르카 불의 카니발은 수요일까지 계속돼. 수요일은 수성水星이 지배하는, 그리고 그런 의미에서 로마 가톨릭이 우리에게 죽음의 현실이라는 본질적인 메시지를 전하기 위해 무의식적으로 혹은 은밀하게 탈환한 고대의 메신저 헤르메스가 지배하는 날이지.

이라 바예호에게 그 현실은 아무런 예고 없이 단지 일요일에 일어날 뿐이야. 입 큰 일요일은 아마도 무덤처럼 말 없는 일요일인 동시에 사제의 일요 강론에 대한 암시일 거야. 안 그래? 그의 리얼리즘은 분해로서의 죽음에 대한 리얼리즘이야. '현실' 역시 하나의 해석이지. 희망 없는 죽음은 매일매일의 외로움의 비참하고 심각한 무게 앞에서 일말의 위안을 줘.

아르카 네가 보기엔 바예호에게 종교적 구원도 카르페디엠도 없는 것 같아?

이라 적어도 이 시에는 없어. 그의 비극은 불가능한 시체의 비극이야. 삶이 끝을 맺어야 시체가 만들어지는 거잖아. 하지만 그 시체들은 존재조차 하지 않아. 왜냐하면 "죽은 자는 아직 살아 보지 않은 삶의 시체가 아니며 그럴 수도 없기"[6] 때문이야.

아르카 바예호의 비문 풍의 시행은 기억할 만해. "너희들은 한 번도 살아본 적이 없는 삶의 시체다."

이라 『트릴세』의 시적 목소리는 단도직입적으로 우리가 죽

---

6 「트릴세 75」에 나오는 표현이다.

었다고 말하고 있어. 그 슬픈 운명에서 비관적인 것은 "영원히 죽어 있었다는 것. 단 한 번도 푸르렀던 적 없는 낙엽이라는 것. 고아 중의 고아라는 것."

아르카 추방destieRRa에서 강조된 방RR은 슬픔에도 불구하고 우리에게 분노를 전해 줘.

이라 방냉과 고아 의식온 바예호에게서 매우 두드러진 두 가지 감정이지.

아르카 비 오는 날 파리에서 죽기를 간절히 바랐을 정도로.[7]

이라 리마는 거의 비가 내리지 않기 때문일 거야. 내가 뭘 알겠냐마는.

아르카 라틴아메리카의 많은 예술가들은 항상 파리에 매료되었어. 파리를 빛의 도시라고들 하는데, 내가 보기엔 명암이 공존하는 도시인 것 같아. 독자들과 청중들이 페르 라셰즈 공동묘지에 가서 그곳에 묻힌 예술가들에게 경의를 표하는 극도로 자극적이고 불경한 서반구의 장소들 중 하나지. 바예호나 아스투리아스[8]를 방문하는 사람들이 얼마나 있을지 모르겠어. 많은 사람들이 발자크, 아폴리네르, 프루스트, 보들레르, 쇼팽, 심지어는 로커인 짐 모리슨까지 찾아가. 나는 거기에서 아프리카 이민자들과 이야기를 나누었어.

---

7 바예호의 시 「하얀 돌 위에 검은 돌Piedra negra sobre una piedra blanca」은 "비가 억수로 쏟아지는 파리에서 죽으리라"로 시작한다.

8 1967년 노벨문학상을 수상한 과테말라의 작가 미겔 앙헬 아스투리아스Miguel Ángel Asturias(1899-1974)를 말하며, 페르 라셰즈 공동묘지에 묻혀 있다.

이라 장발의 모리슨은 우리가 필요로 했던 카르페디엠의 본보기야. 그 젊은이는 오늘이 마지막 날인 것처럼 마약을 했지. 그는 노래를 통해 죽음이 자신의 유일한 친구라고 했어. 상상해 봐. 그의 유일한 친구. 끝el fin[9]…

아르카 모리슨은 그룹 '도어즈'를 떠나 시를 쓰기 위해 파리로 갔지. 그는 새로운 삶을 원했어. 더 조용한 삶을 원했는지는 모르겠지만, 아마도 이중적인 도덕적 잣대를 가진 자신의 나라에서 그가 상징했던 삶보다는 대중의 눈에 띄지 않는 덜 도전적인 도취의 삶이었겠지. 나는 파리에서 그의 술 취한 노래가 담긴 테이프를 들었어.

이라 그런 식으로 카르페디엠 히피의 삶을 멈추고 싶었을 거야. 그는 이미 방종한 삶을 산 터였지. 멕시코 사람들이 말하듯 저승사자께서 파리의 욕조에 있는 우리 장발 사내를 친히 찾아가실 정도로 말이야.[10] 그 미치광이가 이렇게 말했을 때 본인을 얼마나 대단한 존재로 생각했는지 봐봐. "나는 도마뱀 왕이다. 원하는 것은 뭐든 할 수 있다."

아르카 그는 자신이 마음대로 변신할 수 있고 뭐든 원하는 대로 할 수 있다고 했어. 요절하는 것조차. 헨드릭스, 제니스, 안드레스 카이세도[11]를 비롯하여 자신의 카르페디엠을 살았던 사람들이 그랬던 것처럼.

---

9 도어즈의 노래 제목 'The end'를 암시한다.

10 모리슨은 파리에 거주하던 중 1971년 7월 3일, 27세의 나이로 욕조에서 심장마비로 숨졌다.

11 Luis Andrés Caicedo Estela(1951-1977). 콜롬비아 작가로 25세에 자살했다.

이라 겉으로 보기에, 모리슨은 바예호만큼 자신을 고아로 느끼지는 않았어. 그가 원했던 것은 아버지를 죽이고 어머니와 동침하는 그런 행위로 사회를 도발하는 것이었어. 록으로 다시 태어난 프로이트. 쾅!

아르카 분명 모리슨은 집을 떠나 멀리 유학 가서 주말이면 광란의 시간을 보내는 많은 미국 젊은이들처럼 상당히 외로운 사람이었어. 토요일과 일요일 아침에 많은 사교 클럽과 학생 기숙사 주변에서 캔, 토사물, 플라스틱 쓰레기, 쓰다 만 콘돔 같은 간밤의 카르페디엠의 잔해를 볼 수 있어.

이라 알다시피 미국은 권위와 위반, 노예화와 노예해방, 과도한 노동과 감각의 범람 사이에서 항상 동요해 온 양극단의 국가야. 그곳에서 합법적으로 또 불법적으로 소비되는 마약의 양이 얼마나 될까? 또 그들은 얼마나 많은 우리 라틴아메리카 국가에 그러한 과잉에 대한 책임을 전가할까? 그러고는 그들의 정치인과 배우는 남쪽 국가들의 마약 밀매를 추적하기 위한 경찰의 수색 작전을 통해 국제연합과 넷플릭스에서 스스로를 칭송하지. 명백한 모순이 아닐 수 없어.

아르카 가장 최근의 모순은 미국이 이민자의 나라이면서 동시에 이민자를 가장 착취하고, 박해하고, 비인간적으로 취급하는 나라들 중 하나라는 거야. 그 절대적 무관용은 엄격한 근본주의야. 하지만 정부와 일반 시민은 별개라는 걸 이해하는 게 중요해. 나는 이민자들에게 매우 다감하고 우호적이며 협조적인 미국인들을 많이 만났어… 그러니까 최근에 온 이민자들에게 말이야. 그들 자신도 역시 이민자이니까 말이야.

사랑에 빠진 먼지　　　　　　　　　　　　　83

이라 많은 사람들이 제1세계라고 잘못 이름 붙여진 나라들에서 살아가는 어려움을 알면서도 기를 쓰고 그곳에 가려고 집착하는 것 역시 모순이야.

아르카 인간은 변화를 추구하고 모순으로 가득한 존재지. 이주한다는 이유로 그 누구도 비난할 수 없어.

이라 인간이 교육받은 야생동물이라는 말은 어느 정도 일리가 있어. 하지만 인간이 야생동물이라는 사실이 아니라 교화나 경쟁적인 교육을 통해 인간이 더 나은 존재, 더 문명화된 존재가 될 수 있다는 생각이 문제야.

아르카 많은 경우 문명은 우리를 더 모순적인 존재로 만들어. 인간이라는 야생동물이 종교를 통해 성행위를 죄로 칭하고 생식기를 수치스럽게 여길 때처럼.

이라 그것은 우리가 다른 종들과 공유하는 감각을 부정하는 거야.

아르카 다른 한편, 카르페디엠은 너무도 정신적이고 너무도 인간적인 욕망의 최후의 날로 우리를 내던져. 그것은 혼란스러운 욕망의 총합으로 표현되기에 이르는 영속성에 대한 감춰진 욕망이야.

이라 어떤 면에서든 과잉은 또한 부정으로 이어져. 사랑 없는 섹스에 견줄 만한 공허함은 거의 없지. 예를 들어, 경제적 문제 때문에 또는 공허함을 채우기 위한 방편으로 다른 사람과 정을 통하는 경우처럼 말이야. 섹스의 의미 중 하나는 헌신이야. 인간 존재로서 우리 자신을 온전히 내주지 않는다면 무슨 의미가 있을까?

아르카 섹스는 곧 둘을 초월하여 하나가 되는 거야. 민간의 지혜가 말하듯이, 사랑이 부재하면 먼지만 남지.

이라 그런데 사랑이 없다면 먼지가 어떻게 사랑에 빠지겠어?

아르카 라틴아메리카 일부 국가에서는 성행위를 먼지polvo[12]라고 불러. 하지만 사랑에 빠진 먼지라고 말하면, 특히 우리가 실제로 그렇게 산다면 더 근사하지 않을까.

이라 민간의 지혜가 어느 정도 성행위를 탈신비화한다는 것은 매우 흥미로운 일이야. 그것은 단지 엄격하고 탈신성화된, 덧없는 표현으로서의 먼지일 뿐이야. 다음과 같이 말하고 질문하는 라 포르투아리아[13]의 노래가 있어. "사랑이 있는 곳에 재가 남는다 / 사랑이 없다면 / 무엇이 남을까? 무엇이 남을까?" 답은 자명하지. 안 그래? 섹스가 불이라면 재의 흔적을 남기겠지.

아르카 아니면 먼지. 파멸, 분해, 잔해라는 의미에서.

이라 그래서 그건 보기보다 더 심란한 질문이야. 사랑이 없으면 무엇이 남을까?

아르카 애초에 일종의 사랑에 빠진 재의 이미지도 내포되어 있어…

이라 아니면 적어도 사랑은 무언가를 남기는 불이야. 반면에 무정無情은 혼란스러운 연소 후에 아무것도 남기지 않지. '사랑이 없다면 무엇이 남을까'라는 질문 자체에 이미 공허와 부정이 담겨 있어. 먼지와 재를 포함해서.

아르카 섹스는 바예호의 토요일에 해당할 테고, 그 재는 입 큰 침묵의 일요일일 거야.

---

12 스페인어 단어 'polvo'에는 '먼지' 외에 '성교', '섹스'의 뜻도 있다.

13 1990년대에 등장한 아르헨티나의 록밴드. 위에 언급된 노래는 〈불이 있었던 곳에Donde hubo fuego〉이다.

이라 그의 토요일은 솔기, 누더기, 상처야. 그의 일요일은 무덤, 마비된 질膣, 부정이고.

아르카 추방하는 불의 토요일과 소멸 또는 침묵으로의 회귀인 일요일.

이라 생각해 보면, 사제가 재로 이마에 십자가를 그으며 진지한 어조로 신도들에게 말할 때, 재의 수요일은 앞당겨진 입 큰 침묵의 일요일이나 마찬가지야.

아르카와 이라 "너는 먼지이며 먼지가 될 것이다."

아르카 참 대단한 경구 같지 않아? 먼지가 된다는 표현 자체가 아니라 '사랑에 빠진 먼지'라고 시구 전체를 말하지 않는다는 점에서 말이야. 케베도 역시 이미 세상에 태어났지. 그리스도는 사랑을 설파하셨고.

이라 구석에 쌓이는 하찮은 티끌이 된 신실한 신자. 우리는 깨끗이 닦아 내야 할 무언가가 되는 거야…

아르카 불꽃, 섹스, 생식기에 새겨진 곡해된 죄를 씻어 낸. 그래도 사슬은 계속되고…

이라 요컨대, 엘보스코[14]의 그림에서 아담과 이브가 성기를 가리느라 정신없이 허둥대며 낙원에서 추방되는 장면과 같은 원초적 수치심. 마치 매우 날카로운 검으로 그들을 위협하는 천사의 협박으로는 그다지 큰 심리적 충격을 받지 않았다는 듯이.

아르카 "너는 먼지이며 먼지가 될 것이다"라는 말의 의미 중

---

14 네덜란드 화가 히에로니무스 보스Hieronymus Bosch(1450?-1516)의 다른 이름.

하나는 세상에 태어난 게 수치스럽다는 뜻이 아니라 모든 피조물이 보잘것없는 존재라는 뜻이야.

이라 맞아, 내 생각도 그래. 예를 들어, 사람들이 '너는 아름 다운 존재고 너의 몸은 경이로운 것이야'라고 말한다고 생각해 봐. 삶도 죽음도 부끄러워해서는 안 돼. 언어로부터 시작되는 가장 사랑스러운 종교를 상상해 봐. 굉장하지 않아?

아르카 말기 환자를 상상해 보자. 사제가 도착해 환자의 이마에 재로 십자가를 그어. 역시 이전 며칠 또는 몇 달 동안 카니발에 참가하지 않은 그 사람은 사람들이 이미 자신을 매장하고 있다고 느낄 거야. 아니 어쩌면 바예호의 시구에서 처럼[15] 이미 죽었을지도 모르지.

이라 우리가 먼지로 변하는 게 아니야. 그건 모순이야. 먼지 는 단지 땅과 우리의 모든 원소가 융합되는 문턱일 뿐이야. 그렇기 때문에 전통적인 그 경구의 표현에 집착하지 않아 도 된다면 '너는 땅이고 너는 땅이 될 것이다'라고 말하는 편이 낫겠지. 우리 눈길이 닿는 곳마다 소생하는 생기 넘치 는 땅이 있고, 그건 정말로 사랑스럽고 실제적이고 희망적 이야.

아르카 맞아. 실은 잘 생각해 보면, 의례적인 문구에서는 먼지 에 대해 말하지만, 라디오에서 알리는 것은 재의 수요일이 야. 모래와 진흙을 혼동하는 것과 마찬가지. 똑같지 않아.

---

15 「하얀 돌 위에 검은 돌」 3연은 "세사르 바예호는 죽었다"로 시작 한다.

이라 네 말이 맞아.

아르카 재는 불이 다 타고 나서 남는 거야. 먼지는 희석하고 압축이 해제된 부유하는 물질이고. 먼지는 도처에 떠다니고 아무 곳에나 쌓일 수 있어.

이라 먼지는 이행이고 흩어지는 것이지. 반면에, 재는 잔여물이고 쌓이는 것이야.

아르카 더욱이 먼지는 입자이고 심지어 우주 물질이야. 우리가 우주 먼지라고 말할 때처럼. 폭발이 아닌 이상 우주 재라고 말하지는 않겠지.

이라 오늘날 우리가 먼지가 되어야 하는지 재가 되어야 하는지에 대한 논란이 있어. 즉, 매장이냐 화장이냐를 둘러싼 논란. 그런데 사람이 둘 중 어느 하나가 되는 건 아니지. 사실 우리는 사랑, 불, 물, 공기, 흙, 우주, 신의 현현 같은 게 아니겠어? 먼지는 이행 중인 입자야. 재는 희석하는 잔여물이고. 창문을 열어 놓아도 화산 근처에 살지 않는 한 집이 재로 가득 차지는 않아. 내가 믿는 유일한 전환은 사랑으로 인한 전환이야. 사랑은 떼려야 뗄 수 없는 삶과 죽음, 시간과 공간처럼 유무형의 신비이기 때문에, 각자 자신의 방식으로 사랑을 해석할 수 있을 거야. 한 우루과이 가수[16]가 노래하듯이, "믿고 싶은 자는 믿으시오 / 그렇지 않은 자는 제 나름의 이유가 있으리니."

아르카 에너지는 전환하는 게 아니라 변화한다고 말하는 것

---

16 우루과이의 음악가이자 배우, 의사인 호르헤 드렉슬러Jorge Drexler를 말한다.

이 더 종교적이야. 일부 과학적 진술은 종교적 계율보다 더 명료해. 나는 사람들이 우리에게 '당신은 파괴되지 않고 변화하는 에너지입니다'라고 말하는 실험실을 상상해.

이라 아무도 우리에게 그렇게 말할 이유가 없을 거야. 게다가 먼지나 심지어 재가 된다는 것은 매우 비관적일 뿐만 아니라 물질의 변화의 힘과 삶의 변화무쌍한 힘을 간과하는 거야. 단지 부분적으로만 인간적인 삶이지.

아르카 인도와 네팔에서 스스로를 성인이라고 칭하며 얼굴과 몸에 망자의 재를 바르는 사람들을 보았어. 나는 시장에서, 도시 공사장에서, 경작지에서 땀을 흘리는 필부들에게서 더 큰 감명을 받았어. 거기에서 신을 더 선명하게 보았거든. 물론, 많은 사두sadhu[17]의 영성을 무시하는 건 아니고.

이라 네 말을 듣다 보니, 시인 타고르가 생각나. 그이는 사원의 어두운 구석에서 기도하다가 갑자기 눈을 뜨고 신이 자신의 앞에 없다는 걸 깨닫지. "당신은 농부가 딱딱한 땅을 갈고 도로 인부가 돌을 깨뜨리는 곳에 계십니다. 당신은 햇빛이 내리쬐고 비가 쏟아지는 곳에 그들과 함께 계시며, 당신의 옷은 먼지로 덮여 있습니다. 저는 신성한 망토를 벗고 당신처럼 먼지투성이 땅으로 내려갑니다."

아르카 나에게 그 구절은 진실이야. 인도에서 직접 경험했을 뿐만 아니라 먼지와 함께하는 이 삶에서 매일 확인하고 있으니까.

이라 두에르메아우토피스타스를 봐. 우리처럼 등에 얼마나

---

17 힌두교, 자이나교에서 수행 활동을 하는 고행자들의 총칭.

많은 먼지를 짊어지고 있는지 좀 보라고.

아르카 신이 대화를 나누고 짖으며 우리와 함께 여기에 계시고, 또 그 벵골 시인이 말하듯이, 청결한 황금 사원뿐만 아니라 땅의 일꾼들 가운데에도 계시다는 것을 깨닫고 느낄 수 있다는 확신은 우리와 함께 걸어가는 이 친구만큼이나 생생한 사실이야.

이라 먼지로 뒤덮인 옷은 어떤 승려의 법복보다 더 신성하기까지 하지.

아르카 타고르의 시적 목소리가 어떤 의미로는 성직자 계급인 브라만을, 그리고 일반적으로는 자신의 법의를 벗고 신의 본보기를 따라 먼지투성이 땅의 높이에 위치하는 신심 깊은 여자 또는 남자를 인격화하는 방식에 놀라움을 금치 못하겠어.

이라 부식토humus[18]의 실질적 의미에서의 겸양이지. 하지만 대좌에서 내려와 오직 성전 안에만 계시는 신에 대한 믿음을 초월하여 신성한 땅을 만지는 것이기도 해. 신이 그곳에 안 계신다는 게 아니라, 가장 큰 것이자 가장 작은 것, 모든 덧셈의 덧셈, 모든 뺄셈의 뺄셈이신 신이 인간의 의지에 의해 단 하나의 장소에 유폐되거나 국한될 수 있다고 생각하는 것 자체가 허황되다는 거야.

아르카 지금 생각해 보니 내가 만난 사두의 재 속에도 신이 계시다는 것을 알겠어. 하지만 내가 보기에, 소멸과 죽음에

---

18 라틴어에서 'humus'는 '토양', '땅'의 의미를 갖는다. 여기에서 'humilde(겸허한)', 'humildad(겸허, 겸양)', 'hombre(인간)', 'humano(인간의)' 같은 단어들이 파생되었다.

대한 결정적인 강조에도 불구하고 신은 생명이며 땅의 재는 삶의 끝이 아니라… 도정道程임을 아는 것이 훨씬 더 현실적이야. 신은 기원이자 여행이고 도착지야. 망자의 재는 일종의 비자에 불과해.

이라 아마도 자신의 재를 도정으로 느끼는 사두가 있을 거야. 실제로 그런지는 모를 일이고 굳이 그들에게 물어볼 것도 아니지만.

아르카 실은 타인들에게서 신을 볼 때 우리는 가장 겸허한 사람들과 함께 땅에서 일할 때 일어나는 먼지를 뒤집어쓰기 위해 법의를 벗는 성직자와 같은 충동을 느껴.

이라 그런 의미에서도 그들은 "너는 먼지투성이 땅이며 먼지투성이 땅이 될 것이다"라고 말할 수 있겠지. 그러한 종교적 언명은 지금 여기에서도, 그리고 이후에도 유효할 테고. 시간의 흐름보다 더 사실적이고 견고한, 압축이 해제되어 먼지가 되는 것으로 표현되는 땅이 의미의 통일성을 부여할 거야.

아르카 먼지는 말 그대로 재보다 더 겸허해. 물론, 더 겸허하다는 것은 우리가 흔히 이 단어에 부여하는 문화적 의미를 말하는 것이고 여기에는 해석의 여지가 많아.

이라 맞아. 비록 우리는 대화를 나누고 있을 뿐이지만, 어쩌면 누군가가 우리의 말을 듣고 우리가 글을 쓰거나 철학적 사색을 하고 있다고 생각할지도 몰라.

아르카 우리는 귀 기울이는 이 하나 없는 외로운 양치기의 삼포냐zampoña[19]처럼 대화를 나눴어. 멀리서 누군가가 귀를 쫑긋 세우고 아득히 들려오는 선율을 감지했을 수도 있겠지만.

이라 나는 그 선율에 장단을 맞추며 네가 재보다 먼지가 더 겸허하다고 말하는 이유가 뭘까 생각하고 있었어…

아르카 먼지는 구석에 쌓이고 세상에서 가장 천한 일은 바로 먼지를 청소하는 거지. 먼지는 끊임없이 떠다니고 어느 지점에 모인다 해도 이름이 없지. 먼지는 부유하는 이름 없는 물질로 구름의 상상적 지위나 부식토의 생식적 가치조차 지니고 있지 않아. 먼지는 잔여물, 골칫거리, 심지어 알레르겐으로 간주되고, 백해무익한 데다 우리의 방과 시설, 사원의 암흑물질[20]이야.

반면, 재는 존재론적 가치를 인정받지. 부정을 통해서이긴 하지만 재는 종교적 지위를 지니고 있어. 그리고 망자의 재를 모셔 두는 궤와 제단도 적지 않아. 심지어 유골함조차 먼지를 깨끗이 닦아 내잖아.

이라 고고학자들조차 고대의 도시와 사람, 사원의 흔적으로 보존되는 재를 소중히 여겨. 하지만 누가 고대의 먼지를 가지고 있겠어?

이라 재는 몸의 가장 깊은 밤이야. 이제 팔 없이 서로를 껴안는, 시간을 초월한 아주 작은 공간. 먼지는 별들처럼 저 하늘에 흩어져 있지. 게다가 죽음이 중력과 밤과 맺는 관계 때문에 누가 죽으면 기본적으로 'se cayó'[21]라고 말한다는 것도 주목할 필요가 있어. 영어로는 'fall', 스페인어로는

19　안데스 지방에서 사용되는, 팬파이프와 비슷한 모양의 민속 악기.

20　우주에 존재하는 물질 중 아무런 빛을 내지 않는 물질.

21　스페인어 단어 'caerse'는 기본적으로 '떨어지다', '추락하다', '쓰러지다'의 의미를 갖는다.

'falleció'라고 하듯이 말이야. 결국 우리는 직관적으로 죽음이 잠보다 훨씬 더 깊은, 까마득한 '추락'임을 아는 거지.

이라 철학적 지식보다 심리학적 지식이 더 흔한 우리나라에서 나는 이따금 우리의 마음이 왜 본질적으로 질료인가에 관한 스위스 심리학자 융의 이론에 대해 대화를 나누곤했어. 그런 의미에서 공시성이나 유의미한 일치 같은 현상은 서로 불가분의 관계를 맺고 있는 정신과 육체의 물질성을 통해 이해될 수 있을 거야. 마음이 질료이자 몸이고 우리 자신이 정신이자 육체로 화하는 시간이라면, 예지몽은 부분적으로 미래 시간이 모든 가능한 조합 속에서 우리 내면에서 미리 실현되었다는 표현일 거야. 꿈을 꾸고 난 뒤에 실제로 일어나는 상황은 우리가 얼마간 이미 미래를 살았다는 것을 확인시켜 줘. 그것은 우리에게 어디에나 존재할 수 있는 능력이 있어서가 아니라 세계와 마음, 공간과 시간, 과거와 미래 사이에 작동하는 공시성의 원리 때문이지.

아르카 그게 『주역』을 다루고 있는 보르헤스 시의 "오 완고한 어제와 돌이킬 수 없는 미래"[22] 같은 것을 의미할까?

이라 운명sino처럼 그렇기도sí 하고 아니기도no 해. 이른바 목적지destino를 설명하는 최선의 방법이지.

아르카 아하⋯

이라 그렇지, 생각해 봐. 목적지를 고정된 것으로 보는 우리의 생각은 언어적 실천에 의해 미리 결정되어 있어. 우리가

---

22 보르헤스의 시 「『주역』의 해석을 위하여Para una versión del I King」
의 첫머리에 나오는 표현인 "El porvenir es tan irrevocable /
como el rígido ayer"를 가리킨다.

공항이나 버스 정류장에 있는데 안내 화면에 도착지 산티
아고 또는 도착지 베이징이라고 표시될 때보다 더 분명한
건 없어. 목적지는 우리가 그리로 향해 가는, 보통은 고정
되어 있고 비교적 안정적인 장소지.

아르카 이제 네가 무슨 말을 하려는지 알겠어. 운명은 우리가
목적지로 알고 있는 것에 대해 더 개방적인, 네 표현을 따
르자면 덜 안정적인 해석을 제공해.

이라 운명의 개방성은 무엇보다 언어적이야. 잘 생각해 보
면, 유희적 의미에서 시적이기도 하지. 천국과 지옥에 관한
윌리엄 블레이크의 시구에서처럼 결합하고 결혼한 긍정과
부정.

아르카 오히려 이렇게 표현하는 게 더 좋겠어. 카주라호의 에
로틱한 인도 조각상의 연인들처럼 한 몸으로 엉켜 있다고.
블레이크의 결혼에서 천국과 지옥은 각자의 차이점을 간
직하고 있으니까. 결혼한 사람들 사이에서 최초의 열정이
식은 뒤에 세월이 흐를수록 각자의 차이점이 더욱 도드라
지는 것처럼 말이야.

이라 운명은 존재의 기본적인 양극의 결혼 또는 교접이야.
여느 커플과 마찬가지로 그 둘은 불가피하게 언젠가는 헤
어져야 할 거야. 이별이 없다면 결합도 없겠지. 운명은 다
시 결합하기 전에 분리되는 경향이 있고, 종종 해석으로서
의 목적지가 모습을 드러내는 것은 바로 그 지점이야. 목적
지는 도착지야. 보르헤스는 "완고한 어제"라는 말을 바로
잡기에 이르렀지. 더 성숙한 나이에 이르러 그는 자신의 구
절이 유명해졌음에도 불구하고 어제 역시 변할 수 있음을
인정했어. 즉, 과거는 고정되어 있지 않다는 것을.

아르카 과거는 미래만큼이나 변화무쌍하지. 상대적으로 고정적인 유일한 것은 현재야. 하지만, 동시에, 얼마나 덧없는지!

이라 융의 주장을 좇아 마음의 심층에 뇌, 장기, 혈류, 세포, 화학 성분 따위가 있다고 생각해 보자. 수소와 산소처럼 이러한 화학 성분은 우리의 혈액뿐만 아니라 물의 필수 원소야. 본질적으로 우리는 지구와 동일한 물질성을 공유하고 있어. 마음은 또한 탄소, 칼슘, 인이기도 하지. 시간에 대해서도 비슷한 얘기를 할 수 있고. 시간이 공간과도, 또 우리 자신과도 분리되어 있지 않다는 것을 고려하면 말이야. 우리는 시공간이야.

아르카 또한 시공간의 빈틈이기도 하지. 같은 목으로 연결된 두 개의 유리관 사이로 모래가 떨어지는 시계처럼 우리 안에도 그렇게 충만함과 공허함, 삶과 죽음, 유기물과 무기물 사이의 연속성이 존재해. 누군가 또는 무언가가 모래시계를 뒤집겠지. 서로 짝을 이루는 그 개념들은 동일한 시계의 앞면과 뒷면이야. 변화를 암시하기 위해 가운데에 구멍이 뚫린, 떨어지는 동전과 비슷해. 우리는 일시적으로 재라고 불리지만 과거에도 현재에도 미래에도 우주의 별 먼지일 거야.

이라 인간의 결정을 통해 목적지로 귀결되는 경향이 있긴 하지만, 지금은 돌이킬 수 없는 것도 아니고 완고하지도 않은 운명의 진실한 표현.

아르카 결정은 우리를 인간적으로 만들어. 마치 운명은 전혀 우리 소관이 아니고 단지 우리는 목적지를 선택하는 것뿐인 것처럼 말이야. 아니면 흔히 말하듯이, 인간은 계획하고 신은 웃는 거지.

이라 『바가바드기타』에 따르면, 행위의 열매는 우리 소관이 아니고 우리는 오직 신께 행위를 바칠 뿐이야. 읽어 봤어?

아르카 그럼. 그런 이상 때문에 전사 영웅 아르주나, 즉 특별한 사람은 결정이 내려지는 상황에 의해 상식이 의심받는 순간에도 신성한 목소리, 그의 마부인 크리슈나를 따라야 해. 여기에 문제의 복잡성이 있어. 무엇이 최선인지를 어떻게 결정할 것인가? 목적지는 어디고 과오는 무엇인가? 운명은 어느 것이고 무엇을 긍정하고 무엇을 부정할 것인가? 왜 인간은 자신의 사촌들과 맞서야 할까? 아브라함은 왜 아들을 성전산으로 데려가 제물로 바치기로 결정했을까? 궁극적으로 선과 악을 구분하는 잣대는 무엇인가?

이라 잘 보면, 과오error와 방황하다errar는 매우 유사한 표현이야. 순전히 언어적인 관점에서, 길은 두 목적지 사이를 계속 걷거나 방황하는 것을 의미한다고 할 수 있어.

아르카 과오로부터, 아니 방황으로부터, 다시 말해 길과 걷기로부터 배워야 한다고들 하지.

이라 맞아. 인생은 운명sino이니까. 만사가 긍정으로 귀결되지도 않고 부정으로 귀결되지도 않아. 안식처가 꼭 중심에 있는 것은 아니야. 어디를 향해 길을 간다고 반드시 도착한다는 법도 없어. 방황은 목적지에 다다르기를 그만둔다는 뜻은 아니야. 그래서 운명인 거고. 대립항의 포옹. 긍정이자 부정.

아르카 결국 두 발로 걷는 것과 같은 역동적인 균형.

이라 우리가 짊어지고 가는 것은 인간의 기본적인 목적지야. 우리는 직립해서 두 손이 해방되었고 그 뒤로 모든 것이 바

꿰었지. 하늘을 어깨에 짊어진 거인 아틀라스나 십자가의 무게를 짊어진 신자와 같은 대중적인 목적지의 이미지를 생각해 봐. 반면에 운명은 우리가 발걸음을 내딛을 때마다 갱신하는 균형이야. 걷기는 리듬에 맞춰 몸의 무게를 발에 싣는 것이지. 또는 발이 존재하지 않을 때 그 무게의 균형을 다시 잡는 것. 한쪽 발이 다른 쪽 발보다 더 가치 있다고 말하는 것은 매우 어리석은 일이야. 우리의 조상들이 똑바로 서서 걷기 시작하면서 정신적, 육체적으로 진일보한 것이니까 예외를 감안하더라도 두 발로 직립하는 것은 종으로서 우리 운명의 실존적 기반 중 하나지.

아르카 대립물의 균형을 찾는 것은 우리 삶의 가장 인간적인 작업 중 하나야. 분명 걷거나 자전거를 타는 것은 우리를 인간답게 만들지. 그러한 행위를 할 때 우리가 자각하고 있다면 말이야.

이라 이봐, 이 균형을 실제로 있지도 않은 대립물의 고정된 통일성과 혼동하면 안 돼. 삶은 날마다 우리에게 마그마와 흐름, 진동이라는 자신의 타고난 속성을 보여 주지. 그래서 삶인 거야. 균형과 합은 본질적으로 역동적이고 모순적이며 변화무쌍한 삶에서 실현될 수 있어.

아르카 흘러가는 마그마에서 실현되는 균형이라고 할 수 있을 거야. 우리는 같은 강물에 두 번 들어갈 수 없다는 헤라클레이토스의 의견에 동의할 수 있어.

이라 나사렛 사람 예수가 각자 자기 십자가를 져야 한다고 분명히 말씀하셨음을 기억하자고. 이 말은 기독교적 해방을 고정되거나 주어진 어떤 것이 아니라 수행해야 할 과업으로 정의하고 있어.

아르카 맞아. 예수는 자신의 이름을 부르는 자가 구원받는 것은 아니라고 말씀하셨다고 하지.

이라 찬미가에 머물지 않고 다른 사람들과 눈높이를 맞추기 위해 망토를 벗고 먼지 속에서도 신을 찾았던 타고르 시구의 사제처럼.

아르카 한편, 너도 알다시피, 보통 사람이었고 소화불량으로 사망한 것으로 추정되는 스승인 역사상의 부처는 결코 신격화되기를 원치 않았어. 그는 사람들에게 올바른 가르침을 따를 것을, 그리고 독단적이 아닌, 깨어 있는 의식을 유지할 것을 역설했지.

이라 그렇지. 바로 거기에서 불교의 가르침을 강가에서 강가로 실어 나르는 배에 비유한 이미지가 나온 거야. 목적지에 도착하면 길을 계속 가야 하고, 심지어 배도 남겨 두어야 해. 분명 부처도 그리스도도 배나 십자가에 대한 집착을 설파하지 않았어.

아르카 배와 십자가는 상징이고, 그래서 역동적이고 머리와 가슴에 말을 걸지.

이라 틀림없이 많은 종교 집단이 저지르는 실수 중 하나는 상징을 화석화하고 경전을 문자 그대로 해석하는 거야.

아르카 수많은 광신주의의 세균.

이라 네가 방금 세균이라고 했는데, 그것 역시 먼지와 더불어 사는 생명체라는 것을 잘 생각해 봐. 피부 부스러기를 즐겨 먹고 흔히 양탄자, 담요, 침대, 베개에 서식하는 0.2-0.5밀리미터 크기의 거미류의 일종인 진드기처럼 말이야.

아르카 그렇게 비누 광고를 해대도 우리 몸에는 세균이 살고 있어. 현미경 시대의 가장 놀라운 발견 중 하나는 우리 자신의 소우주를 밝혀냈다는 거야. 우리는 수백만 개의 세균이 거처하는 집이지. 세균의 균형에 우리의 건강이 달려 있어. 창자만 해도, 특히 아주 중요하고 일상적인 소화 작용에서 우리는 과하게 품위 있는 시적인 태도로 장내 플로라라고 부르는 세균들의 생물학적 협력에 의존하고 있지.

이라 많은 사람들이 상상하기를 꺼리는 내장과 관련된 몇 안 되는 시적 명칭들 중 하나지.

아르카 지금 당장, 우리 몸속, 모공, 말하는 입, 다루는 물건들 모두에서 우리는 향수나 목욕, 화장으로 절대 숨길 수 없는 세균 덩어리야.

이라 문제가 보기보다 더 심각하고 희극적이라는 걸 유념해. 스스로를 특권적인 존재로 여기는 인간이라는 종의 일부 경전에는 우리 인간이 신의 형상에 따라 피조물로 만들어졌다고 나와 있어. 하지만 우리가 세균과 박테리아처럼 경멸적인 이름을 가진 다른 많은 피조물이 서식하는 피조물이라면, 그렇다면 그것들 역시 분명 신의 형상에 따라 창조됐을 거야. 가장 작은 것부터 시선이 닿을 수 없는 무한한 것에 이르기까지 천지 만물은 다 신의 형상에 따라 만들어진 게 아닐까?

아르카 문화와 세계관의 구조에서 많은 것은 무균 상태에 있어. 그러한 이유로 적어도 스페인어나 "기독교 언어"로 태아와 피조물은 동일하지 않음이 분명해. 피조물은 '거룩한' 또는 '순결한' 성령에 의해 이상적으로 창조된 존재야. 반면에 태아는 생식의 결과이고, 이 작용은 정액과 질액이라는 숭고한 이름으로 불리는 체액 또는 피지 낭종의 교환을 필연적으로 수반하지. 우리의 체액은 인간의 형상을 취할 수 있지만, 현미경으로 들여다보면 우리가 세균이라고 부르는 것과 놀랍도록 유사한 세포의 매개체야.

이라 '원죄'가 있다면 성행위를 죄라고 부르는 거야. 우리는 바로 그 성행위를 통해 존재하게 된 거니까. 어머니와 아버지의 생식적 만남에서. 그들이 누구인지는 별개의 문제지. 하지만 우리가 죄를 물려받았다는 생각은 원초적 오점의 개념에서 비롯해. 즉, '생식적' 오점.

아르카 우리는 본질적으로 태아야. 비록 이 정의가 '악마의 자식engendro del demonio'이라는 표현에서처럼 모욕적이고 부당하게 악마적인 천박한 것으로 간주돼 오긴 했지만.

이라 신의 피조물인 천사와 소위 악마의 자식을 대립시킬 때는 특히나 그래.

아르카 그 모든 것에 있어서 무균 상태가 지나치게 강조되고 있다는 생각을 지울 수 없어. 신인동형설에 기반해 자화자찬을 일삼는 인간의 특성 때문일 거야.

이라 우리 인류의 거대한 자아.

아르카 맞아. 동시에 그것은 자아라는 심리학적 용어보다 훨씬 더 근본적인 것이지. 요는 우리가 생명을 배태하는 동시에 불모인 땅의 물질성 사이의 연속체이고, 체액이자 피지낭종이고, 재이자 먼지이고, 지방이자 세포 조직이자 뒤얽힌 미네랄 망으로 강화된 뼈이고, 동일한 공간에서 오랫동안 연쇄적으로 일어나는 구성과 해체, 재구성 과정에서 유기물인 동시에 무기물이라는 사실을 인정하는 것이 우리를 불쾌하고 부끄럽게 한다는 거야.

이라 세월이 흐르면서 모든 것이 무거워지기 시작해. 뼈는 무겁고 발은 기어가지. 살은 무게가 실리고 뼈 구조에 달라붙어. 낭랑한 조개껍질 해변에서 부서지는 성난 파도처럼 넘쳐흐르기도 하고. 나이 든 사람의 몸은 자신의 음악에 맞춰 달가닥거리며 노래하지. 기억은 자체 중력을 가지고 있어. 건망증은 그 자체로 치유와 가벼움이라는 모종의 자질을 내포하고 있고.

아르카 노인의 몸은 최종적으로 압축이 해체되기 전에 모든 부분이 압축되기 시작하지. 마치 명백한 생명 경제가 작동하면서 공간이 부족해지는 것처럼. 뼈와 관절은 수축하는 경향이 있어. 중력은 우리의 키를 줄어들게 하고, 우리의 눈은 일종의 횡방향 중력 때문인 듯 때때로 한곳에 고정돼… 기억의 중력.

이라 네 말을 들으니, 쿠이쿠일코와 몬테알반 같은 고대 유적지에 있는 고대 메소아메리카 신인 늙은 불의 제왕 테오티우아칸의 이미지가 생각나. 노인은 엄청난 무게의 의례용 화로를 머리에 얹은 채 책상다리를 하고 앉아 있어. 구부러진 등은 하현달의 곡률과 일치하지. 나무에서 떨어져 태양에 노출된 과일처럼 연약한 피부에서 척추뼈가 튀어나와 있고. 화로의 불이 튀어나온 혀를 파괴하면서 눈을 건조하게 만들고 있는 것처럼 보여. 노인의 늘어진 배는 지친 무릎뼈에 헛되이 놓인 앙상한 긴 손가락과 대조를 이뤄. 노인의 길쭉한 턱은 수염을 대신하고 극적인 것과 거리가 먼 노인의 몸짓은 우리에게 노년의 기품, 즉 머리 위에 남은 불의 잔재 같은 연륜을 드러내지. 상상의 재는 백발에서 빛을 발하는 비교적 견딜 수 있는 하중을 생성해.

아르카 세월의 무게. 시공간의 중력.

이라 불의 모든 불들을 상상해 봐. 이 경우 망각에 해당하는

사랑에 빠진 먼지

101

테오티우아칸의 늙은 불의 제왕. 멕시코시티 국립인류학박물관.

바람이 없다면 노인의 머리 위에는 계속 재가 쌓이겠지. 바람이 불어와 몇몇 국가에서 해골을 부르는 이름인 코코 coco를 깨끗하게 정리해. 그러지 않으면 마치 강 유역cuenca 에 하염없이 눈이 쌓이는 꼴이겠지.

아르카 아니면, 나무가 이슬을 통해 쌓인 비를 떨쳐 버리지 못하는 것과 같겠지.

이라 하지만 반쯤 마른 눈구멍은…

아르카 …

이라 세월의 불이 내리쬔 걸까? 아니면 눈물이 말라 버린 걸까?

아르카 노인은 시간을 메소아메리카식으로 인격화하고 있어. 내가 보기에 노인의 형상은 아스테카인들과 다른 메소아메리카 부족의 태양의 돌[23]보다 더 효과적이야. 그들은 52년마다 모든 불이 꺼지고(모든 성상과 도구가 새것으로 탈바꿈하고) 그때 365일의 태양력xiuhtlapoualli과 260일의 태음력tonalpohualli이 완벽히 수렴되었다가 다시 새로운 주기가 시작된다고 믿었지. 주主사원에서 눈에 보이는 언덕까지 순례한 후 그 꼭대기에서 새로운 불을 피웠다고 해. 마치 인격화된 주기, 인간화된 시간인 것처럼, 늙은 불의 신은 자신의 힘을 갱신했던 거야!

이라 얼마나 아름답고 얼마나 경악스러운지! 노인이 머리 위에 얹고 있는 재는 그의 일생 동안 타버린 모든 불의 잔해야.

아르카 그리고 우리의 일생 동안.

이라 몸을 통한 시공간의 이미지. 삶의 현실에 대한 매우 조형적인 표현. 그런 신은 숭배의 대상이 아니라 진실된 거울이야. 그것은 무릇 예술의 신성한 속성 중 하나지.

아르카 시간을 측정하는 최상의 도구는 시계가 아니라 거울이야.

---

23 아스테카인들의 우주관을 엿볼 수 있는 종교적 예술품으로, 큰 바위에 태양신과 뱀 따위를 새긴 일종의 달력이다.

이라 몸은 지울 수 없는 몸짓으로 우리에게 말을 걸어. 봐봐, 지금까지 늙은 시간의 신 우에우에테오틀의 가장 오래된 조각품 중 일부는 메소아메리카 전 고전기(기원전 800년-서기 250년)까지 거슬러 올라가는 쿠이쿠일코 마을에서 발견되었어.

아르카 아, 맞아. 멕시코시티에 있는 쿠이쿠일코의 피라미드. 가고 싶다.

이라 흥미로운 점은 쿠이쿠일코 조각이 2012년 거대한 크기의 우에우에테오틀이 발견된 테오티우아칸의 조각과 달리 머리 위가 아닌 등에 화로를 메고 있는 늙은 불의 신을 보여 준다는 거야. 그는 태양의 피라미드 꼭대기에 자리하고 있었어. 사포테카 도시 몬테알반에서도 우에우에테오틀 상이 발견되었지. 쿠이쿠일코의 화로가 부분적으로 우리의 등을 접고 구부러뜨리는 시간을 상징한다면, 테오티우아칸과 다른 문화의 화로는 엄청난 하중에도 불구하고 갱신의 우주적 감각을 표현하고 있어.

아르카 고대 이집트인과 오늘날의 와다베족 같은 아프리카인들의 고대 과학인 화장품은 상대를 유혹하려는 젊은이들의 얼굴에 조화로운 자질을 높이는 것이 사용 목적의 전부가 아니야. 요즘은 피할 수 없는 세월의 흐름을 숨기거나 교정하고 싶은 어른들도 화장품을 즐겨 사용해.

이라 하지만 우에우에테오틀의 특징적인 면모는 바로 주름이야! 심지어 권위와 위엄까지도 부여하지. 그의 피부를 펴거나 주름을 숨기는 것은 웃는 얼굴의 토토나카족 조각상을 찡그린 표정이나 혀가 없는 상태로 만드는 격이야.

아르카 아니면 모나리자에게 안경을 씌우는 격이겠지. 장난

늙은 불의 제왕. 쿠이쿠일코.

이라고 생각하면 괜찮지만, 그것이 지닌 개성을 없애는 짓
이지.

이라 심지어 우리는 그 표정을 마음에 들어 할 걸. 우리가 노
인들처럼 건망증이 심하다면 그토록 진지하고 불가사의한
고대 조각품 사진을 찍으려고 줄을 서지는 않겠지.

아르카 내가 염두에 두고 있는 웃는 얼굴은 머리 장식 위에
달력에서 움직임, 즉 올린ollin을 상징하는, "걷거나 흔들리
는 물건"을 얹고 있어. 올린은 바로 생명의 날실과 씨실 같
은 역동적인 교직이야. 유머는 삶을 이해하는 데 힘이 될
뿐더러 엄숙함과 비극을 깨뜨리는 데도 도움이 돼. 웃는 캐
릭터는 포즈를 강요받은 올림픽 선수처럼 혀를 내밀지 않

웃는 얼굴. 멕시코시티 국립인류학박물관.

고, 우에우에테오틀처럼 시간이 지나면서 혀가 반쯤 내려
온 모습을 보여 주지도 않아. 그의 미소는 턱을 이완시키고
광대뼈를 넓혀 주며 입술 사이에서 혀가 꽃 피게 해 줘. 그
는 시간의 흐름과 때때로 우리 자신에게 과부하를 거는 문
화적 과거 모두를 완화시키는 내민 혀로 우리를 바라보고
있어. 웃는 얼굴은 엘 타힌[24]의 얼굴도 아득한 과거의 얼굴
도 아니야. 그것은 우리와 같은 현재의 얼굴이며, 그 앞에
서 우리는 단지 익살스러운 표정으로만 응답할 수 있어. 태
양의 돌의 융통성 없는 상징적 엄숙함이 우리에게 제공하
지 않는 여유. 혀를 내밀고 있는 기념물. 엄숙한 동시에 신

---

24 멕시코 베라크루스주 할라파 교외에 있는 고대도시 유적.

랄한.

이라 혀를 내밀면 무게를 덜어 상대적으로 만들지. 이것이 바로 아인슈타인의 가장 유명한 사진 두 장이 자전거를 타고 있는 사진과 혀를 내밀고 있는 사진인 이유야.

아르카 하, 하, 하!

이라 개는 혀로 웃고 우리는 이로 웃어. 개의 미소는 감출 수 없는 반면, 우리의 미소 중 일부는 진짜 감정을 숨길 수 있으니까.

아르카 천사가 아니라 개가 사후 영혼의 진정한 안내자라고들 하지.

이라 개는 재와 몸 사이의 문턱에 살아. 날개가 아니라 침을 흘리는 끈적한 혀가 어느 정도 알려진 이 현실과 짐작으로만 알 수 있는 밤의 그림자 사이를 연결하는 다리야.

아르카 개는 진드기와 벼룩, 다시 말해 가려운 것이나 삶의 문제를 흔들어 털어 내. 흙과 먼지에 등을 좌우로 문지르면 누그러지는 거지.

이라 그게 사랑에 빠진 먼지야. 맞아. 하지만 무엇보다 웃는 먼지지.

아르카 먼지조차도 사랑에 빠져 쓸려가. 바람에 날아가는 재와는 다르지…

이라 진실된 아름다운 미소로 중력의 힘을 초월할 수 있어.

아르카 미소의 해방적인 가벼움이 날아가는 재의 무게를 초월하지. 다시는 'falleció(그가 죽었다)'라고 말하지 않겠어. 솔직하게 'trascendió(그가 초월했다)'라고 말할 거야.

이라 그렇지. 완전히 또는 영원히 추락하는 사람은 없어. 재가 된 후에도 먼지는 계속 자유롭게libre-mente 날아다녀. 어

사랑에 빠진 먼지   107

디로든 마음대로 부는 영혼의 내재적 이미지. 또 어떤 게 있지?

이라 계속 미소 짓기.

아르카 그리고 웃으며 노래하기!

나비의 비행, 현자의 꿈

I

아르카 오늘 아침에 다시 꿈을 꾼 듯한 느낌으로 잠을 깼어.

이라 어떤 꿈인지는 기억나지 않는 거야?

아르카 내가 뇌의 정수리에 종속되지 않은 신체 부위로 기억
하고 있는 꿈. 배꼽의 어느 구석이나 귀 뒤 혹은 두피 사이
에 겹쳐져 있어 의식의 스크린과 눈에서 벗어나는 꿈.

이라 이봐, 어떤 꿈이 내 배꼽의 좁은 구석에 들어가고 나서
며칠이 지났는데 무슨 일이 일어났는지 모르겠어. 간에서
맥박이 뛰는 게 느껴졌어. 신장은 평소보다 더 활동적이었
고. 무엇보다 신기한 것은 내가 코리엔테스 거리[1]를 걷고
있을 때 어디선가 그 꿈이 튀어나와 내가 모르는 꿈의 문턱
을 향하는 또 다른 꿈의 문을 여는 열쇠가 들어 있는 책을
찾았다는 거야. 하지만 몇 달간 그런 기분을 느끼다 보니,
다른 꿈속의 꿈이 그 꿈에게 매우 친숙해진 것 같아.

아르카 꿈의 이미지보다 느낌을 먼저 기억하는 것은 매우 특
별하고 때로는 모순적인 경험이야. 우리는 보통 그런 경험
에 대해 이야기하지 않지만.

---

1 부에노스아이레스 시내에 위치한 거리.

이라 물론이야. 그것은 말로 표현하기가 상당히 힘들고 처음에는 우리를 마비시킬 수 있는 경험이니까. 이미지가 없기 때문에 그것을 지칭할 단어도 없어. 느낌을 말로 표현하기란 매우 어려운 법이지…

아르카 때때로 황홀감, 경외감, 또는 누군가나 무언가가 우리를 통해 이야기하는 듯한 느낌의 경험이기 십상인 시라고 불리는 것에 사로잡히지 않는 한… 어떤 면에서는 언어 그 자체라고 할 수 있지. 아니면 영혼, 프시케라고 할 수도 있을 거야… 어쨌든 누군가나 무언가가 우리를 통해 말하는 듯한 느낌…

이라 어쩌면 다른 몸에 자리 잡고 있을지도 모르는 또 다른 꿈을 찾아 책을 뒤지는 꿈.

아르카 발효되었다고 말할 수도 있겠네. 꿈 역시 그릇이나 병, 통의 어두운 내부에서 변화를 일으키고 혀와 피에 닿을 때 술을 마시는 사람이 보통 잊고 지내는 문턱을 다시 여는 술이나 치차와 같으니까.

이라 8세기 당나라 시인 이백의 다음 구절은 술과 꿈의 관계에 대해 생각하게 해줘. "우리는 술에 취해 완벽을 발견하고 / 깨어나면 사라지네. 인생이 한낱 꿈이라면 / 무얼 그리 애쓰고 초조해할 것인가?"

아르카 이백에게 전체 속으로의 몰입, 즉 현실의 이분법적, 유교적, 위계적 경계의 옷을 벗기는 몽롱한 도취는 필수적이야. 영감받은 시인은 새처럼 노래하지. 분리는 없어. 또한 땅과 하늘, 무지와 지식, 촌부와 현자 사이의 근본적인 분리 역시 없어. 이백은 지식에 대한 욕망을 제쳐 둘 때 불멸에 대한 추구를 초탈하지. 시인이 그렇듯 하늘과 땅도 술을 좋아해.

이라 같은 시에서 그는 다음과 같이 말하고 있어. "석 잔을 마신 후에는 진실을 발견하고 / 한 통을 마신 후에는 정감 있는 / 자연으로 돌아가네." 도취를 통해 주변의 환경과 한 몸이 되면서 이백은 전체로의 회귀를 예찬하고 있어. 여기서 도취는 로마의 주신 바쿠스 스타일의 광적인 흥분이 아니라 제한적 자아의 해체를 의미해.

아르카 이와 관련하여 스페인의 디에고 벨라스케스가 1628년, 1629년경에 그린 〈바쿠스의 승리 또는 술주정뱅이들〉을 떠올릴 수 있어. 포도주는 그릇을 떠나 흥겹게 술을 마시는 비천한 사람들의 손에 들려 있거나 몸속에 들어가 있어. 그사이 바쿠스는 그들 중 한 사람에게 월계관을 씌워주지. 그때 우리는 술주정뱅이가 거의 경건한 자세로 무릎을 꿇고 경험하는 영광과 불멸의 순간을 보지. 화폭 중앙에서는 취객 둘이 수 세기 전에 이백이 표현했던 것처럼 술에 취한 것을 전혀 부끄러워하지 않고 정면을 응시하고 있어.

이라 그렇지만 눈에 띄는 차이점도 있다는 걸 생각해 봐. 반쯤 벗은 바쿠스의 살갗과 성스러운 옆구리 전체를 더욱 희게 만드는 빛. 그런 빛은 더 어두운 피부로 구별되는 술꾼들의 옆구리에는 존재하지 않아. 아마도 이글거리는 태양을 머리에 이고 수년 동안 거리나 들판에서 일했다는 표시일 테지. 바쿠스의 성스러운 빛은 그의 피부색처럼 순간적인 찬란한 광채로 포도주의 경이로움과 연결되어 있지만 민초의 일상 현실과는 무관해. 바쿠스는 자신에게 집중하고 아직 수염이 전혀 없는 젊은이인 반면, 비천한 술꾼들의 백발이 성성한 노쇠한 얼굴에서는 이미 세월의 흐름을 엿

볼 수 있어. 그리스의 디오니소스와 마찬가지로 바쿠스에 대한 숭배 역시 젊음에 대한 숭배이고, 같은 의미에서 충일한 섹슈얼리티에 대한 숭배야. 바쿠스가 반나체 상태인 건 우연이 아니지. 포도주는 옷을 벗도록 초대해. 술은 몸의 열기를 북돋우고 혼자만의 대화는 물론 다른 이와의 포옹과 충돌을 부추기는 음료야.

아르카 이백에게 술 취함은 자연과의 교감을 의미해. 전체 안에서 자아의 옷을 벗겨 내는 것. 그의 시에서 벌거벗은 몸이나 팽창된 신체 부위는 부끄러움을 불러일으키지 않아. 하지만 그림의 빛으로 돌아가면, 그것은 스스로 발광하는 빛일까, 아니면 달빛이 반사되어 반짝이는 것일까?

이라 밝게 비추는 것은 달일까? 하지만 그림에는 달이 그려져 있지 않아. 요는 그 빛이 다른 사람들에 비해 바쿠스의 피부에서 온전히 빛난다는 거야. 그의 뒤에는 마찬가지로 월계관을 쓴 반쯤 벌거벗은 또 다른 그가 있는데, 거기에는 빛이 도달하지 않는다는 사실을 기억해 봐.

아르카 아니면 도달할 필요가 없겠지. 그의 그림자, 즉 분신일 테니까. 빛의 명료함과 도취의 흐릿한 몽상은 그렇게 서로 뚜렷한 대조를 보여.

이라 다른 시에서 이백이 어떻게 고백하는지 잘 봐. "꽃 사이에 한 병 술을 놓고 / 짝할 사람 없이 홀로 마시네. / 술잔 들어 밝은 달 맞이하니 / 그림자까지 셋이 되었구나. / 달은 본래 술 마실 줄 모르고 / 그림자는 그저 내 몸 따라 흉내만 낼 뿐. / 그런대로 달과 그림자를 짝하여 / 봄날을 마음껏 즐겨 보네."

아르카 벨라스케스의 〈바쿠스의 승리 또는 술주정뱅이들〉과 달리 이백의 도취는 무리 지어 마시는 것도 떠들썩한 술잔치도 아닌 절제된 취함이지. 스스로 억제하거나 자기 자신에 탐닉할 때는 바쿠스가 필요치 않아. 달은 화폭 밖에 있는 것이 아니라 중앙 위쪽에 있어. 그 빛은 술꾼을 비추고 그의 그림자를 드리워. 술은 술꾼을 여럿으로 펼치고 이제 술꾼은 자신이 혼자라고 느끼지 않지. 게다가 달이 자신과 함께 있음을 발견하고는 달이 술을 마실 수 없음에도 함께 축배를 들어. 그렇지만 혹시 또 알아?

이라 하지만 시의 뒷부분에서 이백은 이렇게 노래해. "내가 노래를 부르면 달은 서성이고 / 내가 춤을 추면 그림자 어지러이 움직이네. / 깨어 있을 때는 함께 어울려 즐기지만 / 취하고 나면 제각기 흩어지네."

아르카 중국의 모든 표의문자가 그렇듯, 의미는 광범위하고, 특히나 번역된 것을 읽을 때는 더더욱 그래. 따라서 결론에 도달할 수는 없지만 생각과 이미지를 계속 만들어 낼 수는 있어. 시 자체처럼. 한편으로는 도취와 함께 이성을 초탈한다고 말할 수 있지. 또한 도취와 함께 술꾼의 세계 또는 내면으로의 관심이 확장되어 그가 달로 표상되는 자신의 바깥과 위에 있는 세계에 흥미를 잃게 된다고도 할 수 있어. 첫 번째 경우, 도취를 넘어서는 것은 우정과, 그리고 어떤 면에서는 인간과 달 사이의 우정 어린 분리에 대한 의식과 결별하는 거야. 두 번째 경우, 자기도취와 어쩌면 분리―제 각기 흩어지네"라는 번역을 따른다면― 는 너무도 매력적인 달의 웅대함에도 불구하고 인간이 자신의 무게를 얻고 자신의 빛과 그림자로 스스로를 비춘다는 것을 의미해. 자신에 도취되면서 이중성을 잊어버리는 거지.

이라 나는 많은 사람들의 해석과 달리 이백의 시가 술을 찬양하는 시라기보다는 오히려 달과의, 그리고 나중에는 자신과의 우정에 대해 말하는 시라고 생각해. 그래, 술이 그 시에서 필수적인 부분이기는 하지. 하지만 봐봐. 디오니소스나 바쿠스에 대한 그리스인이나 로마인의 숭배 같은 그런 숭배는 없어. 강렬한 그리스 로마 신과 벨라스케스의 술 주정뱅이들은 그들과 같은 더 많은 사람들과 함께 찰나적인 도취의 영광을 음미하지… 하지만 무아경 이후에는 땅으로 되돌아와. 그들은 자신들이 갈망하는 상태에 다시 도달하기 위해 주신에 의존하지. 이백의 시는 다음과 같이 말할 때 판이하게 다른 태도를 보여 줘. "다음 만남은 저 높은 곳 / 머나먼 은하수에서 있으리." 시를 통해 자신의 진정한 중력을 찾게 되는 거지. 그는 정겹고 무심하며, 이윽고 동등한 입장에서 달에게 말을 걸어. 그 시적인 목소리는 유교적인 것과는 거리가 멀어.

아르카 다시 들어도 참 신비로운 구절이야… 우리가 모르는 독창적인 뜻이 담겨 있는… 하지만 이백이 일시적인 도취 상태나 달과의 스쳐 가는 우정으로 만족하지 않는다는 네 말에 동의해. 달이 그의 동행이 되기 위해 내려왔다면, 다음번에는 그가 달과 동행하기 위해 올라갈 거야. 아마도 위대한 도취, 위대한 여정, 죽음에 대한 암시일 테지. 어쨌든, 이성을 유지하는 한 그것은 호혜적 관계, 좋은 우정이야. 관객이 수동적인 그림자가 되는 동안 강력한 스포트라이트를 받는 무대 위의 스타들처럼, 바쿠스와 그의 분신에 집중된 명암법과는 전혀 다르지. 위계의 소멸은 무질서가 아니라 '술'이 일깨우는 서로 다른 중력의 힘으로 인해 생겨

나. 하지만 술은 깨어나는 것이 아니야. 그래, 아니지! 술에 취한 사람들이 깨어나지 못하듯이 술도 깨어나는 것과는 전혀 거리가 멀어. 그것이 바로 함정, 즉 술에 의존하여 무아경에 이르는 것의 문제지.

이라 중국 고전 시의 일부는 계절 시라는 것을 기억해야 해. 때는 봄이고 시인은 즐기고 싶어 해. 낯선 바깥세상이 아니라 인간 자신의 내부에서 봄이 깨어나는 거지. 시인은 봄과 함께 깨어나는 거야.

아르카 봄과 함께 깨어나는 것에 겨울의 이미지가 암시되어 있다는 점을 생각해. 어느 순간 온 세상이 새하얀 눈 아래로 가라앉고, 자고 있는 사람은 곤한 잠에 떨어진 듯 아무것도 보지도 느끼지도 못하는 균질성의 겨울. 나선 모양의 벌레처럼 몸을 둥글게 말고 극한의 집중력을 발휘해 동면을 취하는 곰. 봄의 시작은 이미지들이 있는 꿈이야. 때때로 잠을 깨고 나서 그 이미지들을 기억하지 못하지만, 다른 신체 부위에서 느낄 수 있어.

이라 배꼽은 우리의 존재에서 달의 작은 귀퉁이나 다름없는 곳이야. 태초의 열이 집중되는 곳. 우리 삶의 나선이 풀리고 되감기는 변곡점. 모든 것이 상대적으로 통제되고… 감정과 감각이… 작열하는, 한여름에 느끼는 것과는 달리 꼭 항상 우리의 삶처럼 느껴지는 것은 아닌 삶.

II

아르카 아침에 이야기를 나누기 시작했는데 어느덧 정오가 되어 배가 고프네. 중천에 떠 있는 태양은 배고픔이야. 굶주린 사람에게 말을 거는 벌어진 커다란 입.

이라 또 그 입은 우리를 빨아 마시지. 메소아메리카의 일부 사제들이 믿었던 것처럼 말이야. 그들에게는 전쟁이나 어떤 의식에서 바쳐지는 희생 제물의 피가 태양이 계속 도는 데 필수적이었어.

아르카 다른 사회라면 희생물을 바치는 것은 태양열 자동차에 휘발유를 주입하는 격일 거야.

이라 그 검은 피를 지금까지 땅에서 뽑아내는 데 얼마나 많은 비용과 희생이 필요했는지!

아르카 자명한 얘기지만, 아마도 이것이 고대 메소아메리카 종교 사상을 다룰 때 가장 민감한 문제 중 하나일 거야. 오랫동안 연대기 작가들은 그들을 피에 굶주린 야만인으로 낙인찍었지. 20세기 중반에 일부 이상주의적인 연구자들은 마야인 같은 부족들 사이에 전쟁이 있었다는 사실을 부정했지. 그 후 1946년과 1975년에 각각 보남팍 벽화와 카카스틀라 벽화의 고고학적 '발견'이 이루어졌고, 또 멕시코시티의 소칼로[2]에 위치한 주主사원에서 비의 신 틀랄록 숭배에서 희생된 아이들이 발견되었어. 인디아스[3] 연대기의 과장에 대한 오독과 억측이 되풀이되었지. 본질적으로 피에 굶주린 할리우드 산업은 야만인, 미개인, 그리고 오늘날에는 마약상이라는 이미지로 항상 수익을 올려 왔어. 폭력은 잘 팔리잖아. 영화관은 다시 한번 마야의 인신공희와 2012

---

2 멕시코시티의 중앙 광장.
3 아메리카의 옛 이름으로 신대륙을 인도로 착각한 데서 비롯한 명칭이다.

년[4]과 3D로 위장한 새로운 아포칼립스에 관한 영화로 가득 채워졌지. 3D 영화로는 부족했는지, 관광객들은 마야인으로 살기 위해 마야인으로 분장한 마야인을 보기 위해 유카탄으로 향하고 있어. 관람객들은 반쯤 벌거벗은 채 피를 약간 묻히고 머리에는 커다란 깃털 장식을 한 마야인이나 아스테카인을 보고 싶어 하지. 마야인이든 아스테카인이든, 아니면 잉카인이든, 무슨 상관이겠어? 광적인 탐험가 인디아나 존스 영화에서도 판초 비야가 케추아어를 했다고 하잖아.[5] 달러를 갈망하는 시나리오 작가에게 케추아어, 나와틀어 또는 스페인어 사이에 무슨 차이가 있겠어? 대중문화가 피에 굶주린 마야인들에 대한 병적인 호기심을 충족시키는 동안, 청바지나 우이필[6]을 입은 마야인들은 마을에서 일자리를 찾고 북쪽으로 이주하고 옥수수밭에서 품위 있게 생존하지. 피라미드도 상상의 인신공희도 일절 없어. 마치 국경 사막지대를 넘는 것이 별것 아니라는 듯이.

이라 많은 사람들이 피를 원해. 시각적, 청각적 폭력을 즐기는 것은 악취미야. 명예의 전당에 이름을 올리기 위해 하나같이 좀비, 마약 중독자, 살인자로 분장해야 했던 팝스타들을 보라고.

---

4 마야의 역법에 따르면, 기원전 3114년에 시작된 현재의 '주기'는 2012년에 끝난다. 이런 이유로 2012년은 오랫동안 인류 종말의 해로 거론되어 왔다.

5 판초 비야는 1910년 일어난 멕시코혁명의 영웅으로 안데스 선주민어인 케추아어와는 무관하다.

6 멕시코의 전통 의상으로, 사각형의 천을 반으로 접어 머리를 낼 수 있는 구멍을 뚫고, 옆솔기는 꿰맨 형태의 여성용 윗옷.

아르카 누군가가 나에게 말하길, 로스앤젤레스에 갔었는데 자신이 가장 좋아하는 배우 중 한 사람의 핸드 프린트가 새겨진 바닥 조형물의 별 위에 손을 얹었다고 했어. 영화에서 수백 명을 죽인 자야. 차라리 호랑이 발에 손을 얹었으면 더 좋지 않았을까 하는 생각이 들었어. 호랑이 발톱 사이에 엉겨 붙은 피는 재미를 위해서가 아니라 생존을 위해 획득한 것이니까.

이라 태양처럼. 노란 태양을 바라보면 우리나라 국기에서처럼 싱글거리지도 인간적이지도 않아.[7] 오히려 얼굴에 화상을 입히고 뚫어지게 쳐다보면 실명하게 되지. 팽창주의적인 중국 정부는 그들이 미래의 태양으로부터 우리를 구한다는 내용의 영화를 허가했어. 하지만 우리는 두려움을 포함하여 우리에게 온갖 것을 다 팔고 싶어 하는 구세주가 더는 필요치 않아.

아르카 아! 우리가 살아가고 변화하기 위한 시간을 측정하는 불타는 태양. 우리 삶의 주기, 해年와 날을 측정하는 생물학적 시계의 빛나는 엔진.

이라 태양 자체는 11년의 주기를 가지고 있고, 이 기간 동안 태양의 활동은 극대기와 극소기를 거치게 돼. 지구가 그 주위를 도는 태양의 주기가 11년이라면 11보다 큰 인간의 모든 주기는 어떤 의미에서는 예외적인 것이겠지. 아마도 이것이 우리의 기본 역사 주기가 1 다음에 10이고, 1년과 10

---

7 아르헨티나 국기에는 잉카인들의 문양에서 비롯된 태양이 들어 있다.

년 단위인 이유일 거야. 11은 이미 한 걸음 더 나간 것이니까…

아르카 나란히 동행하는 두 개의 1이어서 나는 11이 참 마음에 들어. 11은 대화의 해시태그야.

이라 맞아. 두 개로 늘어나는 1이기도 하지. "나는 타인이다yo es un otro"라고 할 때의 그것 말이야. 내가 보기에 그건 덜 초월적인 문제야. 11은 대화를 나누며 함께 길을 가는 여윈 두 사람이야.

아니면 II 또는 11이 되는 것, '당신의 자아를 열어라open your I'의 실현이랄까. 1과 1 사이의 공간은 전통적인 중국 표의문자에서처럼 하나의 문을 연상시켜.

아르카 두 개의 1 사이의 거리는 정확히 그 둘 사이에 침묵이 흐르고 말이 순환할 수 있을 정도의 거리야.

이라 두 개의 1이 서로를 침범하지 않고 각자의 자리를 차지한다는 게 너무 좋아. 속은 판이하게 다를 수 있어도 겉으로는 똑같아 보이는 게 마음에 들어.

아르카 11은 10과 같은 완벽한 실현을 의미하지 않아. 더 안정적이고 어떤 종족성에 가까운 숫자 12도 아니지. 11은 디네족 여성의 매우 정교한 직물과도 같아. 마지막 한 땀으로 12의 완벽함에 도달할 수 있음에도 그녀들은 결국 불완전한 미완성의 바늘땀을 뜸으로써 오만함과 완벽주의의 환상을 피하지. 11은 작품이라기보다는 연습을, 도착이라기보다는 길을, 대성당이라기보다는 예배당을, 정상보다는 산을, 칼럼보다는 잠문을 의미해.

이라 난 지나친 논리성을 신뢰하지 않아. 한 편집자는 첫 문장부터 끝 문장까지 글쓴이의 생각을 논리적으로 변호하

는 글이라는 칼럼 혹은 에세이에 대한 개념을 나에게 강요
히려고 했어. 나는 7, 10, 12에 비해 11을 훨씬 더 선호해. 아
주 논리 정연한 사람이 되기보다는, 보르헤스와 마르티가
마음속으로 꿈꿨던 것처럼, 차라리 싸움터에 나가 칼로 신
념을 지켜 내겠어. 아니면 성난 선지자가 되어 수많은 '성
인들'의 말로가 그렇듯 결국 거리에서 동전을 구걸하겠지.
내가 직접 그런 사람들을 본 적이 있기 때문에 너한테 이런
말을 하는 거야. 그들은 현재가 아니라 미래의 계획에 의지
해서 살아가지.

아르카 교수profesor와 선지자profeta라는 단어는 서로 닮았어.
역할도 어딘가 비슷하고. 교수와 선지자는 대부분 학생과
(비)신자 앞에서 자신의 생각을 변호하는 데 골몰하잖아.
오늘날 교수는 교수직을 유지하기 위해 어쩔 수 없이 칼럼
니스트가 되어야 하고, 소속 기관으로부터 동등하거나 더
큰 압력을 받는 교수들의 학문 공동체 앞에서 자신의 생각
을 생산하고 유포하고 변호할 것을 요구받지. 누구를 위해
글을 발표하는 거지? 이른바 그의 짝인 동료들은 그에게
어떤 언어를 요구하지? 나는 홀을 택하겠어. 나는 11을 지
지해. 대화 없는 교육은 교리야. 그 경우 아트리움보다 연
단이 더 유용하겠지. 연단의 상상력은 우리에게 내세를 제
공했으니까. 오늘날 교육의 대부분은 기업적 교육이고, 다
국어가 사용된다고 해서 다양한 세계가 보장되는 것도 아
니야. 전혀.

이라 난 지나친 논리성을 신뢰하지 않아. 예를 들어 동료들
에 의해 점수로 평가받는 어떤 유형의 학술 에세이 또는 논
문에서 중요한 것은, 오늘날 '가시적인 사실로 입증 가능하

다'는 것을 뜻하는 학술적 입장이나 주장을 관습적인 언어로 변호하는 것이기 때문이야. 경험 만능주의. 카르데날[8]이 『우주 찬가』에서 표현한 것처럼, 이 다중 우주pluriverso에서 물질의 90퍼센트 이상은 눈에 보이지 않아.

아르카 심장과 중요한 장기는 태생적으로 눈에 보이지 않게 숨겨져 있어. 글에서 나의 관심사는 하나의 입장을 변호하거나, 누군가로부터 나 자신을 변호하는 것도 아니고, 속속들이 명료하게 혹은 학술적으로 내 주장을 드러내는 것도 아니야. 그 점에서 네 의견에 동의해. 엄밀성rigor과 경직성rigidez이라는 단어는 너무 비슷해. 나에게 글은 무엇보다 질문, 대화, 침묵, 제안, 탐색 그리고 창조야. 우리가 쓰는 모든 것이 결론이 되는 건 아니잖아. 나는 또한 문장의 삽입절이기도 해. 꼭 도착하는 것은 아닌 길. 나는 대화를 나눌 때 더 편안함을 느껴.

이라 그것을 가장 잘 나타내는 것이 11, 즉 동행하는 1 또는 둘로 늘어난 1이야. 스스로를 열 때 침묵 혹은 호흡의 여지를 남기는 성숙한 바쿠스 같은⋯ 11은 문이자 리듬이고, 반복이자 휴지이며, 또한 살찌는 마른 사람이자 둘로 갈라지는 뚱뚱한 사람이기도 해.

아르카 11은 완벽을 지향하지 않는 숫자야⋯

이라 내가 보기에 11은 통합을 꿈꾸지 않는 것 같아. 11이 1이라면 누구와 대화를 나누겠어? 너무 지루해서 자신의 그림

---

8 Ernesto Cardenal(1925-2020). 니카라과의 시인이자 성직자, 해방 신학자.

자와 대화를 시작한 게으른 신처럼 말이야. 그리고 물론 우리는 언제나 다시 시작하는 대화의 연장이 되겠지. 11은 10년의 10도, 이스라엘 12지파나 예수의 12사도도 지향하지 않는 것이 분명해. 11은 역사 담론이나 종교의 단정적인 세계관을 지향하지 않는 숫자야. 물론 단정적이라는 것이 비논리적이라거나 이념적이라는 뜻은 아니야. 내 말을 오해하지 마.

아르카 이 세상 모든 것은 두 얼굴을 가지고 있고, 두 개의 1인 11의 경우에는 더더욱 그래.

이라 둘이 나란히 있지만, 그렇다고 해서 서로를 완전히 이해하거나 의견이 갈리는 경우가 없다는 뜻은 아니야. 아마도 그것이 둘이 거리를 유지하는 이유겠지. 그렇지 않으면 11은 볼드체로 쓴 1일 거야.

아르카 나는 그들이 논쟁을 벌이면서 서로 머리를 잡아당길 만큼 긴 머리카락을 가졌을 거라고 생각하지 않아. 두 개의 1은 그렇게 봉두난발한 모습은 아니야. 1은 그녀이고 1은 그일 수 있어. 혹은 그 반대거나.

이라 남성이나 여성 말고도 이른바 이항대립을 이루는 일련의 것들이라고 생각해 봐. 위와 아래, 왕과 대신, 해와 달, 음양 등등.

아르카 덜 일반적인 관계를 생각하고 싶어. 가파른 절벽 측면에 가옥과 사원의 유적이 보존되어 있는 콜로라도주 메사베르데 국립공원 협곡의 정적을 결코 잊을 수 없어. 특히 수천 명의 사람들이 거주했던 장소에서 보이지 않는 음악과 함께 침묵이 빚어내는 형언할 수 없는 정적에 언제나 감명을 받았어. 그래… 그 협곡의 어떤 곳들, 이젠 아무도 없는 푸라세 화산 앞의 장소들 같은. 심연 위의 암석을 파서 만든 가옥들에서 바깥을 내다보는 관광객과 순례자들만이 있을 뿐이야. 정적 속에서 들려오는 소리를 제외하면 그들은 아무것도 볼 수 없어. 그들이 듣는 것은… 침묵일까?

이라 침묵일 거야. 침묵이 웃어. 웃는 존재는… 침묵…

아르카 또한 나는 한 공동체가 남긴 수백 개의 그릇과 유골을 발견한 고고학자가 작업할 때의 침묵을 생각해. 그는 엄청난 인내심으로 공동체의 삶과 죽음의 방식을 복원하려고 하지.

이라 마치 퍼즐 조각을 이어 맞추듯이.

아르카 내가 말하는 것은 지금은 사라지고 없는 언어가 사용되었던 고대도시와 사원 또는 화덕에서 울리는 영혼의 흥겨운 잔치와 대조적으로, 브러시를 사용해 지층별로, 사분면 구획에 따라, 참을성 있게 땅의 유적을 발굴하는 고고학자의 침묵이야.

이라 아니면 수 세기에 걸쳐 변형된 언어… 그 언어에서 우리는 분명 세상에 이름을 붙일, 즉 세상을 이해하고 거기에 의미를 부여할 말들을 물려받았고 또 잃어버렸지.

아르카 네가 이항대립이라고 부른 것은 또한 여러 방향과 상황에서 동시성일 수 있어. 수술실에서 생명을 구하기 위해 매우 신속하게 결정을 내려야 하는 응급 의사와는 대조적으로 참을성 있게 유적을 재건하고 복원하는 고고학자를 떠올리게 돼…

이라 … 도움을 청하는 외침, 실신, 사이렌, 끽끽거리는 바퀴 달린 들것들이 뚫고 지나가는 수술실이 상상이 돼…

아르카 바로 그거야, 이라. 그곳은 삶이 죽음과 게임을 벌이는 응급 현장이야. 반면, 도굴꾼들의 손으로부터 무사히 살아남은 곳에서 발굴 작업을 하는 고고학자는 500년, 1000년 혹은 5000년이나 늦게 도착한 구조대원인 셈이지. 사람들은 이미 죽은 지 오래야. 물건들은 충분히 오랫동안 그 자리에 있었고. 다시 삶과 죽음의 게임이 시작되지만, 그것은 이미 한 번 끝난 게임이지. 그리고 바로 그곳에서 고고학자는 브러시를 들고 대퇴골이나 항아리 손잡이를 복원하지. 오랜 시간 동안 엄청난 인내심을 발휘해서!

이라 어떤 사람들은 고고학자들이 수천 년 뒤에 갑자기 번쩍이는 금을 회수하는 모습을 상상해. 알라딘의 램프가 빛나는 것처럼 말이야. 백만장자 투탕카멘의 마스크 앞에서 희미한 빛을 받고 있는 하워드 카터[9]의 모습을 상상하기란 어렵지 않다. 그다음에 탐욕스러운 유적 관리인 또는 도굴꾼이 천년의 마법에 시달린다는 식의 인디아나 존스에 나오는 전형적인 저주. 벌 받은 사람이 인디아나가 아니라는 걸 생각해 봐. 고고학자는 복원만 할 뿐 도굴꾼은 아니라고들 믿지. 그는 '과학'을 위해 그 일을 해. 그런데 누구를 위해서?

아르카 우리를 놀랠 만한 것은 우리를 놀라게 하지 않아. 왜냐하면 그것은 블록버스터와 거리가 멀 뿐더러 지루함과 결부된 느린 시간성을 의미하기 때문이지. 나는 다양한 유형의 '합법적' 혹은 고고학적 약탈에 대해 유보적인 입장이

---

9 Howard Carter(1874-1939). 영국의 고고학자로 투탕카멘의 묘를 발굴하였다.

지만, 무너진 벽의 파편이나 실크 옷을 입었지만 흙에 포함된 화학 성분에 의해 부식된 시체 조각 앞에서 고고학자가 보여 주는 태도는 놀라워. 발굴 과정에서 완결된 죽음과 몰락한 문명의 시간을 경험하게 되지. 고고학은 몰락, 마모, 시간의 흐름 그리고 복원의 체계적 탐색을 연구하는 학문이야.

이라 마치 1이 1을 발굴하는 것처럼. 그게 가능할지 모르겠어. 대화가 발굴된다면 대화는 끝나겠지. 어쩌면 고고학자는 학계에 공개하지 않은 일지에서 죽은 자와 대화를 나눌지도 몰라. 당연히 동료들의 평가와 심사를 받아야 하는 논문의 형태로는 절대 발표하지 않는 일지에서 말이야.

아르카 발굴 현장과 달리 응급실에서는 망설일 틈이 없어. 목숨은 경각에 달려 있고 순식간에 결정이 이뤄져. 언젠가는 고고학의 대상이 되겠지. 하지만 천년은 지나야 할 거야. 발굴과 대조적으로 소란스러운 현장이지. 발굴 현장에서는 과거의 한 사람이나 미지의 문명 전체의 삶의 의미를 복원하기 위한 열쇠인 손상되기 쉬운 증거를 훼손할 수 있는 거친 굴착과 성급한 결정을 피하기 마련이지.

이라 1인 고고학자는 유적 위로 몸을 숙이고 또 다른 1을 발견해. 발굴된 사람과 발굴자가 물리적으로 접촉하는 순간 1과 1 사이의 빈 공간이 그들 사이에 모습을 드러내지. 발굴된 사람의 눈 없는 눈구멍은 11이 되고. 1과 1이 재회하는 푸른 스펙트럼에서 시간이 증폭돼. 수천, 수백 년은 먼지처럼 희미해지고, 모든 것이 현재가 되어 반짝여! 태양이 무덤에 들어갈 때 먼지는.

아르카 반짝이지. 네 말이 맞아. 바로 그 순간 발굴 현장 고고학자의 브러시와 수술실 의사의 메스가 11로 변해.

이라 내 생각에 그 순간의 브러시와 메스는 7에 가깝다고 해야 할 드루이드[10]의 지팡이나 마법사의 지팡이를 뛰어넘어. 7은 의심할 여지 없이 숭배받는 숫자지만, 블랙홀의 입구에서 시간이 빛처럼 무너질 때 11의 불완전한 동시성에 비해 너무 엄숙해. 무너진다? 차라리 수평선에 걸린 태양처럼 가라앉는다고 하는 편이 낫겠군.

아르카 태양도 사람도 주린 배를 안고 돌아와. 태양이 가면을 쓰고 있는지, 태양의 빛이 심연의 표면인지, 아니면 입술과 음순 사이의 공간처럼 11의 1과 1 사이의 공간을 암시하는 변화의 문의 표면인지 아무도 몰라.

이라 우주는 자궁이고, 그런 의미에서 균열, 입구와 출구, 문턱, 그리고 계속 팽창하는 우주에 대해 우리가 생각하는 명료한 이미지들과 거리가 먼 불완전하고 비가시적인 차원 또는 미지의 차원을 필요로 하니까.

아르카 피를 흘리는 다중 우주. 하지만 우리는 그 피를 보려 하지 않거나 볼 수 없지.

이라 그것은 빛, 물결, 미소이자, 소리 없이 우리를 비추는 두려움 없는 피야.

III

아르카 우리는 물속이 들여다보이는 강의 협곡을 걸으며 머

---

10 고대 영국의 켈트신화의 사제.

칠을 보냈어. 하늘색 광맥이 있는 거대한 대리석에 둘러싸인 에메랄드빛 통로. 바로 그 갈라진 틈을 통해 우리는 장엄한 푸른 나비가 펼쳐지는 것을 보았어.

이라 강렬한 날갯짓으로 짧은 거리를 비행하는 나비는 작은 하늘 조각이야. 그렇게 그 파란빛은 춤추는 작은 하늘 세상의 색깔과 대기에 대해 말해 줘.

아르카 그 움직임은 너무나 섬세하고 자유로워서 바람이 형태를 취한다면 나뭇잎이나 나비 모양일 거라고 생각할 수 있을 정도야.

이라 나비는 잎사귀 날개를 가졌고 긴 혀로 줄기를 뻗어 꽃을 핥지.

아르카 그 혀나 주둥이로 아이들의 모공이나 안데스 거북과 아마존 거북의 눈물에서조차 미세한 염분을 빨고 핥을 수 있어.

이라 나비 얘기를 할 때 장자의 우화를 떠올리면 항상 기분이 좋아. "언젠가 장자가 꿈에 나비가 되었는데, 훨훨 나비처럼 날아다니는 것이 스스로 기뻐 제 뜻에 맞았더라! 그런데 이윽고 잠을 깨니 영락없는 장자였다. 모를 일이로다. 장자가 꿈에 나비가 된 것인가, 아니면 나비가 꿈에 장자가 된 것인가?"

아르카 그 구절을 암송하는 네 눈에 정화수가 가득 고이네.

이라 맞아. 나를 감동시키니까. 장자의 은유적 질문은 너무 아름답고 영혼이 아닌 다른 곳에서는 답할 수가 없어. 숱하게 나비에 비유돼 온 영혼 말이야.

아르카 우리의 자매인 나비는 자유로운 비행과 덧없는 아름다움을 연상하게끔 만들지.

아르카 날개의 색상과 난초와 같은 다양한 무늬가 정말 마음에 들어. 나비와 꽃은 연인의 입맞춤을 불러일으키는 여인의 입술처럼, 움직이는 동시에 움직이지 않는 다중 우주를 구성하지. 그러한 색조, 형태, 긴장, 그리고 정서는 멋진 꿈의 기본 구조처럼 보여.

아르카 변화무쌍한 꿈의 동기는 종 전체의 공통된 정신적 기초에서 비롯돼. 융은 이것을 집단 무의식이라고 불렀지. 그것은 또한 원형의 정신 생물학적 표현에서 입증되듯이 모든 종과 부분적으로 공유되는 무의식이야. 원형은 시대나 문화와 무관하게 인간의 마음속에서 반복적인 동기나 상징적 이미지가 될 수 있어. 철새들의 비행 패턴이나 해변에 등껍질을 벗어 놓고 바다를 찾아가는 거북의 본능처럼 말이야.

이라 중국 현자의 비유에서도 사람의 마음과 동물의 마음의 경계가 희미해. 바로 우리가 흔히 현실이라고 부르는 '의식' 세계에서만 사물과 사람의 차이가 확고해 보이는 거야. 도道는 길이요 의미이자 일치이고, 신비한 암컷이야. 장자는 이렇게 설명하고 있어. "꿈을 꾸는 동안, 산만하지 않은 영혼은 그 일치에 흡수된다. 깨어 있는 동안 산만한 영혼은 다양한 존재를 구분한다."

아르카 프로이트의 꿈이 어떻게 장자의 꿈과 그렇게 다를 수 있는지 놀라워. 오스트리아의 정신분석가에게 정신적 잔여물의 표현, 억압된 욕망과 두려움의 표현인 것이 중국의 철학자에게는 변화, 일치, 미분화未分化의 표현이야.

이라 그것이 도道야. 또 한 명의 위대한 도교 현자인 노자가 묵상한 바 있는 가공하지 않은 거친 통나무.

아르카 맞아. 도道에는 자연, 어린아이의 무결성, 야망의 결
핍, 한마디로 무위에 대한 칭송이 있으니까.

이라 문제는 잠에서 깨어날 때, 즉 불안과 무지를 낳을 수 있
는 이기심과 구별 짓기의 상태에 들어갈 때 시작돼. 장자는
이러한 구별이 "삶의 활동, 관계 및 갈등으로 인해" 발생한
다고 설명해. "바로 거기에서 학설과 오류가 비롯한다. 과
녁에 명중하겠다는 생각, 관행을 받아들이겠다는 생각에
서 선과 악, 존재와 비존재의 판단, 옳고 그름의 관념이 생
겨난다."

아르카 장자는 이원론에 의문을 제기하고 있어. 시인 루미와
카비르[11]도 나름의 방식으로 그런 의문을 제기했지.

이라 맞아. 중국 현자에게 이중성은 하루의 시간을 빛과 그
림자로 나누는 잘못된 인식에서 생겨나. 우리 인간은 판단,
관습, 이중성을 고수하지. 모든 것을 포괄하는 전체성을 제
쳐 두고 현상에 집착하는 것이 더 편하잖아. 장자는 "서로
상이한 실제적 존재는 없다"고 말했어. 그러한 단언이 오
늘날의 개인숭배 사회에서 의미하는 바가 무엇인지 생각
해 봐. 도교 신자와 초월주의자의 시적 관점에서 중국과 미
국의 이원적 패권 경쟁은 어떻게 보일까?

아르카 수피교도 루미의 시에 이런 장면이 있어. 한 친구가
한밤중에 문을 두드리는데, 그가 자신을 이방인, 즉 또 다
른 자아로 소개하기를 멈추고 "나는 너다"라고 대답할 때
만 문이 열려. 문을 두드리는 사람도 문을 여는 사람도, 여

---

11 Kabir(1440-1518). 인도의 철학자이자 성자, 시인.

행하는 사람도 집에 머물러 있는 사람도 그 자신이기 때문이지.

이라 내가 누구인지에 대한 질문에 장자는 이미 답을 하고 있는 셈이야. 단정적으로 답했다면 또다시 이중성으로 귀결되었겠지. 하지만 우리가 언어적 존재로서 그런 태도를 취하는 게 얼마나 힘든지 잘 생각해 봐. 그래서인지 도와 선의 스승들은 대체로 말을 아껴. 존재와 비존재, 인간과 나비, 꿈과 깨어 있는 상태 사이의 공간에서 일치, 의미 그리고 신비가 표현된다고 할 수 있겠지. 나머지는 침묵이야.

아르카 루미에게 문은 자아와 타자의 경계를 뜻하는 이미지야. 문을 두드리는 일은 꿈에서처럼 밤에 일어나지. 데르비시 시인에게 신과의 관계는 둘의 관계야. 하지만 많은 수도승과 신실한 기독교인들에게 고통을 안겨 주는 그런 이원성의 관계는 아니야. 그들은 자기들이 부족한 탓에 주님으로부터 분리되어 있다는 생각에 스스로를 채찍질하기도 하지. 루미는 신과의 관계를 연인 관계나 친구 관계로 표현하고 있어. 인간의 사랑을 기리는 것은 장자처럼 인간과 나비, 꿈과 현실의 이원성에 의문을 제기함으로써 신을 기리는 거지. 루미는 『루바이야트』에서 이렇게 노래해. "우리는 여자 친구에게 포도주 마시는 법을 가르쳤네. / 우리에게는 사랑 자체를 태우는 사랑의 불이 있네. / 창세 전부터 시간은 우리가 낮으로 바꿔 버린 / 그 모든 밤들 동안 우리가 잠자는 것을 보지 못했네."

이라 장자의 이미지는 더 섬세해. 사랑의 이미지는 거대 유일신 종교의 신비주의자들에게 훨씬 더 자주 나타나지. 추상적인 것에 대한 비판으로서의 구체적인 이미지.

아르카 날 뿐만 아니라 꿈을 꾸기도 하는 나비는 참으로 미묘한 이미지야. 나비의 가벼움과 섬세함은 미묘함을 그려 낼 수 있는 아름다운 표의문자일 거야.

이라 그런 의미에서 영혼을 변화하는 본질에 빗댈 수 있는 이미지지. 나비의 번데기는 무덤, 옷을 입고 누워 있는 망자, 심지어는 친초로나 이집트의 반듯하게 차려입은 미라의 전도된 이미지야. 야헤[12] 복용자들이 알고 있듯이, 우리는 이미 번데기를 벗고 날아올라 삶의 색과 상징으로 그림을 그리고 있어. 나비는 파괴되지 않고 변화하는 에너지의 과학적 원리를 예찬하고 새롭게 갱신하지.

아르카 그런데 왜 나비가 자기의 운명을 기뻐하며 훨훨 날아다닌다고 생각해?

이라 영혼의 덩굴풀, 생명의 포도주를 마셨으니까. 수피의 신비주의 시에 등장하는 여인처럼 말이야.

아르카 루미는 "사랑 자체를 태우는 사랑의 불"이라고 단언하고 있어. 아마도 그 불타는 강렬함 때문에 나비의 삶은 짧은 시간 동안 그토록 아름답게 타오르는 것이겠지.

이라 우리가 지닌 사랑과 생명력의 그러한 집중이 나비는 물론이고 책을 던져 버린 채 연회에서 시작된 시적·철학적 목소리를 훨훨 날게 하고 기쁘게 만들지.

아르카 "창세 전부터 시간은 (…) 우리가 잠자는 것을 보지 못했네"라는 구절이 내 마음을 사로잡아. 깨어 있는 것은

---

12 남미 아마존의 선주민 사이에서 그들의 신화적 세계를 재현시켜 세계관의 통일을 증강시키기 위해서 널리 이용되고 있는 환각제.

꿈과 깨어 있는 상태 사이의 흐름과 연속성을 고려하면 수면의 또 다른 형태야. 깨어 있는 의식 상태에는 일치, 자연성, 생명의 연속성이 있어. 삶의 굴곡에도 불구하고, 이 깨어 있는 의식 상태에는 성취가 있고 평화가 있지. 그렇다면 하루하루의 충만하고 단순한 본성으로 충분해. 또 우리는 차분하게 대화하고 침묵할 수 있어.

이라 연속적이고 파편적인 시간은 현상의 다양성의 표현이자 장자가 지적한 이원성의 표현이라고 생각해. 하지만 꿈에 이상이 존재하고, 깨어 있는 상태에 추락이 존재하는 건 아니야. 문제는 우리가 '영원히' 결혼한 시간의 파편화에 의해 만들어지고 강요된 정신·생물학적 불연속성discontinuidad psico-biológico이야.

아르카 루미의 글에도 영원의 약속 같은 것은 없어. 영속적인 깨어 있음, 낮이 된 밤, 연속적인 시간의 소모적 흐름에 대한 부정으로서의 '영원'의 이미지를 만들어 내는 것은 바로 경이로운 사랑의 강렬함이야.

이라 지금 우리가 이야기하고 있는 건 죽음을 정복하고 불멸에 이르기 위해 계속 깨어 있고자 했던 메소포타미아의 영웅 길가메시의 투쟁 같은 게 아니야.

아르카 『루바이야트』는 서사시가 아니라 사랑을 노래한 시야. 수피교도 연인은 수메르, 아카디아, 바빌로니아에서 구전되던 이야기 속의 혈기 왕성하고 과도하게 남성적인 영웅들과 닮지 않았어. 그 영웅들의 탐색은 도시 문명과 그 야망뿐만 아니라 전능한 영웅적 자아, 즉 전사 왕의 육체적 초월에 대한 열망에 너무 집중되어 있었지.

이라 그런 면에서 장자가 극도로 남성적인 전사의 이미지와 상반되는 이미지인 연약한 나비에 자신을 비유하고, 탈인간적 행위 속에서 자신이 오히려 인간이 된 것을 꿈꾸는 나비는 아닐까 하는 정해진 답이 없는 질문을 던진다는 데 주목할 필요가 있어. 거기에서 우리는 신비로운 암컷을 발견할 수 있어.

아르카 의식을 다루는 몇몇 학문이 이미 명명한 바 있고, 계속 깨어 있으려고 애쓰는 엄밀한 자아의 정체성보다 더 심층적인 상태, 즉 꿈과 깨어 있는 상태의 연속성으로부터 도가를 비롯한 여러 사상 유파는 유유자적을 권하는 은근한 몸짓과 함께 우리에게 지혜를 전하지. 시적인 도道 철학은 거친 통나무 또는 자연으로부터 우리에게 지혜를 전달해.

이라 "낮이 된 밤"은 깨어 있는 상태와 잠든 상태의 이원성까지도 초월하는 항구적인 일치의 이미지야. 수피교도에게 천체의 빛, 특히 태양 빛은 모든 피조물이 자신의 궤도와 주위를 돌게 하는 신성한 사랑의 힘과 자비의 표현이라는 것을 잊어서는 안 돼.

아르카 다른 문화권에는 다른 뉘앙스의 사랑이 있어. 치치메카족 출신의 아코미스틀리 네사왈코요틀의 시에서처럼 말이야. "나는 사백 개의 목소리를 가진 새, 흉내지빠귀의 노래를 사랑하네. 옥의 노래, 기력을 빼앗는 꽃향기를 사랑하네. 하지만 나는 내 형제 인간을 더 사랑하네."

이라 대화의 줄기를 따라오다 보니 여기에서 또 다른 결을 만났네. 장자와 달리 시인이 인간 편을 들었다고 생각할 수도 있겠지.

아르카 하지만 나는 그렇지 않다고 생각해. 네사왈코요틀은 인간에 대한 사랑을 강조하기 위해 새, 돌, 꽃의 표현적인 아름다움을 찬양하고 있으니까. 그의 시구에는 우리를 이어주는 아름다움에 대한 예찬도 있어. 그렇지 않아? 타자, 즉 인간을 바라보는 다른 인간은 형제처럼 취급되고 있지. 이 인류애를 통해 개인주의자들이 금과옥조로 삼는 자아 숭배가 무너지게 되지. 개인주의자들은 자아를 가벼움으로 확장하기보다는 분리하고 촘촘하게 밀도를 높이잖아.

이라 길가메시 자신은 먼저 야만적인 형제 엔키두를 무너뜨렸어. 무서운 적수로 여겼던 거지. 그런데 싸움 끝에 둘은 친구가 됐어. 길가메시는 전사 왕이었고 승리를 원했지.

아르카 네사왈코요틀도 왕이었어. 그는 동맹군 전사인 쿠아콰우친을 전장에 보냈다고 해. 그가 살해당해 그의 부인을 차지할 수 있도록 말이야. 이 기록의 진위 여부는 불확실하지만, 치치메카족 시인은 자신의 노래에서 인간 조건에 대한 자기 연민의 감정을 표현하고 있어. 더욱이 그는 아스테카의 인신공희에 반대해서 유명해졌지. 네사왈코요틀은 삶의 아름다움과 덧없음에 대한 관조적 이미지를 통해 집단 무의식에 지대한 흔적을 남겼어.

이라 수로, 저수지, 사원, 식물원 따위의 공사에 창조적인 영감을 제공했을 뿐더러 산림 보존 사업을 추진한 것도 그의 업적이라는 얘기를 어디선가 읽었어.

아르카 그 왕이 지은 것으로 알려진 노래는 죽음을 슬퍼하는 목소리의 표현인데, 죽음의 박탈감과 절박함 앞에서 호소와 질문을 담은 노래로 응답하고 있어. "기뻐하라, 즐거워하라 / 권태를 피하라, 슬퍼하지 마라… / 우리 이 땅에 다시 / 들르게 될까? / 짧은 찰나의 순간 / 신의 꽃과 노래를 / 빌려주러 오리라."

이라 나와족은 불교도나 힌두교도와 달리 윤회를 믿지 않는 것 같아. 선주민 시인이 탈육신desencarnación에 관심을 갖는 반면, 인도인의 관심사는 윤회야. 그런데 이 윤회는 유전하는 영혼을 부정하는 불교의 환생과는 달라.

아르카 힌두교도나 불교도와 유사하게, 네사왈코요틀의 시에는 찰나적인 현실에 대한 질문이 있어. 그는 자신이 헛되이 태어났다고 말하기에 이르지. 노래의 집단적인 의례적 시간과 더불어 현세의 즐거움에 대한 장광설은 그가 눈앞에 다가온 죽음에 맞서도록 도와줘. 그는 다음과 같이 표현되고 있는 가까이 함께 계시는 주님Dueño del Cerca y el Junto의 직관적인 존재에서 위안을 얻지. "당신의 마음, 당신의 말씀 / 순수한 옥 / 넓은 깃털 / 오 우리 아버지!" 인간의 덧없음에 대한 탄식을 들어주시는 신. "오직 찰나의 순간 / 당신과 함께 당신 곁에 있습니다!" 생명을 주시는 분Dador de Vida을 말하는 거야. 그의 주장에 따르면, 생명이 멈추는 순간 주는 관계는 지워지거나 탈육신된다고 해. 하지만 존속의 또 다른 형태로 꽃/노래가 남아. 그다지 비관적인 시각은 아니고 오히려 삶을 고양시키는 태도가 담겨 있지. 그가 이렇게 열변을 토할 때처럼. "비록 짧은 삶이지만 삶을 살기를!"

이라 네사왈코요틀의 시에는 이 땅으로의 귀환에 대한 끝없는 의심이 있어. 반면에 대다수의 힌두교도와 불교도에게는 귀환이 목전에 와 있지. 그러한 긴장을 극복하려면 인도의 고행자 라마나 마하르쉬의 말을 기억하는 게 좋겠어. "탄생과 환생은 실제로는 탄생도 환생도 존재하지 않는다는 것을 성찰하고 발견하도록 하는 것 외에 다른 목적이 없습니다. 탄생과 환생은 참된 나와 아무 관련이 없는 신체 현상입니다. 참된 나를 알면 마음에 의심이 일지 않을 것입니다."

아르카 텍스코코의 시인이자 철학자인 네사왈코요틀은 의심에 휩싸였어. 그의 가장 진실된 노래 중 하나에서 그는 진심을 담아 이렇게 고백하기에 이르지. "내 마음이 더는 번민하지 않기를. / 이제 더는 고민하지 말 것. / 진실로 나는 현세에 있는 / 나 자신을 긍휼히 여기지 않네."

이라 고대 힌두교의 일원론과 관련해 타밀어로 쓰인 아드바이타 베단타 학파의 주해가 생각나네. '나'가 아닌 '너'에 방점이 찍혀 있지. 꿈에 대해 익명의 스승은 이렇게 충고해. "너의 정신적 이미지들의 관객, 그 '너'는 누구인지를 단순히 발견하라. 올라갔다가 다시 추락하는 그 이미지들과 너 자신을 동일시하여 혼동하지 마라. 깨어나라! 잠을 깨는 바로 그 순간, 깨어나는 것이 이 꿈보다 더 가치 있음을 알게 되리라. 일어서라! 네가 깨어 있는 것을 보고 기뻐하기 위해 '우주적 자아'가 기다리고 있다." '너'는 깨끗이 닦아야 할 거울이라고 할 수 있지. 알아챘겠지만, '너'는 관객이야.

아르카 무지로 인해 미몽을 헤매며 왜소한 존재가 된 인간을 한 발로 밟고 춤을 추는 시바 나타라자상像이 생각나는군.

이라 그 왜소한 존재는 꿈과 삶의 정신적 이미지와 자신을 동일시하는 무지를 뜻하지. 장자는 자신을 나비로 느끼지만 자신을 나비와 동일시하지는 않아. 그는 오히려 거기서 한 걸음 더 나아가지. 장자는 의식화된 무의식의 인간 중심주의에 의문을 제기해. 우리에게 고정된 가르침이 아니라 영혼을 위한 개방을 제공하지. 열린 창. 소실점 또는 자유는 오직 나비로만 표현돼. 단지 하나의 점일 뿐이지⋯

아르카 다른 의미에서, 그러나 어느 정도 유사하게, 많은 힌두교도들은 나에게 지복至福이나 아난다[13]뿐만 아니라 해방mokshao을 갈망한다고 이야기했어. 반면에 도교의 나비 이미지는 네사왈코요틀과 수많은 인간 존재 모두에게 너무나 고통스러운 실존적 무게로부터 우리를 해방시켜 줘. 힌두교도는 해방을 위한 수행을 짊어지고 꿈의 위험성에 대해 경고하지. 도교 역시 현상에 대해 성찰하지만, 시바나 라마나 마하르시 식의 고행과 달리 도교 신자들의 지침은 보다 실천 가능한 방식으로 구현돼. 아무것도 하지 않는 거지. 사실 시바교의 고행이나 도교의 무위를 온전히 실천할 수 있는 사람은 거의 없어. 둘 다 각각의 고유한 오르막이 있는 방향 또는 길이야. 정상 등반 루트가 시야에 들어오는 에베레스트산과는 다르지.

이라 장자의 텍스트에 이미 해방이 있다는 것에 동의해. 적어도 인간 자아의 해방. 타밀어로 쓰인 베단타는 우리에게 분명하게 충고하고 있지. 하지만 체계적인 인도 요가에서처럼 한 걸음 한 걸음 단계별로 수행해야 하는 일련의 절차가 있어. 아드바이타는 이렇게 경고하고 조언해. "꿈에서 당신의 정신적 이미지는 실제 형태를 취하는 것처럼 보입니다. 깨어나면 꿈은 꿈일 뿐이라는 것을 알게 됩니다. 꿈을 그렇게 알고 계십시오. 그렇게 함으로써 '나는 브라만이다'(우주적 자아)의 경지에 도달해야 합니다."

---

13 석가모니의 사촌 동생이자 10대 제자 중의 한 사람.

아르카 그건 일종의 훈육이야. 신 또는 우주적 자아와 동일시되는 그러한 상대는 단계적으로 실현되어야 할 테니까. 꿈과 자신을 동일시하지 않고 꿈을 관객으로 보는 것은, 타밀어 스승에 따르면, 아트만=브라만 상태에 도달하는 데 도움이 되는 절차지.

이라 사유와 행동의 증인이 되는 것은 쉬운 일이 아니야. 따라서 스승의 지도 및 명상 수행과 함께 수련은 영적 수행자에게 가장 중요한 과정 중 하나지. 우리는 정신분석가를 찾아가라고 배웠어.

아르카 현대의 요가 수행자들에게는 요가 매트가 필요하고, 대부분은 자신이 어떤 종교에도 속해 있지 않다고 생각해… 그러니까 집단적·교리적 의미의 종교 말이야. 하지만 그런 의미의 종교를 요가 그룹과 학원에서 흔히 볼 수 있어. 인도보다 미국에 요가 수행자가 더 많다고 해. 또 아시아에서는 커피를 더 많이 마시고 여기서는 차를 더 많이 마시지.

이라 요가의 탈종교화에 관해서는 잘 모르겠어. 인도에서 자신은 종교인이 아니라고 말하지만 의심할 여지 없이 종교적인 믿음 체계를 공유하는 요가 수행자들을 보았어. 요가 수행이 헬스클럽이나 전문 센터에서 이루어지는 서반구의 대도시에서조차 많은 경우 신이나 경전과는 전혀 무관한 신념, 아니 수행 체계를 중심으로 커뮤니티를 만드는 경향을 쉽게 찾아볼 수 있지. 하지만 동시에 매뉴얼의 도움으로 몸에 대한 숭배가 전개되는 방식은 주목할 만해. 때로는 몸을 사원처럼 숭배하기도 하지. 또 어떤 경우에는 요가 수행이 결국 체조와 에어로빅으로 변질되면서 극도로 젊고 유연하고 건강한 현대적인 몸을 예찬한다는 것을 알 수 있어.

아르카 네가 말하는 현대적인 몸은 종종 들들 볶이는 몸, 요가, 필라테스, 스포츠, 에너지 음료, 심지어는 각성제까지 가능한 모든 수단을 통해 빠르게 활력을 되찾으려는, 극심하게 스트레스 받고 안절부절못하는 지친 몸이야.

이라 오늘날 몸이 신성함을 완전히 상실한 것은 아니야. 몸의 신성화는 물질성 자체에 초점이 맞춰져 있어. 그 고유의 기능성 말이야. 성형수술을 통해 세월의 흐름에 저항하면서 남녀의 성차를 인정하지 않는 몸을 강요하는 경향이 있지.

아르카 우리는 칭송받는 개성과 영원한 젊음에 대한 욕망을 통해 스스로를 뽐내고자 하는 몸에 대해 이야기하고 있어. 종교적 믿음이나 수행이 아니라 운동과 경쟁을 통해 행해지는 몸에 대한 숭배 말이야. 남의 눈에 노출될 때 단단해지고 유연해지려고 하는 몸.

이라 우리는 선망하는 몸매를 돋보이게 하는 꽉 끼는 옷이나 광고나 포르노물에 노출된 알몸뿐만 아니라, 무엇보다 헬스클럽이나 바디팩토리의 현대식 쇼윈도에 셀프 트레이닝하는 모습으로 드러나는 몸에 대해 이야기하고 있어.

아르카 그들은 기부의 대가로 기적의 치료를 약속하는 종파의 추종자들보다 더 독실하지.

이라 헬스클럽은 사원이 아니라 공장이야. 몸이 이른바 최적의 기동성에 도달하도록 기름칠하고 전기를 연결해야 하는 기계로 가득 찬 시설을 어떻게 이해하겠어? 산업혁명과 전지전능한 자본 만능주의 없이 어떻게 이해할 수 있겠어?

아르카 광고로 사전 제작되고 기업 공장에서 조립된 몸에 원하는 몸매로 가꿔주는 피클을 제공하는 미용 수술실을 추가해야 해.

이라 그런데 누가 그 몸을 욕망할까? 누가 그 몸을 꿈꿀까?

아르카 타밀어 텍스트 『모든 것은 하나다』에서 정신적 이미지가 짐이라면, 우리가 가져야 할 체형에 대한 끊임없는 이미지 폭격이 얼마나 무거울지 생각해 봐.

이라 잘 봐봐. 그 경우 집단 무의식은 이제 신문 인쇄나 텔레비전 방송의 속도뿐만 아니라 소셜 네트워크와 인터넷 광고의 즉시성과 함께 메시지를 쏟아 내는 이미지 저장소로 대체돼.

아르카 이러한 상황에서 장자의 철학적 질문은 시대착오적으로 느껴질 거야. 정체성의 진정성, 초연결성, 그리고 무슨 수를 써서라도 젊어 보일 것을 요구하는 세상에서 나비의 가벼움, 자유, 찰나적 아름다움에 누가 신경을 쓰겠어? 장자의 시적 질문은 안일한 심령론에서 기대할 법한 그런 손쉬운 출구를 제공하지 않아. 풀린 매듭des-nudo이 아니라 매듭nudo에서 우리에게 물음을 던져. 우리가 직립해서 땅과 다른 것들 위에 군림하고자 하는 유인원 받침대의 발판은 어디에 있을까? 인간homo은 알고 있는 걸까, 아니면 안다고 생각하기 때문에 실제로는 모르는 걸까? 우리가 별의 인간이 될 수 있을까? 아니면 땅에 버려진 낙서에 불과한 걸까?

이라 "지혜로우면서도 그것을 알지 못하는 것은 지고의 완벽함이고, 지혜롭지 못하면서도 스스로 지혜롭다고 여기는 것은 악이다." 노자.

아르카 건강에 대한 추구로 가장한 몸에 대한 숭배는 다른 것들과 마찬가지로 악이야. 자신과 타인들에 대한 피상적인 무지, 그리고 나비의 몸처럼 덧없고 일시적인 몸의 소유와 영속성에 대한 환상을 동반하기 때문이지. 게다가 나비와 번데기를 혼동하고 나비는 날지조차 못해. 나비는 자신이 사람인 꿈을 꿔. 아니면 번데기인 꿈을 꾸는 걸까?

이라 몸에 대한 꿈은 악몽이 될 수 있어. 우리는 스스로 묻지. 사는 동안 우리는 날아가는 나비처럼 기쁘고 행복할까? 우리는 정말 자유로운가? 우리는 우리 자신의 껍질을 먹고 있어. 우리는 날개 대신 번데기의 텅 빈 무색 잔해를 가지고 있는 걸까?

아르카 현실과 자유는 스트레스가 많은 오늘날의 급변하는 삶에서 매우 비틀리고 마모되었어. 우리는 자유를 쾌락주의와, 도피를 쾌락과 혼동하지. 특정한 번데기-몸의 숭배에서 우리는 반쯤 펼쳐진 날개의 가상적인 물질성에 집착해. 계속해서 유행과 덧없음의 신들에게 공연히 현혹되는 거지.

이라 우리 잠시 '자유'라는 단어를 놓아주자. 나비의 비행이 되길.

아르카 아니면 현자의 꿈. 너무나 평온하고, 너무나 깨어 있고, 너무나 깊고, 너무나 실제적인.

제주, 하하[1]

이라 성산 일출봉 분화구가 온통 풀로 뒤덮여 있는 것 보았어?

아르카 생명은 유황도 아랑곳하지 않고 싹을 틔우는 법이지.

이라 몸에 털 대신 풀이 잔뜩 난 사티로스를 상상해 봐.

아르카 그 반인반수는 끝없는 평원을 내달리겠지.

이라 길이 다하는 곳에서 과일나무 숲을 끼고 돌면 불현듯 샘과 여인이 나타나고.

아르카 사티로스는 내성적인 반인반수야. 성격은 격정적이지만, 대담한 편이 아니어서 몇몇 그리스 물병들에 묘사된 그림들처럼 그가 여인들을 훔쳐보고 있는 모습은 쉽게 상상이 가지 않아.

이라 맞아. 여인을 그저 바라만 보지. 그것도 여인은 알아채지도 못하게 아주 먼 곳에서…

아르카 콜롬비아와 베네수엘라에 걸쳐 있는 대평원 야노 llano의 어느 노랫말에서처럼 "결코 깨닫지 못해."

이라 맞아. 사티로스는 멀찌감치 떨어져서 바라봐. 특히 멀리서 체취를 풍기지. 마치 임신한 여인처럼.

---

1 '제주'의 영어 표기인 'Jeju'를 스페인어로 발음하면 '헤후'라서 웃음소리의 스페인어 의성어인 '하하jaja'와 결합시켜 언어유희를 하고 있다.

아르카 사랑이 이런 식으로 오면, 깨닫지 못하는 법이지.

이라 후각이 제일 먼저 사랑에 빠지기 때문이야. 시각은 적어도 이런 곳, 즉 상상의 세계에나 존재할 듯한 이런 평원 한가운데에서는 보통 후각보다 못해.

아르카 그러나 여인이 마침내 사티로스를 보게 돼. 그녀가 시선을 주는 이유는 멀찌감치 있는 사티로스의 존재 때문이야. 하지만 시선을 받기 때문에 시선을 주는 것뿐이야. 아니면, 그저 가만히 있을 텐데. 마치 자기 직관에 따라 물결치는 영롱한 샘처럼.

이라 여인의 자장에 휩쓸린 사티로스는 이제 후각을 물리치고 시각에 우선권을 주게 돼. 사랑에 빠진 게야. 그리고 이제 촉각을 간절히 바라지.

아르카 하지만 이라, 이 흐름의 변화, 이 급작스러운 복종, 전혀 모르는 사람이었던 누군가에 대한 그런 숭배를 어떻게 설명할 수 있을지…

이라 태초의 인간의 보금자리인 분화구 평원은 꽃이 피면서 젊음을 되찾고, 생명이 가득한 하늘을 향해 들쭉날쭉 치솟은 주변 절벽 덕분에 오묘한 느낌을 한껏 주지. 세계는 이제 근사한 욕망의 장소로 변해.

아르카 하늘에는 온갖 새가 있고 땅에는 온갖 나무가 있건만, 그 여인과 함께가 아니라면 축출된 존재가 된 것 같은 기분을 느끼게 하는 장소야.

이라 아르카, 너는 그녀가 지고지순한 여인이고, 물의 옷만 입고 있다고 상상하는 거야?

아르카 상상은 내가 아니라 정념에 지배된 사티로스가 하지.

이라 그녀가 보여?

아르카 너는 보여?

이라 글쎄… 그 여인은 이미 몇 년 전, 최초의 여인에서 최후의 여인으로 변했는걸…

아르카 그 여인이 너를 환영으로 만들어 버리기라도 했다는 듯이 말하네. 아니면 그녀가 스스로 소용돌이 깊숙이 잠기기라도 한 것처럼. 물결 이는 샘의 가장자리 바위에서 하늘옷을 입고 햇볕을 즐기곤 했지만, 다시는 누구의 눈에도 띄지 않기로 작정한 여인인 양.

이라 얼마 전 영화를 하나 봤어. 남녀 한 쌍의 여행자가 어느 날 아침 일어났더니 이 세상에 둘만 남은 거야. 슈퍼마켓에 갔는데 아무도 없어. 도시의 거리도 텅텅 비고. 텔레비전 방송도 끊기도, 누구도 SNS에 접속되어 있지 않았어.

아르카 그 두 남녀는 어디에 있는데?

이라 아무도 없는 호텔에. 한 번 생각해 봐. 처음에야 반쯤 흥분되는 상황이지만, 나중에는 받아들이기 힘들지. 특히 여자는 더 그래서, 아침에 일어날 때마다 힘들어해.

아르카 허구 같은 그 현실을 받아들이고 싶지 않은 게지.

이라 옳거니. 여자에게는 잠을 잘 때가 유일하게 정상적인 상태로 돌아가는 거야. 잠에서 깨어나면 모든 것이 다 기묘하기 짝이 없고. 천지가 뒤바뀌기라도 한 듯이 Upside down. 그러면서 애인과의 관계가 틀어지기 시작해. 두 사람 모두 극도로 예민해져. 풍경 Land-scape 으로 탈출을 시도하지만 별 소용없어.

아르카 그 고독 속에서 무엇을 하는데? 둘 다 그곳 사람도 아닌데.

이라 기다릴 뿐이지. 차를 한 대 훔치기는 해. 사실 훔친다는 건 정확한 표현이 아니지. 차 주인이 없으니까. 주인이 없는데 도둑질이라는 말조차 존재할 리 없어. 차를 타고 가다가 또 다른 차를 취해. 한 사람에 한 대씩이 되지.

아르카 사람 없는 세상에 차가 두 대…

이라 식량을 잔뜩 싣기 위해서야. 사람들을 찾으러, 또 섬을 탐색하고자 길을 떠나거든. 오만 생각에 지겨워져서 어느 날 차를 몰고 평원을 달려. 그러다가 대피소가 있는 나지막한 바위투성이 산과 맞닥뜨려. 여자가 먼저 차에서 내려. 이윽고 두 사람은 도보로 주변을 탐색해. 그러다가 풀 위에 드러눕고. 여자는 휴대폰으로 두 사람 셀피를 찍어. 곧이어 여자가 일어나 꽃이 핀 풀밭을 맨발로 걷고, 남자는 그런 그녀의 사진을 계속 찍어. 여자는 옷을 벗기 시작해. 맑은 샘물을 바라보더니 주저하지 않고 들어가. 남자 역시 옷을 벗고 따라 들어가 그녀와 사랑을 나눠.

아르카 그 세상은 우리가 상상했던 태초의 세상이 아니지. 온갖 생명이 존재했던 세상의 종말, 초자연적인 정령만 남은 세상이지.

이라 바로 그거야! 태초가 아니라 종말이야. 여자는 인간 없는 세상에 있는 것을 견딜 수 없어 하거든. 그래서 영화 마지막에서 차를 몰고 그 샘으로 혼자 되돌아가 빠져 죽어. 남자가 뒤따라가지만, 이미 손을 쓸 수 없게 된 터였지. 그래서 자신도 빠져 죽으려 하지만, 뜻을 이루지 못해. 그리하여 절망에 빠진, 이 세상 최후의 인간이 되는 거야. 적어도 그 섬에서는 말이야.

아르카 공포영화로 끝나는 드라마군. 너무나 절망적인 결말 같아. 에로스 영화에서 타나토스 영화로 돌변하다니.[2] 그

반대가 되어야 하는데.

이라 정말로 비극적인 것은 남자와 여자가 서로의 존재만으로는 충분치 않았다는 점이야. 두 사람은 이 땅에 자손을 다시 퍼뜨리는 데 실패하지. 텅 빈 세계의 공허함이 너무나 커서, 여자는 죽음을 선택해. 그 세상에서 하나의 종種으로 다시 시작하지 않고… 너무나 포스트모던적인 비인간화야. 모든 것이 상대적이고 설명 불가능해. 그리고 생명을 다시 만들어 낼 가능성도 없는 듯해.

아르카 하나의 모티브지. 태초의 샘이 하혈하는 모티브. 불모의 세계는 지속될 수 없어. 그 주기의 종말은 인간의 종말이야. 심연으로 이어지는 냉정한 우주의 시간.

이라 역사의 종말이야. 다른 여자가 나타나지 않는다면 말이야. 그 유예된 상태가 관객의 뇌리에 남게 돼. 어쨌든 우울증과 자기파괴가 사랑과 재생보다 더 지배적인 세상을 다룬 영화야. 에로티시즘의 종말이기도 하고.

아르카 에로티시즘에는 내면이 필요해. 인간 없는 세상의 고독이 그 여자를 너무 큰 혼란에 빠뜨리는 바람에 그녀의 내면, 애인의 내면, 그리고 궁극적으로는 그녀 자신을 지워버리는 것 같아. 개인의 종말이야.

이라 내가 이야기했던가? 만리장성 셀피 속 여성들에 대한 연구를 한 적 있다고? 여성은 혼자 셀피를 찍을 때도 혼자인 것처럼 행동하지 않는다는 것을 깨달았어. 셀피를 찍을

---

2 프로이트는 에로스를 자기보존 본능과 성적 본능을 합한 사랑의 본능으로, 타나토스를 공격성과 파괴적인 본능을 내포한 죽음의 본능으로 정의했다.

때는 포즈도 잘 취하고 사람들 앞에 모습을 드러내는 존재가 돼. 게다가 여성들은 자기 모습을 보면서 감탄하지. 그러니 다른 사람들도 그 여자들을 보며 감탄하지 않을 이유가 있을까?

아르카 그런 이야기 한 적 없어, 이라…

이라 그렇군. 좀 더 이야기해 주지. 여성이 자기만족에 겨워 셀피를 찍을 때 사진사는 사라지지만 예찬자는 남아. 그러니까 시선만 남는 거지. 여자는 자신을 예찬하기 위해 굳이 다른 사람을 필요로 하지 않아. 오히려 그 반대야. 휴대폰 화면 속 자신을 바라보고, 가장 잘 나온 사진을 골라서 자신을 보기 원하는 모든 사람에게 즉시 보내지. 자신의 사진을 공개하면서 그녀는 혼자라고 느끼지 않아. 게다가 많은 연구 대상 여성이 아주 잘 꾸며 입고 베이징 인근의 만리장성에서 사람들이 제일 많이 찾는 곳을 혼자 걸어. 결코 외진 장소를 선택하는 법이 없어. 사람들이 가장 많이 가는 곳들을 찾아 멈춰 서고, 포즈를 취하고, 셀피를 찍어. 언뜻 보면 말 그대로 혼자인 게 맞지. 하지만 사람들의 이목을 끄는 것을 알고 있어. 몇 초 뒤에 사진을 가상공간의 관람자들에게 전파해. 슈퍼마켓에서처럼 포인트를 적립하지는 않지만, SNS에서 '좋아요'를 적립해. 배경은 얼굴 표정에 비해 그다지 중요하지 않아. 그래도 만리장성이나 유명 관광지를 배경으로 하면, '좋아요'를 받을 가능성은 더 높아지지. 남자들의 경우도 마찬가지야. 이건 성별의 문제가 아니니까. 그렇지만 여자들은 남자들에 비해 더 허영심 많은 존재가 될 것을 사회적으로 요구받지.

아르카 만리장성에서 사람들이 많이 찾는 바로 그 장소를 걷고 있었는데, 신혼부부 여행자가 사진을 찍어 달라고 그러는 거야. 누군가의 사진을 찍는 것은 아름다운 일이야. 대화를 나누게 될 수도 있고, 타인들에게 관심을 표할 수도 있으니까. 인도에서 왔다더군. 인도에 가본 적이 있다 했더니, 놀라면서 내가 어느 나라에서 왔는지 알고 싶어 했어. 이런 순간에는 메일 주소를 교환하기도 하고, 나중에 사진을 보내 줄 수도 있지. 이게 접-촉con-tacto이야. 자기 존재 속에 갇혀 있지 않잖아.

이라 셀피에 집착하는 이들은 정말 단세포적이야. 자기 사진을 찍으면서 세계를 부유하잖아. 누구를 위해서냐고? '좋아요'를 누르는 그 손을 위해서지. '좋아요'는 또 다른 '좋아요'를 불러들이고. 찍은 사진들은 계속 축적되기도 하고, 휴대폰, 태블릿, 컴퓨터의 저장 공간 확보를 위해 지워지기도 해. 영화 속 여인은 SNS에서 그 누구의 응답도 받지 못하자 돌아 버릴 지경에 이르러. 혼자라고 느끼고, 차라리 죽어 버렸으면 해. 애인에게는 사랑이 식고, 두 사람이 발견한 노인, 그 두 사람 외의 유일한 생존자인 듯한 어느 노인의 죽음에 충격을 받지. 여자가 거울 같은 물에 빠져 죽지만, 아무런 일도 일어나지 않은 듯해. 아무도 없고, 그녀를 바라볼 사진기도 없으니까 말이야. 휴대폰 배터리가 다 소진되었다는 듯이. 그 여자는 다른 사람들, 적어도 가상공간 속의 사람들이라도 있어야 계속 살아갈 수 있었던 거야. 남자이든 여자이든 셀피족 홀로 세상에 남으면, 그 비극적 결말은 능히 되풀이될 거야. 셀피족이라 해서 혼자만으로 충분하지 않은 게지.

아르카 만리장성과 피라미드를 비롯한 모든 비인간적인 인류 문화유산을 건축하기 위해 강제 노동으로 죽어간 이들을 상상해 봐. 근육이 찢어지고 뱃가죽이 등에 붙은 채 얼마나 오랜 나날을 벌벌 떨면서 보냈을지. 또 그들의 유해가 거기 누워 있다고 생각해 봐. 지금 우리가 자기만족과 자유의 느낌을 받으며 그토록 쉽게 셀피를 찍을 수 있는 그 기념물들의 밑바닥에 말이야.

이라 존재하지 않을 권리와 자기 혼자만을 위해 혹은 가상공간의 타인들만을 위해 존재할 권리가 동시에 존재하는 거야. 수백만 명의 관광객이 강제 노동에 처했던 이들의 유해를 방문하는 것은 아니야. 관광객들에게 그러한 역사는 보통 과거지사일 뿐이야.

아르카 우리가 네가 가족들에게 '풀로 뒤덮인 분화구'라고 묘사한 그 분화구를 본 곳은 한국 남쪽에 있는 제주도에서였지.

이라 성산 일출봉! 위에서 보면 더 장관이야. 꼭대기에 오르면 거대한 용이 오줌을 갈기는 초지를 마주하는 듯한 느낌이야. 현지인들은 그곳의 전체적인 지형이 마법의 '성채' 같다고 하지.

아르카 나한테는 오존의 아들의 요람 같았어. 옥황상제의 요람이 아니라. 남한의 가장 높이 돌출된 가슴인 한라산과 사랑에 빠진 해룡이 연상돼. 성산 일출봉 정상이 용의 자식들과 제주도를 요람에 품고 있지 않을까 싶어. 내면에 창조적 불길을 머금고 있으면서도 평온함을 유지하는 그 용의 특성이 윤기 흐르는 풀밭으로 표출되는 느낌, 그래서 일출봉 정상을 거니는 길손을 놀라게 하는 느낌이야.

이라 이렇게 상상의 날개를 펼치면 어떨까 싶어. 제주도의 달콤한 귤들은 한라산의 딸들 중 하나의 가장 어린 친구들이라고. 그녀들은 아버지, 즉 석양의 태양을 그리워하며 자랐겠지. 너도 알다시피, 우리는 우리가 상상하는 것이 되잖아. 태양을 용으로 착각한다니 우습군. 그저 오존일 뿐인데.

아르카 차로 바다까지 가는데 와이퍼가 필요했지. 바닷가를 걷고 있을 때 우리는 절벽에서 툭 튀어나온 것 같은 거대한 바위를 보았어. 용암이 흐르는 도중에 굳어 버린 화산암이었어. 용암이 하늘을 바라보고자 솟구치다가 마지막 절정의 순간에 화석이 된 형국이야. 오존층이 하늘 더 높이 상승하려고 한다고 생각해 봐. 그러다가 사라질 것이고, 그러면 우리는 햇빛을 견디지 못할 거야.

이라 그 바위를 용의 머리라는 뜻을 지닌 용두암이라고 부르더군. 안내 석판에 새겨진 전설에 따르면, 용두암의 유래에 대해서는 두 가지 신화적인 설이 있어. 한 가지 설은 백룡이 용왕의 사자로 젊음의 묘약을 찾으러 한라산으로 왔다는 거야. 또 다른 설은 그 용이 한라산 산신의 옥구슬을 물고 승천을 시도했다고 하지. 용은 두 가지 설에서 다 산신이 쏜 화살에 맞아 추락해. 해안 가까이 떨어지면서 몸은 물에 잠기고 머리는 수면 위에 남았지. 날개 달린 그 역동적인 사자는 그렇게 바위로 변했어. 한라산과 사랑에 빠진 용의 후손이지.

아르카 화산 폭발로 하늘로 솟구치던 용암이 뜻을 이루지 못하고 바닷물에 잠기면서 열기와 분노가 잦아들고 화석이 된다… 해석이 아주 시적이군. 어떤 면으로는 용은 불멸을 얻었어. 하지만 용이 원하던 방식의 불멸은 아니야. 돌이 되어 옴짝달싹하지 못하고 길이 남게 되었으니. 창조적이

용두암. 한국 제주도.

고 활기찬 용의 속성과는 정반대로.

이라 바로 그거야! 불과 불멸을 얻으려고 하늘에 도달하려는 욕망이 가혹하게 단죄되는 양상은 놀랍게도 수많은 문화에 되풀이되고 있어. 용의 추락은 바벨탑의 붕괴만큼이나 요란스러워. 하지만 더 굴욕적이야. 자신의 머리가 저렇게 모든 이의 구경거리가 되었으니. 용은 쑥덕대는 사람들 앞에서 아무런 말도 할 수 없지. 바벨탑 이야기에서는 사람들이 서로 의사소통은 안 되지만 말은 계속할 수 있잖아.

아르카 우리 인간은 쉬지 않고 말을 하지. 내 기억이 맞다면, 옥타비오 파스[3]의 말마따나 언어는 인간이 불멸의 존재가 아니라는 증거지. 그렇다면 웃음은 무엇에 대한 증거일까?

이라 용두암 이야기가 하늘과 대지 및 물과의 분리, 그리고 일반적으로 위 세계와 아래 세계의 분리에 대한 것이라는 점이 놀라워. 용궁은 바다 깊은 곳에 있어. 용두암 신화에는 언급되고 있지 않지만, 자신이 파견한 사자의 몸이 화석이 되어 물에 잠겨 있는 것을 바라보는 용왕을 생각해 봐. 용의 모습을 보고 웃다가도, 불멸을 얻지 못해 울었을 거야. 사노라면 어찌해야 할 바를 모르는 경우도 있는 게지. 바다 밑에서 바라보면, 몸통은 물속에 잠겨 있는데 머리는 하늘을 향하는 형국이겠지. 처음에는 슬프다가도, 나중에는 웃음이 날 밖에. 용두암 신화는 분리의 이야기인 거야. 웃을 때 양 입술이 떨어지는 것과 같은 분리 말이야.

아르카 제주도의 백룡은 프로메테우스도 상기시켜. 신의 불을 훔친 티탄족 도둑 말이야. 프로메테우스가 받은 형벌은 모든 인간에게 내린 형벌이기도 해. 그리스의 신들이 경고한 것이지. 끔찍한 고통을 겪고 싶지 않다면 인간이 자신들과 동격이 되기를 바라서는 안 된다고. 용두암 용의 경우는 대지에게 보낸 메시지야. 용과 용암의 모습으로 형상화되는 대지와 물이 하늘에 오르기를 염원하면 안 된다는 메시지. 용의 승천 시도가 있자, 위 세계와 아래 세계의 관계를 통제하는 한라산 산신의 개입으로 분리가 일어난 거야. 천상의 지배자들의 소유물인 옥구슬은 심해의 존재가 훔치거나 운반할 수 있는 것이 아니야.

---

3 Octavio Paz(1914-1998). 멕시코의 시인이자 수필가, 외교관. 1981년 세르반테스상, 1990년 노벨문학상을 수상했다.

이라 그 옥구슬이 하늘로 가는 여권 같은 것이군.

아르카 무엇보다도 하늘에 바치는 봉헌물이겠지.

이라 천국에 들어가기 위한 베드로의 열쇠 같은 것.

아르카 서양 중세의 용은 공주를 구출하려는 성 호르헤[4] 같은 기사에게 죽는데, 한국 이야기 속의 용은 인간과는 무관하네. 불멸을 얻을 수 있는 하늘에 오르기를 갈망하다가 화살에 맞아 떨어졌을 뿐이야.

이라 중세의 용은 기사가 자신의 자아를 고양하고, 자신의 영혼인 공주를 발견함으로써 자기 자신을 완전체로 만들기 위해 극복해야 할 장애물이야. 나는 늘 생각했어. 성 호르헤가 뱀-용에 가혹한 이유는 자신의 시대가 능히 유혹을 떨쳐 낼 수 있고, 낙원에서 우리 인간을 속였다는 뱀을 능히 벌할 수 있다는 것을 증명하기 위한 방법이었다고. 성 호르헤는 뱀-용을 파멸시키고 억류된 여인을 해방시키는데, 이는 중세의 관념에 따르면 원죄로 인해 억류된 태초의 이브를 구원한 셈이야. 이를테면, 성 호르헤는 십자군이고, 세척제이고, 얼룩 제거제이고, 예수가 배격한 전사의 화신이야. 예수는 원수를 사랑할 것을 설파하기로 결심하였기에, 로마인의 굴레에서 해방시켜 줄 전사 메시아를 기다리던 이스라엘 민족의 집단적 염원에 부응하지 못했지.

아르카 우리가 물 위로 드러난 용머리를 바라보고 있던 바로 그 전망대에서, 수많은 젊은이들이 바위를 오르고, 달콤한

---

4 성 게오르기우스에 해당하는 스페인어 이름. 용을 퇴치했다는 전설이 전해지는 로마 군인이다. 이 전설이 중세에 널리 확산되어 영국에서는 성 조지, 스페인에서는 성 호르헤로 불리었다.

귤을 먹고, 셀피를 찍으며 즐거워하는 모습이 의미심장하게 느껴졌어.

이라 시커먼 용머리를 배경으로 한 셀피는 SNS에서는 그다지 주목받지 못할 거야.

아르카 나는 좀 다른 것에 주목했어. 한국의 젊은이들이 절을 비롯해 자기 민족의 집단 기억이 담긴 장소들을 즐기는 방식에.

이라 한국인들은 많은 것을 상실했거든. 일본의 식민 지배는 그들의 기억을 쓸어버리고자 했어. 수많은 절을 파괴하거나 모습을 바꾸었어. 용머리를 파괴하지 않은 이유는 군인들에게 상상력이 결여되었기 때문이지. 군인들의 머리는 정말 굳어 있거든. 상관이 원하는 것만 보도록 훈련받잖아. 장군들에게 군인의 이상은 졸이야. 체스에서 제일선에 배치되어 자기 의지와 상관없이 소진되는 소모품.

아르카 용은 내면의 불 때문에 스스로를 불태워. 반면 군인은 자신이 내뿜은 불, 즉 외부의 불 때문에 타버리지. 군인은 불을 뿜어내는 존재이면서 그 불에 타버리는 존재야.

이라 한국의 젊은이들이 그들의 과거에 매혹을 느끼는 이유가 전쟁의 환영幻影과 외국 열강들의 개입 때문에 다시 고조된 민족주의의 일환인지는 잘 모르겠어.

아르카 일부 젊은이들에게는 그런 태도가 보여. 하지만 지금 나는 국경을 수호하는 것과는 다른 차원의 어떤 태도를 말하는 거야.

이라 어떤 태도?

아르카 한글 안내문 석판 근처의 용두암 전망대에는 인어 조각상이 있어. 사진을 봐.

이라 아, 그렇군. 젊디젊은 두 여성이 제주 인어를 얼싸안고 있네.

아르카 인어의 편안하고 외향적인 포즈가 사진 찍기에 아주 그만이야. 사진 찍는 그 여성들을 찍은 내 사진을 보면, 그들이 바다 여인을 아주 친근하게 여기는 게 느껴져. 가족처럼 찰싹 달라붙어 있거든. 둘 중 한 여성은 인어를 가리키듯이 인어상 얼굴에 손가락 끝을 댄 채로 내 사진기를 바라보고 있어.

이라 아르카, 그들의 사진 촬영을 망쳐 놓은 것 아니야? 한 사람은 네 쪽을 바라보고 있고, 또 한 사람은 정면의 사진기를 바라보잖아. 사진 두 장이 겹쳐 있는 셈이야.

아르카 하하하, 옳거니. 그러나 그들은 어쨌든 사진을 찍었어. 재미있었어. 우리는 서로 미소를 지었지. 하지만 나는 한국어를 모르고, 그들은 스페인어를 모르니…

이라 그 제주 섬에서는 바다 여인들을 대단히 존중하지. 그들은 젊지도 않을 뿐더러 인어는 더더군다나 아니야.

아르카 맞아. 해녀는 보통 나이 지긋한 여인이거나 노인이야. 많은 해녀가 관광객들의 볼거리로 변했지만, 여전히 바다에서 해산물을 채취하고 있지.

이라 생각해 봐. 제주 해녀들은 용과는 다른 것을 찾고 있어. 그 백룡은 용궁에 있을 때 아주 따분했을 거야. 모험에 굶주린 나머지 용왕이 한라산에 자신을 파견할 때까지 기다릴 수 없었던 거지.

아르카 백룡은 용궁으로 돌아와 옥구슬 혹은 젊음의 묘약을 용왕에게 바쳤어야 했어. 하지만 그는 용왕도 산신도 기만하려 했지. 그래서 돌이 된 거야. 그토록 여린 눈을 지녔는

데 수없이 터지는 플래시에 노출된 채! 하지만 적어도 남중
국해의 룽둥龍洞과 같은 깊은 곳으로 떨어지지는 않았어.
블루홀 중에서 가장 깊은 곳 말이야.[5]

이라 맞아, 손오공이 용왕에게 마법의 무기를 얻은 곳이지.
물 깊이를 측정할 때 쓰던 쇠막대 말이야. 그러나 해녀는
한라산 정상이 아닌 바다 밑에 도달하기를 꿈꿔. 겨울 바다
에서도 해산물을 채집해. 홀笏이니 옥구슬이니 하는 것 대
신 고동을 찾지. 불멸이 아니라 생존을 추구해. 일본, 중국,
한국을 막론하고 노인들의 품격에 나는 기분 좋게 놀랐어.

아르카 해녀들에게는 일출봉 근처에 자신들만의 조각상이
있어. 그들은 일출봉의 꽃 피는 분화구처럼 높디높은 곳에
있는 요람 출신은 아니지만, 이미 제주, 나아가 한국을 대
표하는 신화적 존재야.

이라 해녀들의 요람은 바다처럼 낮은 곳에 있어. 가장 깊은
곳에 있는 요람인 셈이야.

아르카 그렇지, 바다는 만물의 요람이니까!

이라 잘 생각해 봐. 해녀는 인어와 다른 방향으로 움직여. 인
어는 육지에 올라와 매력적인 곡선의 꼬리를 뽐내며 일광
욕을 하지. 반면 나이 지긋하고 대부분의 경우 여성적 매력
을 잃은 해녀들은 잠수복의 보호 속에 입수하여 가족과 여
행자들을 먹이려고 희미하게 빛나는 해산물을 찾아.

아르카 아침에 제주시 어느 포구를 걷다가 그곳에서도 해녀

---

5 '블루홀Blue hole'을 중국어로 룽둥이라 부른다. 검푸른 바닷물로 가
   득 찬 동굴이나 움푹 팬 지형을 가리키는 용어이다. 남중국해 파라
   셀 군도에는 무려 깊이 300미터에 달하는 블루홀이 있다.

성산 일출봉을 배경으로 한 해녀 조각상. 한국 제주도.

　　조각상을 보았어. 그물망 한가득 해산물로 채우려고 잠수
　　하는 해녀의 품격과 인어의 매력을 겸비했더군.
이라　나도 본 기억이 나. 그 호화로운 호텔들 중 한 곳의 정면
　　에 있던 해녀상 아니었나?
아르카　그래, 바로 그거야.
이라　그 무렵 반쯤 망해 버린 호텔이었어. 중국 정부가 자국
　　관광객이 제주도에 가지 못하게 여행사들에게 비공식적으
　　로 압력을 넣었다고들 그러더군.
아르카　제주도 사람들은 북한 미사일 제어를 명분으로 그 무
　　렵 한국에 설치된 미국의 사드 레이더에 대한 보복으로 그
　　리했다고 생각하고 있었어. 미국인 없는 칸쿤Cancún[6]에 간

호텔 앞에 있는 해녀상. 제주시.

느낌이었어. 손님이 거의 없고 파리만 날리는 식당들의 모
습이란… 제주도는 관광객들을 겨냥해 전략적인 장소에
조각상을 설치했어. 게다가 젊고 매력적인 여인상이야. 바
다의 여신 같은 느낌을 주는. 물고기 꼬리 대신에 여성의
몸매와 바다 속에서 채취한 해산물들을 담는 그물망, 그리
고 특히 해녀들을 수면과 연결시키고 물 위에 떠 있도록 도
와주는 부표를 부각시킨 조각상이었어.

이라 품격 있는 그 얼굴이 신화 그 자체 같다고 생각했던 것
이 기억나. 이마 위 수경은 우리가 알지 못하는 해저의 경

---

6   멕시코 남부 바닷가에 위치해 있으며, 특히 미국인들 사이에 손꼽
    히는 국제적인 휴양도시.

이로움에 관한 상상력을 촉발시키는 화면이야. 중국인들은 해저에 손오공의 적들인 용들이 살고 있다고 상상했지.

아르카 나는 조각상의 얼굴에 신화mitología 이전에 심리psi-cología가 깃들어 있는 느낌을 받았어.

이라 내게는 물질하면서 용왕을 상상하는, 혹은 아마도 용왕에게 기도를 올리는 해녀가 연상돼.

아르카 나는 그 해녀 조각상의 얼굴에 개인사가 담겨 있다고 봐. 깊이를 헤아릴 수 없는 바다처럼 깊은 개인사가. 그 시선은 오래된 감성의 세계, 마치 자전적 고백의 대가인 일본 여성 소설가들의 세계 같은 것을 분출하고 있었어.

이라 그 깊이를 알 수 없는 역사가 바로 해녀 신화일 거야.

아르카 아니면 해저의 용에 대한 해녀의 상상이 사실은 그녀 심리의 신화적 발현이든지.

이라 우리 각자의 시각이 상호 보완적인 듯하군. 시쿠siku[7]의 여러 가닥 피리에서 나는 소리가 서로 어우러지듯이 말이야. 시링크스 소리 같기도 해. 판에게 쫓겨 도망치다가 물가에 이르자 갈대로 변한 요정 말이야.

아르카 기억나는군. 그날 아침 우리는 제방 옆을 걷다가 만났지.

이라 나는 네가 섬을 자전거 일주하는 이들과 함께 떠난 줄 알았어.

아르카 아니야. 그날은 걷기 좋은 날이었지. 그런데도 우리는 바다를 마주하고 있는 그곳에 앉아 평소처럼 대화를 나누

---

7 삼포냐를 가리키는 선주민어.

해녀. 제주도.

었지. 동상이 아닌 진짜 해녀들이 헤엄치는 것도 보고.

이라 음, '헤엄치다nadar'라. '아무것도nada'와 아주 비슷한 말
이네. 우리는 아무것도 하지 않고 있었어. 해녀들은 헤엄을
쳤고.

아르카 기억나네. 우리는 어떻게 그리도 쉽게 거꾸로 물속으
로 들어갈 수 있을까 하는 이야기를 나누었지. 온도와 공간
감각, 빛과 시간 감각이 순식간에 바뀌는 형국일 텐데. 아
주 작은 인간의 몸으로 거꾸로 머리를 물속에 들이미는
해녀.

이라 해녀 한 명이 우리를 쳐다보았고. 우리가 해녀들에게는

아르카와 이라

바다 생물보다 더 낯선 존재일 거라는 느낌이 들었지.

아르카 무언가 미안했어. 우리만 물에 젖지 않아서. 또 우리만 힘들이지 않고, 숨을 참지도 않고, 물결의 압박도 받지 않고 호흡할 수 있어서. 평소처럼 이 오묘한 바다 냄새를 맡으면서 말이야.

이라 수경 너머로 우리를 바라보면서 관광객이거니 했겠지. 우리는 대화의 물결에 잠겨 그곳에서 아무것도 하지 않고 있었고.

아르카 그네들은 말이 없었어. 가끔 서로 손짓 몸짓을 하며 의사소통을 했을 뿐이지. 뭔가 말을 걸어 보고 싶었어. 적어도 이름이라도 물어보고 싶었고. 하지만 언어의 장벽보다 더 극심한 장벽이 우리 사이에 가로놓여 있었어.

이라 그때 해녀들이 가가대소했지. 화산이 잠에서 깨어나는 듯했어.

아르카 맞아. 가장 나이 많은 해녀가 터뜨린 가가대소!

이라 우리야 알 길 없지. 그녀가 무엇을 보고 있었는지, 무엇을 방금 본 것인지, 무엇을 보려던 참이었는지. 아무튼 산들바람의 단조로움을 깨트리는 가가대소였어. 아랫배에서부터 올라와 목구멍에서 터지는 웃음이라 마치 용이 입으로 불길을 토하는 것 같았고.

아르카 너는 어땠는지 모르겠지만, 나는 그 해녀가 마치 아는 사람 같았어. 아는 사람을 다시 만난 느낌이었고, 가가대소 순간의 그 모습이 너무나 아름다웠어.

이라 나는 그 해녀가 다시 태어나고 있는 느낌을 받았어. 부표에 연결된 줄이 탯줄 같았고. 그녀가 수면 위로 올라왔을 때 아기 울음소리가 들리는 듯했어. 그녀에게는 세상살이

해녀의 가가대소. 제주도.

가 용감한 우매함 같았으리라는 생각이 들었어.

아르카 맞아. 우매한 농담, 이유 없는 가가대소, 여느 때와 다를 바 없는 아침 같았겠지. 줄어든 관광객 때문에 침울한 분위기에 잠긴 섬에서 우리는 잡다한 이야기를 나누다 말고 헤엄치는 해녀 할머니들을 하릴없이 바라보았지. 파도도 잔잔했고 인류 문화유산이라는 장소마다 세워진 조각상들에서 보는 것처럼 한껏 고양된 성적인 흥분도 없었어. 그런데 별안간 아무 이유 없이 가가대소가 터졌으니…

이라 그때 우리는 미친놈들처럼 웃기 시작했어. 처음에는 잔잔하게. 하지만 진짜 웃음이었고, 진정한 우애였어. 우리가 웃음에 전염되었던 거지. 그 유쾌함이 어디에서 비롯되는

지도 모른 채. 일종의 우매함이기도 한 그 유쾌함 말이야.

아르카 해녀들과 이야기를 나눌 수도 없었고, 이야기를 나눌 필요도 없었지. 우리는 그녀들을 따라 웃었을 뿐이야. 왜 웃었냐고? 아무 이유도 없이.

이라 기억할지 모르겠는데, 우리는 호텔로 걸어 돌아오는 도중에는 대화를 나누지 않았어. 꼬리를 흔들며 명랑하게 걷는 두에르메아우토피스타스를 그리워했지. 우리는 어찌 보면 계속 미소를 짓고 있었던 셈이야. 무엇 때문에? 아무 이유도 없이. 우리말로는 '고마워'라고 말하면, '아무것도 아니에요de nada'라고 대답하잖아.

아르카 그날 아침은 이미 완전히 불완전했어. 미소의 힘이 모든 언어를 불필요하게 했어.

이라 하지만 침묵은 우리가 어느 재건된 절 앞에 섰을 때 깨졌어. 호텔로 이어지는 길에 접어들었을 때 호텔 앞에 또 다른 여인상이 있다는 사실을 불현듯 깨달았어.

아르카 맞아. 이전에 호텔을 드나들 때처럼 아무 말 안 하고 그냥 지나칠 수가 없었지.

이라 거울을 바라보는 여인상이지.

아르카 사실 거울은 없고 빈 틀만 있어. 틀 양쪽에 대칭되는 조각상이 두 개 있고. 거울 없는 거울 조각상인 셈이야. 하지만 제일 놀라운 점은 여성의 표정이야.

이라 지금 대화를 나누다 보니, 어쩌면 가장 놀라운 점은 그 굳어 버린 표정의 두 얼굴이 가가대소를 터트렸을 때의 할머니 해녀의 형용할 수 없는 유연한 표정과 완전히 대조된다는 사실일 거야.

아르카 그 조각상의 여인은 아직 젊은 모습인데도 다소 괴로

거울의 조각상. 제주시.

운 표정을 짓고 있어. 거울을 보면서 자신이 늙거나 못났다
고 생각하는지. 그렇지 않은데.

이라 혹은 가가대소에도 세월은 속절없이 흐르는 게지. 중년
의 위기라고들 부르지, 안 그래?

아르카 그래, 기억해. 네가 '저런 표정을 중년의 위기라고 부
르지 않아?'라고 이야기했었지.

이라 내 기억에 너는 '중년이라니, 우리가 얼마를 살지도 모
르는데…'라고 말했지. 그 대답이 마음에 들었어. 지금은
더 마음에 들고. 네가 해녀 할머니의 가가대소를 통해 모든
위기는 웃을 줄 몰라서 시작된다는 것을 깨달은 듯해서.

아르카 우리가 삶에 대해, 바다에 대해, 성취와 좌절에 대해
웃어넘길 줄 모르면, 사람들의 시선에, 또 플래시를 터뜨리

든 터뜨리지 않든 간에 사진기에 내내 노출된 조각상 언어들의 비늘처럼 우리의 피부는 말라 버릴 수밖에 없어.

이라 호텔 조각상의 여인이 어느 날 잠에서 깨어나 마치 이제는 얼굴이 없다는 듯 거울을 쳐다보았으리라는 생각도 들어. 아니면 성인으로 사는 동안 만들어진 그 얼굴이 이제 어떠한 행복도 표현할 수 없게 되었다는 듯.

아르카 지갑에 더 나은 표정의 얼굴을 지니고 있으리라고 생각해. 손거울에 그 얼굴을 간직하고 있을 거야.

이라 혹은 해녀들의 수경을 지니고 있는지도 모르지.

아르카 하지만 잠수복이 없어서 거울 앞에서 그렇게 화석이 된 거야.

이라 그리고 모든 것을 부숴 버리고자 했듯이, 거울도 부숴 버리려고 해.

아르카 하지만 어디에서도 거울을 찾지 못하지. 애초에 거울은 없고 틀 혹은 거울의 허상만 있었으니까. 둘이 존재하지 않으면 하나도 존재하지 않는 법. 모든 잉태의 기본 법칙이 그래.

이라 실제로는 두 명의 여인이었다고 상상해 봐. 두 개의 중년의 위기가 정면으로 마주한 셈이고, 둘 다 한동안 비명을 질러대다 진정하지. 하지만 그들의 침묵은 소리 없는 비명일 거야.

아르카 그러다 자기 자신에 대해 웃어넘기는 일이 간절히 필요하다는 사실을 발견하겠지. 그러나 웃음은 불가능한 감정처럼 느껴졌을 거야. 마치 한라산에 사자로 파견된 용이 바다 속 용왕 앞에 좌정하고 대화를 나눌 때처럼 말이야. 진흙탕 싸움을 한 뒤 차분히 앉아서 대화를 나누는 건 쉬운 일이 아니지.

이라 사자로 파견된 백룡도 자신에 대해 웃어넘기지 못했기 때문에 화석이 된 거야. 만일 웃어넘길 줄 알았다면, 불멸에 대해 진지하게 생각하지도 않았을 것이고 한라산 산신이 쏜 화살에 맞아 추락하지도 않았을 거야.

아르카 화살에 맞았어도 간지럽지 않았겠지. 오히려 그 반대일 거야. 설사 간지럼 정도는 느꼈어도 '제주 하하' 하고 크게 웃으면서 하늘에 이르렀겠지.

이라 하지만 신화 속에 전형적으로 등장하는 각종 위협과 혹독한 형벌들을 웃어넘기기는 어려워. 가령, "그들이 네 간을 삼키리라", "너는 돌로 변할 것이다", "너는 영원히 바다에 반쯤 잠겨 있으리라" 같은 것들 말이야.

아르카 어떻게 보면 그게 도道의 가르침의 일부일 거야. 깊은 바다 속 용이 구경거리가 됨으로써 모든 사람, 특히 어른들이 웃는 것을 배우잖아. 용이 아니라 자신들에 대해 웃는 법을.

이라 아직 천진난만한 아이들처럼 거리낌 없이 웃을 수 있지.

아르카 그 점이 여러 돌하르방 사이의 주요 차이점 중 하나야. 어떤 돌하르방은 사찰을 지키면서 아주 근엄한 얼굴을 하고 있어. 반면, 어떤 돌하르방은 눈살을 찌푸리는 대신 더 자유로운 영혼을 드러내며 미소를 짓고 있지.

이라 버섯 모양의 그 돌하르방들에게는 주술적인 힘이 있다는군. 그런데 웃음보다 더 주술적인 힘은 없어. 너는 어떻게 생각해?

아르카 영혼이 저절로 육신으로 돌아가게 하는 힘이지. 그러나 웃지 않으면 비탄의 한숨을 내쉴 때마다 영혼이 달아나.

돌하르방. 제주시 관덕정.

이라 일상의 미소만큼 사람을 치료하거나 긴장을 풀어 주는 약초는 없어.

아르카 심지어 돌도 웃을 수 있는데 상상력 부족을 보여 주는 남녀노소의 그 표정들은 뭐지?

이라 나는 적어도 해녀 할머니들의 표정과 같은 품격 있는 표정을 보고 싶어. 그마저도 없으니. 우는 사람들이 너무도 많고, 심지어 웃어도 권태와 무기력 때문에 웃는다잖아. 가슴에서 우러나오는 정직한 미소만큼 사람을 치료하거나 긴장을 풀어 주는 약초는 없어.

아르카 우리 가족이 기도를 올리거나 조상을 기리는 곳을 수호할 돌하르방을 하나 선택해야 한다면, 나는 지나치게 진지한 것보다 미소 짓는 것을 선택할 거야. 진지한 돌하르방의 표정은 아이들에게는 지나치게 근엄할 테니. 어른들에게도 그럴 거고. 주어진 일, 즉 일이라는 형벌에 시달리는 어른들은 너무도 자주 미소를 망각해. 너무도 쉽게 노동의 폐해와 순간순간의 쾌락에 사로잡히고. 담배나 술의 의붓딸이라 할 수 있을 빈정거림의 가가대소는 온통 짐이 되어버린 그들의 삶을 겨우 조금 살 만하다 느끼게 해줄 뿐이야. 그런 가가대소가 마음에서 우러나온다고는 믿지 않아.

이라 그런데 미소와 웃음은 달라.

아르카 보노보 원숭이를 비롯한 영장류의 특징이기도 한 가가대소는 더 다르고.

이라 미소sonrisa는 아름다운 영어 단어인 일출sunrise과 철자가 비슷하지.

아르카 일출은 생명이 싹트는 아름다움이요 온갖 희망이 담긴 새들의 지저귐이야.

이라 얼굴이라는 감각의 거울에 떠오르는 태양을 생각해 봐. 미소는 삶의 여명이야. 피부와 근육의 표면에 잔잔히 피어나며 영혼을 드러내는 내면의 빛.

아르카 반면 웃음은 우리의 내면에서 우러나는 그 성스러운 빛이 어쩔 도리 없이 만개한 것이야. '어쩔 도리 없이'라고 하는 이유는 뱃속에서 우러나오는 것이기 때문이야. 마치 화산의 마그마, 야노 사람의 고함 소리 혹은 해빙기에 호수 위를 날고 있는 오리의 본능처럼.

이라 맞아, 아르카. 아름다운 이미지이군. 인간의 삶이란 세월이 흐를수록 점점 더 많은 눈물을 짊어지게 되는 법이지. 봄이 온다 해서 대나무가 항상 유연함을 되찾지는 못해. 심지어 여리디여린 새싹을 틔울 샘물마저 가끔은 파괴적이고 물길을 가로막는 얼음에 의해 차단돼. 얼음은 변덕스럽게도, 슬픔이 닥칠 때 사용하기 위한 눈물 창고처럼 녹지 않고 있을 때가 있어. 슬픔이라기보다 사실은 두려움이고, 종종 원한이고, 우리가 깨닫지 못하던 무지의 가장 차가운 흔적.

아르카 그렇다면 가가대소는 하루가 저물기 직전에 마지막으로 찬란하게 빛나는 태양일 거야. 사자의 포효이고. 텅 빈 휴지통 같은 공허한 질문에 맞닥뜨린 사티로스sátiro의 풍자sátira야. 아침부터 귀에 들리지만 인내심을 지니고 밀림을 걸어 해질녘에야 도달하게 되는 폭포의 물소리.

이라 가가대소는 갈 데까지 간 아이러니를 넘어선 것, 되풀이되는 초조함의 몸짓을 넘어선 것일 수 있어. 혹은 아무것도 이야기하지 않으면서 모든 것을 말하는 자유의 구현일 수도 있고. 우리는 바로 이 마지막 의미에 대해 이야기를 나누고 있는 거야.

아르카 폭포cascada와 가가대소carcajada 또한 철자가 비슷한 어휘들이지. 둘 다 외부로의 출구, 감출 수 없는 낭랑함, 삶의 억제할 수 없는 힘을 표현해.

이라 일출봉 아래에 있는 절을 방문했을 때를 생각해 봐. 불당 내부의 여러 상은 훌륭했고 성찰을 유도했지. 하지만 우리를 웃게 만든 것은 뚱뚱한 부처상이었어.

아르카 바깥에 있었던 조각상. 불당 내부 유물들처럼 온갖 보안 노력 혹은 유지 노력을 요하지 않아. 바로 그 상대적으

성산 일출봉 밑의 절.

로 낮은 가치, 그리고 단조로운 회색조가 덜 엄숙한 분위기, 더 즉흥적인 분위기를 자아내.

이라 그 뚱뚱한 부처가 엄마라도 되는 듯 아이들이 기어오르고 있었어. 아이들은 부처를 간지럽히고, 부처는 아이들의 장난, 아이들 특유의 천진난만함에 행복해하지.

아르카 이 부처는 어른아이인 셈이야. 다시 태어난 부처가 아니라 막 태어난 부처 말이야. 가가대소가 되는 미소를 통해 득도한 존재…

이라 물 위로 올라왔을 때의 해녀 할머니의 경우보다 더 전염성이 강한 가가대소야. 적어도 부처가 누구와 함께 웃고 있는지 알 수 있고, 왜 웃는지 다소나마 헤아릴 수 있잖아.

다소나마라고 말하는 이유는 부처의 가가대소가 아무것도 이야기하지 않으면서 모든 것을 말하는 최고의 자유를 표현하기 때문이야.

아르카 내 생각에 용은 한라산 산신에게 옥구슬을 탈취했을 때 그를 비웃었을 거야. 혼자 하늘로 오르기 시작했을 때의 용의 쩌렁쩌렁한 가가대소, 악마의 웃음이라고 부르는 그런 웃음소리가 들리는 듯해. 다른 설에서는 용왕과 사자로 파견된 용이 동일 인물인 경우도 있어. 그림자극에서 두 그림자를 조종하는 손이 하나이듯.

이라 그 용은 하늘을 갈구하면서 가가대소를 터뜨리지만, 자신에 대해 웃을 줄은 모르는 거야. 그래서 한라산의 화살을 맞자 무겁고 하얀 용으로 변하게 된 거야. 해녀들을 수면과 연결시키고 물에 떠 있게 해주는 부표처럼 하늘과의 연결고리가 되는 화살.

아르카 긴 줄에 묶여 있는 그 부표는 화살의 궤적을 그리고 우리를 현실로 되돌아오게 만들지. 우리는 불멸의 존재가 아니라는 현실 말이야.

이라 용두암 신화는 어쩌면 유교의 승리야. 위계질서는 조롱되어서는 안 되는 것이야. 주군과 신하의 관계, 위와 아래의 관계가 복원되고 다시 규율이 서지.

아르카 지상의 권위의 재정립이기도 해. 불멸을 꿈꾸는 천상의 열망과 바다 용왕의 강력한 힘을 한라산 화산이 제압했으니까. 물과 불이 각축을 벌이다가 질서가 회복되지. 제주도는 섬 전체가 바다로 둘러싸인 화산이야. 설사 여인과 사티로스만 남았다 해도 아이슬란드 이상일 것 같아.

이라 일출봉 밑의 화산암 부처는 돌하르방들과 한목소리로

이 모든 것을 웃어넘기고 있어.

아르카 우리는 깨달았지. 성산 일출봉 분화구가 사실은 부처와 지상의 수호신인 돌하르방들의 알 듯 말 듯한 미소라는 것을. 하지만 그들이 가가대소를 터뜨리면 어떨지 생각해 봐!

이라 바로 그래서, 즉 미소를 지으니까 화산재 위로 꽃이 피는 거야.

새들의 노래

아르카 호숫가를 걷다가 예상치 못한 새소리가 들리면 우리는 눈으로 그 소리가 들려오는 곳을 찾으려 하지. 마음은 원인을 알고 싶어 해. 요컨대, 새, 색깔, 노래… 이유와 목적…

이라 하지만 종종 그 이유도 목적도 알 수 없다는 걸 깨닫게 돼. 발로도 머리로도 층계가 몇 칸인지 가늠할 수 없는 유리 계단 앞에 서 있게 되는 거지. 판단은 미뤄지고 때때로 이로 인해 찜찜한 기분이 들기도 해. 그사이 새의 노래가 사위를 가득 채우지. 매우 즐거운 느낌이야. 새는 자신의 목소리로 시공간을 가득 채워.

아르카 새소리는 또한 우리를 비우기도 해. 얼마나 아름다운 느낌인지! 새의 노래는 벵골 시인 라빈드라나트 타고르의 『기탄잘리』의 첫 구절을 떠올리게 해.

당신은 나를 무한한 존재로 만들었습니다. 그것이 당신의 기쁨입니다. 이 연약한 그릇을 당신은 비우고 또 비워, 언제나 새 생명으로 채웁니다.

이라 『기탄잘리』의 첫 구절은 새의 노래만큼이나 심오하지. 충만하고 간결한 음악성 속에서 시행들이 침묵과 얽히고 있어.

아르카 종종 시의 백미는 시행들 사이의 시공간時空間이야. 타고르의 이 시행들은 노래와는 정반대로 사유가 감각이 되는 경우지.

이라 내 생각도 그래. 우리는 한 걸음 한 걸음 내딛을 때마다 날아오르는 그 계단을 오르려고 시도하지만, 새는 우리에게 말로 이야기하지는 않으니까.

아르카 그것이 말이라고 해도 우리는 이해하지 못할 거야. 스치지만, 그러나 닿지 않는 언어, 네가 '유리 계단'이라고 부르는 것이니까. 어떤 새들의 노래는 곧장 마음에 와닿기도 해. 또 어떤 노래들은 가운데귀의 달팽이관을 통해 위아래로 움직이고. 우리 현생 인류의 머리는 장식품이 되기 일쑤야. 다시 말해, 중심성과 이른바 우월성을 상실하는 거지.

이라 바로 그래서 내가 말했잖아. 판단이 미뤄진다는 느낌을 받는다고. 이해하지 못해서 찜찜해하고 감정이 우위를 점한다는 데 놀라지.

아르카 그래서 새의 노래는 사랑의 빛나는 중심으로부터 몸으로 넘쳐흘러 몸을 이완시키는 향유가 되는 경향이 있어.

이라 노래 중의 노래가 있어. 한번은 역시 혼자 걷고 있었는데, 이번에는 숲속이었어. 그때 나뭇가지 사이로 무언가가 움직이는 소리가 들려왔어. 하고 있던 생각을 내려놓았지. 서로 엉겨 붙은 나뭇가지 사이에 시선을 집중하자 순간적으로 잠깐 황톳빛이 흘러나왔어. 빛은 안전한 곳으로 몸을 피하더니 위쪽에 있는 높은 식물 음계에 조용히 자리를 잡더군. 감각의 한계로 인해 내가 볼 수 없었던 그 새가 그렇게 찬가를 소리 내어 불렀어. 노래가 흑요석 촉이 달린 화살처럼 가슴에서 떨어져 나와 배꼽을 꿰뚫는 순간, 나는 잠시 숲에 두려움을 느꼈고 대도시에 갇혀 살다 보니 나쁜 공기가 얼마나 인공적이 되었는지 깨달았어.

아르카 그런데 새는 다시 노래했어?

이라 새가 다시 노래했을 때 귀가 미묘하게 진동했고… 나는 다시 귀를 기울였지. 내 몸에 표현된 메아리는 무의식적으로 나 자신의 몸의 자세로 바뀌었어. 어깨가 반쯤 처졌고 발바닥이 긴장되고 유연함이 사라져 왼발이 반쯤 휘어진 것을 알아챘어. 새가 가지를 옮기며 부른 세 번째 노래에 맞춰 나는 더 나은, 아니 더 점잖은 자세로 계속 걸었지. 나는 내가 서 있는 동시에 이동하고 있음을, 다시 말해 움직이지 않는 동시에 움직이고 있음을 깨달았어.

아르카 새처럼, 그렇지?

이라 맞아. 하지만 지금은 그 새가 신의 성대 위에서 균형을 잡고 있는 곡예사였다는 생각이 들어. 반면에 나는 어디부터 힘을 내야 할지를 이미 잊은 다리와 등을 짓누르는 마른 잎사귀를 이제 막 떠난 개미였지.

아르카 새의 노래는 동요動搖, 즉 더불어 움직임이야. 이라, 넌 너이면서 나이기도 한 연약하고 무거운 그릇의 실상을 경험한 것 같구나. 우리가 무지 속에 있다는 진실 말이야.

이라 하지만 얼마나 아름다운지 봐봐. 새의 노래는 나를 비우고 나를 채웠어. 나를 두려워하게 만들었고 나를 안심시켰지. 또 감각을 통해 자각하게 해주었어.

아르카 의식은 우리가 다시 제대로 숨 쉴 수 있게 해줘. 새는 온 가슴으로, 들이마시고 내뿜는, 들이쉬고 내쉬는 모든 공기로 노래해. 연약한 그릇은 생명으로 타오르지. 새의 날숨은 오직 심장만이 처음 보자마자, 그리고 처음 듣자마자 타오르게 할 수 있는 사랑의 불꽃이야.

이라 맞아. 새의 노래도 유한성이자 무한성이기 때문이야. 노래하려면 연약한 그릇에 의존해야 하니 덧없는 시간성을 지니고 있다는 의미에서의 유한성. 그리고 적어도 그 찰나의 순간에는 존재하는 모든 것 안에 있다는 의미에서의 무한성.

아르카 그것은 동시적 시간이자 시간적 연속이지. 또한 공간이기도 해. 가슴의 넓이, 몸짓, 부리의 위치 선정, 시선 집중, 정확한 위도.

이라 그 공간이 스스로를 제한한다고 생각하지 마. 그 새의 존재는 다른 존재들로 직조된 거야. 그 새가 다양한 문제에 관해 더불어 대화하는 새들로. 그 새가 노래를 들려주는 씨앗과 꽃들로. 노래 없이는 씨앗이 꽃이 되지 못하는 법이지.

아르카 그의 가슴은 우리 가슴에서 확장되고, 그의 마음은 우리 마음을 껴안아. 순간적으로 우리는 단 하나의 존재를 형성하는 거지. 역동적인 공감. 호르몬의 끝과 무조건적인 아름다움의 시작.

이라 코기족에게는 눈흐와칼라Nunjwákala로 알려진 시에라 네바다 데 산타마르타 산맥에 사는 칩차족 주민들은 어떤 새들이 경작에 관해 노래한다는 데 의견이 일치해. 그들은 과거에 남을 무시하는 부정직한 사람들이었던 현재의 새들에 대해 경고하지. 위와족에 따르면, 게다가 그들은 먹을 것을 독차지하기를 좋아했고 지금도 여전히 그래. 그렇게 껄끄러운 관계를 조정하기 위해 마마와 사가(점쟁이)는 새들의 언어를 배워야만 했다고 해. 그들의 이야기에서 새들은 창조하고 파괴해. 주고받는 거지. 첫 번째 새의 깃털은 밤과 새벽의 조합이자 색과 무색의 조합이야.

아르카 존재들 사이의 좋은 관계는 각자가 자기에게 주어진 몫을 취하는 데 기반을 두고 있어. 인간 존재는 더 많이 취하는 경향이 있고, 많은 신화적 이야기에 따르면, 이것이 우리가 다른 동물과 서먹한 관계를 맺는 이유 중 하나야. 우리는 우리의 몫(담수, 숲, 생명) 이상을 취하면서도 우리가 우월하다고 느끼지. 우리는 종종 약탈을 뽐내기도 해. 도덕의 고속도로는 우리를 인간종 너머로 데려가는 게 아니라 다른 종들 위로 인도하지. 모든 것은 세계의 인간화에 따라 움직여.

이라 새들의 가르침에 대해 이야기하는 것은 은유가 아니야. 노아바카 지역 칩차–코기족의 노래에서는 흰 새매가 직접 여성들에게 자신에게 노래하는 법을 가르쳐. 이 가르침은 사소한 일이 아니야. 거대 포식자, 즉 환경에 대한 인간의 지배에 의문을 제기하고 심지어 교란시킬 수 있는 동물의 가르침이니까 말이야. 이러한 유형의 합의, 즉 율루카yuluka는 노래를 통해 이루어지고 사람을 통해 배우는 게 아니라 새가 가르치는 거야. 거기에서 존재론적 전회를 봐봐. 노래를 이해하는 것은 발견이 아니라 유산이야. 코기족 여성들이 정중하게 흰 새매에게 노래를 하면 이 포식자 새는 응답으로 인간 세계에 대한 배려를 보여 주지. 그리고 프레우스가 채록한 바에 따르면, 새매 자신이 "나는 절대 나쁜 짓은 하지 않고 단지 가재, 나비 그리고 갖가지 작은 새를 잡아먹을 거야"라고 말한다는군.

새들의 노래

아르카 네 이야기를 들으니, 노래로 불린 그 이야기들이 인간 가족과 동물 가족 간의 첨예한 경계를 재설정하는 데 도움이 되는 게 분명하네.

이라 그래, 맞아. 그런 이야기와 노래는 이른바 태고의 법을 갱신하는 조형적이고 실용적인 방식이야. 실제로 흰 새매는 '형', '산의 어른'으로 취급돼. 다시 말해, 깊은 외경심과 큰 존경을 표하는 거지. 동물은 지식의 대상이 아니라 앎의 주체야. 동물과 의사소통을 해야만 해.

아르카 새와 동물은 일반적으로 말벗이자 앎의 원천이지. "그 새는 책을 의미한다"고 했던 칩차-위와족 이야기꾼이 기억나.

이라 살아 있는 글! 새 한 마리 한 마리는 열린 책이고 날개는 종잇장이어서 공동체 전체의 지각, 사유, 예감으로 가득 찬 감각이 날개를 통해 날아가 앉지. 시인 움베르토 아카발[1]이 세상을 떠났을 때, 한 마리 새가 그 소식을 미리 알려 주었다고 하더군.

아르카 내 방에서 훨훨 날아다니다 자신의 불에 타서 재가 되어 버린 벌새 꿈을 꾸었어. 누구나 그러한 원천들을 읽어 내는 법을 배우는 게 아니라는 사실이 놀라울 따름이야. 꿈을 읽을 줄 모르는 수많은 까막눈들이 스마트폰에 정신이 팔려 있는 사이 그런 글들은 계속 베일에 가려져 있지.

이라 다른 사람들처럼 읽고 쓰는 법을 배우기 위해 세상을

---

1 Humberto Ak'abal(1952-2019). 과테말라의 작가. 키체어로 쓰고 스스로 스페인어로 번역한 그의 시는 세계 여러 언어로 번역되었다.

부호화하고 해독하는 자신만의 방식을 제쳐 둘 때 문해력 교육은 문맹의 원인이 되지. 각각의 문화, 각각의 언어, 심지어 각각의 사람에게 지각과 사유의 문을 열 수 있는 열쇠와 암호가 공존해. 지식의 문턱. 이 문은 유일하지 않지만 암호는 오직 하나밖에 없고 열쇠도 마찬가지야. 부호화되어 새겨져 있어. 수많은 세대 덕분에 과거에도 그랬고 현재에도 그러하며 미래에도 그럴 거야. 문 / 거대한 문 / 텅 빈 문 / 열린 문.

아르카 마마와 사가에게 그러한 문턱은 때때로 바로 그들의 사원과 공동체 가옥의 문으로 구체화되지. 연대기 작가들은 무이스카족의 칩차 가옥과 코기족의 조상인 타이로나족의 가옥에는 바람이 불면 소리가 나는 달팽이 껍질과 조개껍데기가 매달려 있었다고 기록하고 있어. 그 음악성과 그들이 태곳적부터 오카리나로 모방한 새들의 노래는 네가 말하는 열쇠-암호의 표현이야.

이라 종종 새를 연상시키는 자기瓷器 오카리나는 어떤 면에서는 인공 부리야. 그리고 그러한 의미에서 소형 가면, 즉 얼굴의 한 부분에 초점을 맞춘 탈이기도 해. 오카리나는 그것을 연주하는 사람들의 얼굴이 새의 얼굴이 되도록 만들지.

아르카 네 말을 들으니 페르소나 개념 자체에 대해 생각하게 되네. 이 단어의 어원은 그리스어, 어쩌면 에트루리아어 페르수phersu까지 거슬러 올라가는데, 코로미네스[2]에 따르

---

2 Joan Coromines(1905-1997). 권위 있는 스페인어 어원사전을 만든 카탈루냐 출신의 언어학자.

면, 라틴어로 "배우의 가면"을 뜻하고 넓은 의미로는 "연극적 인물"이야. 가면을 통해 목소리나 소리를 내는 사람을 가리키는 페르소나 개념은 결과적으로 오카리나 연주자 개념과 상응하지. 즉, 부리 혹은 넓은 의미에서 가슴을 통해서 소리를 퍼뜨리는 사람 말이야. 덧부리, 덧가슴, 덧목소리.

이라 시에라 네바다 지역의 전통적인 공동체에서 인간이라는 개념은 동물적 외양(호랑이, 박쥐, 두꺼비, 새)을 통해 사라지거나, 가려지거나, 심지어 확장되는 것처럼 보여. 뿐만 아니라 모든 사람의 흰옷 착용, 동일한 위계적 권위 체계에 대한 복종, 종種들과 존재 형태들 사이의 일체의 유대를 조정하는 영적 아버지와 어머니에 대한 믿음 같은 공통분모를 통해 개인이라는 개념 자체가 경계의 대상이 되거나 폐기되는 것 같아. 모든 것에는 허가가 요구되고 모든 것은 값을 지불해야 하지. 그들은 돈을 지불할 줄도 허락을 구할 줄도 모르기 때문에 동생들이 미성년자라고 단언해. 그들의 관점에서 책의 종교는 개별화하고 탈맥락화된 것이야.

아르카 한 이쿠족 사람이 도시에는 머리가 많다고 말하는 걸 들었어. 적어도 그의 문화적 토대에서 보기에는 수많은 다양한 생각, 무엇보다 도시의 수많은 각양각색의 사람들, 즉 개인들이 그를 불편하고 혼란스럽게 만들었던 거지.

이라 많은 가면이 조각되거나 형체로 만들어진 몸짓, 즉 물려받은 유산이고, 그런 의미에서 규범이나 표준이라는 사실을 잘 생각해 봐. 많은 전통 사회의 예술은 고정된 행동 양식을 표현하고, 그런 의미에서 변형과 발명은 대체로 공동체 회의에서 논의되는 복잡한 협의와 승인을 거친 후 어느 정도까지만 허용되는 경향이 있어. 어떤 경우에는 발명이나 변형이 허용되지 않아. 예를 들어, 전통 의상과 관련된 것이 그렇지. 투투소마tutusoma, 즉 이쿠족의 흰색 반원뿔형 사각모자(코기족의 경우는 원뿔형이며 끝이 뾰족해)는 시에라 네바다의 봉우리를 모방한 것으로서 이러한 형태는 봉우리 모양과 마찬가지로 유행이나 개인적 취향에 따라 바뀌지 않아. 엄격한 태고의 법과 관련된 형태는 영속성을 고양하고, 공동체 구성원들에게 재론의 여지가 없는 대상이야. 이러한 사회에서 권한과 인가는 성직자에게 달려 있고, 남성 성직자들만큼의 권위는 아니지만 위와 사가 같은 여사제에 달려 있기도 해. 마마는 때때로 태양이나 호랑이 같은 힘센 존재의 형상으로 자신이 지닌 창조와 파괴의 힘을 상징하는, 눈에 보이지 않거나 두드러지는 동물 가면을 통해 두려움을 자아내지. 성직자들은 태고의 법의 틀을 만들어. 태고의 법에 대한 인간의 해석인 셈이지.

아르카 역동적이지만 고정되어 있는 가면, 몸짓, 역할 또는 속성을 담지한 사람들을 종종 경외심이 가득한 눈으로 바라보는 경향이 있어. 부분적으로는 변화무쌍하고 불안정한 인간의 본성 때문이겠지. 고정된 무언가는 우리를 압도해. 발명이나 변화에 의해서가 아니라 전통의 영속성에 의해 규제되는 사회에서 개인 자체는 가치가 없지. 옥타비오 파스는 단절의 전통tradición de la ruptura으로서의 근대성을 언급하면서 대립항들을 결합했어.

이라 근대성과 역사는 말 그대로 완전히 서로 다른 것이지. 전통 사회는 단절이나 불연속성, 변동과 신성 모독으로서의 변화를 두려워하는 경향이 있어. 그렇지만 변화는 전통을 유지하는 데 필수적이야. 여기서 내가 말하는 변화의 역학은 전통에서 고정된 방식으로 表現된 패턴을 기반으로, 보통은 주기와 의식儀式을 통해 이루어지는 연속성의 갱신을 의미해.

아르카 그렇다면 정형화되고 옛 방식을 고수하는 경향이 있는 어떤 전통 사회의 고유한 동시대성 또는 가능한 동시대성을 부정하는 것은 옳지 않아. 많은 선주민 사회는 그들의 상수 또는 태고의 법을 항구적으로 확인하고 갱신한다는 점에서 역동적인 동시대적 전통의 표현이지. 그렇지만 적어도 단절의 전통이라는 의미에서 그들의 근대성에 대한 논의는 무엇보다 진보의 패러다임과 인간 중심적 개인성에 토대한 사회와의 접촉에 의해 발생하는 의미 변화와 급속한 변동 과정에 적용될 수 있을 거야.

이라 그런 관점에서 보면 '동생들'은 단절의 전통 속에서 살아가는 사람들일 거야. 시에라 네바다의 영적 권위자들은 그들의 행동에 문제를 제기하지. 그들에게서 공동체와 땅에 표현된 전체가 아닌 자기 자신만을 생각하는 근시안적 사고와 개인의 과잉을 보기 때문이야. 마마는 종종 동생들에게 행동거지를 똑바로 하라고, 다시 말해 예로부터 내려오는 규칙이나 본보기를 따르라고 경고하지. 땅에 속하는 것을 돌려주는 법을 배우라고 할 때, 또 어머니인 대지에 보답하는 법, 즉 행동을 자제하고 필요한 것만 취하는 법을 배우라고 할 때처럼 말이야. 마마는 동생들의 버릇없고 무절제한 행동 때문에 어머니 대지가 우리를 바로잡기 위해, 우리가 잘못된 길을 가고 있으며 변하지 않으면 결국 우리가 사라질 것임을 일깨우기 위해 대격변과 혼란을 불러오는 것이라고 경고해. 실제로, 많은 이야기에서 주는 것과 받는 것, 주문하는 것과 지불하는 것 사이의 균형이 심각하게 무너진 후 인간 존재가 사라지거나 축소되었던 시기에 대해 말하고 있어.

아르카 의심의 여지 없이 그것은 그들이 취약하다고 생각하는 균형이야. 매일 해가 뜰 거라고 장담할 수 없지. 그들이 비선주민이라고 부르는 사람들은 파멸을 야기하는 원인으로 간주되기 일쑤야. 반면에 흰 새매는 권위자로서 정해진 임무를 완수하고 그들이 세상의 심장으로 여기는 곳에서 그들처럼 살기 때문에 형이라고 불려. 위와족에 따르면, 펠리컨인 두아나보호 같은 새도 있어. 두아나보호는 역시 과거에 사람이었는데 시에라 네바다 고산지대의 전통을 지키려 하지 않았어. 형이 된다는 것도 액면 그대로 추위와 고처高處 특유의 금욕 생활을 의미해. 두아나보호는 오히려 더 쾌적한 기후를 즐기고 많은 물고기를 먹을 수 있는 바닷가에서 살고 싶어 했다고 해. 그래서 결국 그 큰 입 혹은 부리로 그를 벌했고, 때로는 물고기를 삼키다가 목이 막히는 것처럼 보이기도 하지. 두아나보호는 오로지 먹는 것과 자신의 평안만 생각해. 먹는 일과 자기 자신에만 강박적으로 매달리는 것은 시에라 네바다에 거주하는 칩차족의 철학적 관점에 따르면 하나의 징벌이야!

이라 가면, 울림 상자 또는 큰 부리를 가진 사람의 개념으로 돌아가자. 네 말에 따르면, 두아나보호는 펠리컨의 탈을 쓴 사람으로, 변할 수도 없고 자신의 잘못을 뉘우칠 수도 없어. 그의 본능적인 행동에는 제한이 없어. 그의 먹잇감은 그를 구속하는 사슬의 고리인 셈이지.

아르카 그는 자신이 자유의 몸이고 바라는 것은 뭐든 할 수 있다고 믿지만 물고기, 더 많은 물고기를 찾고 또 찾는 그의 가면에 구속되어 있는 것 같아… 바닷가 사람들이 말하는 것처럼, 모이주머니가 가득 찰 때까지. 그러면 사람들은 펠리컨이 노래하는 것이 아니라 울부짖는다고 생각하게 되지. 마치 평소에 그가 내는 소리가 바로 물고기에 대한 그의 집착과 부합하는 것처럼 말이야.

이라 때때로 이 새들과 경쟁하는 일부 어부들의 편견을 넘어서, 우리는 해수면을 스칠 듯이 날 수 있는 펠리컨의 탁월한 능력에 놀라움을 금할 수 없어. 매우 민첩하게 스치는 파도에 올라타는 일종의 절묘한 서핑. 게다가 위와족 사람들이 지적하듯이, 그들은 다소 기회주의적이고 개인주의적인 행동을 보이는 경향이 있지만, 모이주머니가 가득 찰 때까지 고기를 잡는다는 바닷가 사람들의 말이 전적으로 맞는 것은 아니야. 사실, 많은 펠리컨은 새끼들을 위해 팽창성 주머니, 즉 목 주머니에 물고기를 보관해. 이기적이라거나 목이 막히도록 탐식한다는 평판과는 정반대지.

아르카 이라, 네 말이 맞아. 자연에 대한 이러한 집단적 인식은 대부분 환경뿐 아니라 해석에서도 우위를 드러내는 경향이 있어. 한번은 시에라 네바다 저지대에 있는 팔로미노의 어부들이 바다에서 거대한 그물을 끌어올리는 걸 본 적이 있어. 모두가 합심해서 그물을 끌어당겼어. 하지만 물고기를 배분할 때가 되자 결국 힘이 더 센 포식자들, 즉 여성들과 아이들을 압도하는 남성 어부들이 완력으로 밀어붙일 정도로 난장판이 되었지. 급기야 몇몇 아이는 되는 대로 움켜잡을 수 있는 작은 물고기를 찾는 것에 만족해야 했어.

이라 시에라 네바다의 칩차족은 산맥을 둘러싸고 있는 바닷가 주민들을 흔히 '동생들'로 간주하곤 해.

아르카 맞아. 하지만 그들이 실질적으로 형인 것도 아니야. 말하기는 쉬우나 행하기는 어렵지. 시에라 네바다 남쪽에 있는 이쿠족 마을인 나부시마케를 방문했을 때, 사쿠코 즉 권위자들은 결코 나를 동생 취급하지 않았어. 이러한 태도는 도시로 유학을 떠났던 일부 이쿠족 젊은이들의 태도와는 대조적이었지. 그들은 기회가 있을 때마다 자신들은 형이고 나머지는 모두 동생이라고 주장하며 자신들의 이익을 취했어. 생각이 그렇더라도 굳이 그렇게 말할 필요가 없는 어른들과 달리 우월감을 느끼기 위해 그렇게 편 가르기를 한 거지. 때때로 일부 젊은이들은 자신들이 마마나 성직자라며 도시 사람들을 속여 경제적으로 이득을 취하기도 했어. 영화에 등장하고 일반 대중의 이상적인 기대에 부합하는 고상한 야만인의 이미지를 교묘하게 인격화했던 거지. 비록 그들이 이기적인 도시의 미성년 개인들에게 문제를 제기하긴 했지만, 역설적인 것은 그들 중 상당수가 결국 빚을 지거나 '미성년' 여성들과 문제를 일으키거나, 아니면 술독에 빠져 도망쳤다는 사실이야. 이런 식으로 그들은 결국 형의 원형과 어긋나는 모습을 보이게 되었지. 사람들의 태도는 존경에서 철저한 불신으로 바뀌었어. 바로 그때 그들은 사람들 앞에서 '인디오'가 된 것처럼 보였는데, 종종 욕설로 사용되곤 하는 이 명칭에는 일체의 부정적인 의미가 내포되어 있어. 일반적으로 인디오는 무심하고 괴이하고 사악하며 이해타산에 밝은 사람을 지칭하며 무식하다는 뜻과 동의어로 쓰이는 경멸적인 단어야. "배를 채우자

마자 바로 자리를 뜨는 인디오indio comido, indio ido"라고 말
한 때처럼.

이라 그래서 사람 사이뿐만 아니라 종 사이에서도 서로를 더
잘 이해하는 게 중요해. 봐봐. 노아바카 지역의 또 다른 코
기족 노래에서 이야기꾼의 목소리는 이렇게 충고하고 있
어. "누크사사 새를 노래해야 해. 그가 산길을 걷는 방식으
로 그의 춤을 추어야 해. 그가 걷는 모습대로 춤을 추어야
해. 들판의 과실이 시들지 않도록. 그렇게 말했네." 이 노래
를 어떻게 생각해?

아르카 우선, 우리가 듣는 것은 노래도, 원래의 언어인 카가
바kággaba어도 아니야. 어느 민족지학자가 텍스트로 옮긴
충고의 말을 들을 뿐이지. 하지만 틀림없이 거기에 태고의
법이 있어.

이라 누크사사의 몸짓은 들판의 과실을 풍성하게 보존하는
데 도움이 되는 것으로 알려져 있어. 누크사사는 과실의 존
속, 보호, 마법이야.

아르카 사람들은 가면을 취해. 다시 말해, 춤과 걸음걸이에서
새의 몸짓을 흉내 내지. 아마도 새의 소리도 흉내 낼 거야.
모방은 나름대로 식물의 질서를 위해 힘을 기울이는 사람
들의 행동에 대한 존중이자 조처야. 인간의 동물 모방은 식
물과의 조화로운 관계의 순환에 도움을 줘.

이라 코기족의 전통 춤은 현대의 자유 무용처럼 개인을 표
현하려 하지 않고 의식을 통해 자연의 힘을 인격화해. 자연
의 조화 속에서 인간은 아슬아슬한 균형에 다다르려고 하
지… 심지어 벌레들 앞에서도 춤을 춰야 해. 노래하는 목소
리는 "벌레가 감자를 먹어 치우지 않도록"이라고 말하며

이렇게 덧붙여. "그렇게 세상 만물을 위한 노래들이 있었고 마지막 하나까지 그 모든 것들을 춤춰야 했지. 조상들이 그렇게 말씀하셨어. 그리고 의식儀式의 집에서 그 모든 노래를 불러야 해. 조상들이 그렇게 말씀하셨으니까."

아르카 조상들이 말하고 행한 것을 말하고 행하는 것은 부분적으로 전통, 이른바 태고의 법의 표현이야. 전통은 인격화돼. 다시 말해, 각 세대와 공명하는 목소리를 지닌 선조들이 모범적으로 남긴 의식 공간에서 혹은 그 공간으로부터 몸짓과 춤, 노래와 이야기, 지식과 행동의 고정된 가면을 통해 사람들에 의해 전달돼. 옛 조상들까지 거슬러 올라간다면 그들의 언어와 종교를 가진 타이로나족을 만날 수 있을 거야. 적어도 코기족의 경우에는 그래. 위와족에게서는 마마 혹은 사가의 전통을 찾아볼 수 있지. 식민화가 가져온 단절에 맞서는 연속성이 있다는 건 확실해. 개인적 진정성이 아닌 집단적 기원에 중점을 둔 독창성. 형과 동생을 분리하는 이중성에 표현된 긴장은 그 기원을 거슬러 올라가면 스페인 사람들과의 트라우마적인 문명 충돌에서 비롯된 거야.

이라 반면에 새의 노래는 몇몇 전통문화처럼 대를 이어 비교적 안정적으로 유지되지. 약간의 변화가 있고 언어 습득의 역학이 존재하지만, 일반적으로 새는 새로운 소리를 만들어 내는 데 호의적이지 않아. 게다가 새들은 자신들의 집을 짓고, 자신들만의 기호 체계와 의례를 가졌고, 자신만의 예술을 소유하고 있어. 다른 동물들도 같다고 할 수 있지. 뉴기니 낙원의 새들을 생각해 봐.

아르카 이 세상에 공존하는 다른 세계들과의 연속성을 보여 주는 전통을 가진 문화들이 있어. 현대적 의미의 생태학이 아니더라도 교훈이 담긴 이야기들을 통해 표현되는 것과 같은 일부 법칙은 인간과 비인간 관계의 호혜성과 조정을 권고하지. 조화로운 관계는 저절로 주어지는 것이 아니기 때문에 인간 행동의 결과에 대한 끊임없는 경고가 있는 거야. 그리고 이러한 경고는 동물로 변하는 것에 대한 부정적인 서술과 이미지를 통해 이루어져.

이라 새는 민첩성과 화려함, 하늘과 땅의 여러 차원을 연결하는 능력으로 인해 태생적으로 자유롭게 살아 움직이는 본보기야. 살아 있는 글과 책, 지식과 예보와 서신의 원천.

아르카 새는 날개 달린 의미의 상수常數야. 정확히 말하면 일반적인 의미의 상수는 아니지. 전통적인 공동체 내에서 새는 보통 상징과 전조로 인식되니까. 시인, 철학자, 아이들에게 새의 언어는 지각의 한계를 시험하고 상상력의 발휘를 요구하는 복잡한 도전 과제지. 조류학자는 의심할 여지 없이 새에 경탄하지만 그의 지식은 형태학과 분류학을 의미해. 어떤 이들에게 새는 머리를 향해 노래하고, 다른 이들에게는 가슴을 향해 노래하지. 깃털 달린 뱀[3]도 꼬리를 물고 가슴과 머리가 서로 얽히고 닿고 뒤바뀌고 어우러지긴 하지만. 짹짹거리는 소리가 들린 다음에 한참 시간이 지나서 느릿느릿 머리가 모습을 드러내는 경우를 얼마나 많

---

3 나와틀어로 "깃털 달린 뱀"을 뜻하는 메소아메리카 신화의 주신主神 케찰코아틀Quetzalcóatl을 가리킨다. 역사적으로 케찰코아틀 신앙이 가장 잘 기록된 아스테카에서는 바람, 금성, 새벽, 상인, 예술, 공예, 지식의 신이며 사제 계급의 수호신이었다.

이 보았는지. 『길 잃은 새』에 나오는 타고르의 다음과 같은 아름다운 구절을 가슴과 머리로 동시에 이해할 수 있다고 확신해. "사랑하는 사람에게 세상은 거대함의 가면을 벗네. 영원의 은밀한 입맞춤처럼, 짧은 노래처럼 작아지네."

이라 그것이 널리 퍼져 있는 개념임을 인정하더라도, 시에라네바다처럼 지극히 집단주의적이고 문화적으로 판이하게 다른 전통에서 동일한 사랑의 개념에 대해 말하기는 어려워. 영혼, 개인 그리고 보완에 대한 열망의 뉘앙스를 지닌 사랑을 말하는 거야. 중세 유럽부터 서구의 것으로 일반화된 현재에 이르기까지 형성돼 온 개념이지. 분명 사람이 오카리나나 가면을 벗을 때가 도래할 거야. 전통은 석가모니의 통나무배처럼 우리를 강기슭까지 데려다줘. 그다음에는 혼자 계속 걸어야 해. 나는 우리와 동행하는 이 더없이 충실한 개와 함께 갈 거야.

아르카 나도 우리가 거리에서 주운 이 작은 개와 함께 가겠어. 게다가 짧은 노래처럼 작아진 세상이라니! 얼마나 아름답고 감각적인 이미지인지! 마치 가슴을 울리는 새의 노래 같아. 영혼은 은밀한 입맞춤의 영원함 속에 암시되어 있을 거야. 그런데 누가 우리에게 입을 맞출까?

이라 삶은 우리에게 덧없이, 그러나 격렬하게 입을 맞추지. 선주민들은 어떻게 생각할지 모르겠지만, 나는 그렇게 생각해.

아르카 자아는 하나이자 영_靈, 활짝 펼치는 것이자 둥글게 마는 것, 남성이자 여성, 두 목소리로 홀로 존재하는 것이야. 더불어 이야기한다는 의미로서의 대화.

이라 자연이 영원하다고 그렇게 쉽게 추론할 수 없어. 그 경

새들의 노래

지를 상상하기는 힘들겠지만, 자연도 우리처럼 언젠가는 죽을 수밖에 없잖아. 우리는 자연이야. 불멸성이 아니라 영속성이 자연의 특징이지. 순환하는 주기적인 변화를 통해 자연은 항구적이 돼. 아마도 그것이 영원이 우리에게 선사하는 은밀한 입맞춤이겠지. 영원은 시간 없는 지속이야. 영속lo perenne은 영원lo eterno의 반대야. 우리 안에서 영원에 대한 열망과 영속의 조건은 상보적인 대립물로서 서로를 끌어당기고 서로를 필요로 해.

아르카 새의 노래는 영원의 지속적인 입맞춤이야. 새가 지저귀는 소리에서 순환은 현재에서 실현돼. 덧없음과 은폐는 에로티시즘의 특성이지. 짧은 노래 또는 은밀한 노래는 예민한 마음과 형언할 수 없는 찰나를 통해 세상의 미소함을 숨김없이 드러내.

이라 세상은 또한 거대함의 가면을 지니고 있어. 많은 경우 전통도 가면, 즉 대대로 전해지는 몸짓이지. 하지만 단절의 전통은 우주의 지속, 태양의 움직임을 촉진하고 지속시킬 수 있을 것으로 기대되지 않아. 영속성의 아들딸들아, 우리 가면을 벗고, 역할과 젠더를 뛰어넘자. 의무와 권력, 행위와 존재의 원반에 자석처럼 붙어서.

아르카 우리는 세상의 구원자가 아니야. 단순함이 더 중요해. 단순함은 세상을 있는 그대로 느끼는 거야. 하늘은 하늘이고 땅은 땅이지. 우리는 우리가 창조하지 않은 현실에 직면해 살아가고 있어. 이미 사용하지 않게 된 가면이 얼마나 많은지! 그런데 노래와 입맞춤이 우리의 상상력에 다시 불을 질렀어. 입맞춤을 받으려면, 게다가 더 잘 들으려면 우리는 가면을 벗어야 해. 말 그대로.

이라 가면을 쓰는 것은 천문학자가 망원경을 사용하고 생물학자가 현미경을 사용하는 것과 마찬가지로 정당화될 수 있어. 다시 말해, 접근의 수단으로. 하지만 언젠가는 자신의 눈으로 방향을 설정해야 하고, 일단 목적지에 도착하면 비행기에서 내려야 해.

아르카 암컷에게 구애하는 파열음 때문에 피스톨레라pistol-era라고 불리는 새는 일단 상대를 유인하는 데 성공하면 요란한 진동음을 멈추고 부부 관계를 갖는데, 이 결합은 우주적 리듬을 가지고 있어. 한번은 시에라 네바다 북동쪽 지맥에 있는, 시우다드 페르디다라고 잘못 이름 붙여진 테유나로 조용히 올라가고 있을 때 이 새들의 찢어지는 파열음이 들려왔어. 가까이 다가갔을 때 가장 인상적이었던 것이 수컷들이 내는 소리였는지, 아니면 나뭇가지에서 나뭇가지로 이동하는 엄청난 민첩성이었는지 모르겠어. 짝짓기? 실제로는 산의 눈앞 여기 지상에서 펼쳐지는 별의 춤이지. 자연 역시 코스모스이자 에로스, 그리고 끊임없이 새롭게 재생되는 천체의 음악이니까.

이라 우리의 눈으로는 새들의 은밀한 입맞춤을 볼 수 없어… 하지만 새들은 서로 입을 맞추지!

아르카 아침에 자연 속을 거닐 때 우리를 매혹하고 우리에게 희망을 되돌려주는 것은 아마도 새들이 입 맞추는 소리일 거야. 왜냐하면 타고르도 썼듯이 "새의 노래는 아침 햇살이 땅에 되돌려주는 메아리"니까.

이라 분명 우리는 그러한 깨달음의 물결에 휩쓸려 가. 새의 노래는 우리를 꿰뚫고, 우리를 더 가볍게 하고, 그런 다음 우리가 우리에게 걸맞은 정확한 무게로 되돌아갈 수 있게 하지.

아르카 자신에게 걸맞은 정확한 무게로 되돌아가는 것은 의심할 여지 없이 하나의 언명이야. 자신에게 되돌아가는 것. 그렇지만 앤소니 드 멜로[4]가 설명한 대로, "새는 할 말이 있어서 노래하는 게 아니라 표현할 노래가 있기에 노래하는 거야." 자신에게 걸맞은 무게와 크기를 지니고 있는 데서 비롯한 언명과 무언가를 말해야 하는 데서 비롯한 언명은 다르지. 인도 출신 신부는 "듣는 이에게 일체의 지식 너머에 있는 무언가를 깨우쳐 주는" 자연 현상에 지식에 버금가는 것이 있다는 걸 설명하기 위해 새의 노래를 언급했어. 그 무언가는 바로 은총이고 "말과 개념 너머에 있는" 앎이야. 그의 성찰은 부분적으로 힌두교도, 특히 시바교도들이 세상에 대해 가지고 있는 이미지, 신의 춤을 통해 만들어진 세상이라는 이미지에서 비롯되었다고 생각해. 동떨어지고 파편화된 추론에서는 때때로 느낌이 실종되고 경탄은 번번이 사라져. "나무를 바라보는데 나무가 보이면 정말로 그 나무를 본 게 아니다. 나무를 바라보는데 경이가 보이면, 그러면 마침내 나무를 본 것이다"라는 말이 있잖아.

이라 모르겠어, 언젠가 기적을 목도한 일이 있었나… 하지만 새의 갑작스러운 노래를 듣고 옥타비오 파스가 어느 시구에서 말한 "잊고 지냈던 살아있음의 경이"[5]를 되찾은 경험은 있어.

---

4 Anthony de Mello(1931-1987). 유대교 전통뿐만 아니라 다른 종교의 신학적 요소를 사용한 영성 관련 책과 강의로 유명한 인도 출신의 예수회 사제이자 심리치료사.
5 옥타비오 파스의 시집『태양의 돌Piedra de sol』에 나오는 구절.

아르카 새의 노래는 충만한 존재, 말로 표현할 수 없는 소통, 침묵의 괄호 속 음악적인 긍정의 기호야!

이라 네 말을 들으니 생-존 페르스[6]의 애가 구절이 생각나. "가장 긴 억양을 위한 첫 번째 굴절에서 태어난 새들… 낱말들처럼 보편적인 리듬에 이끌린다. 그들은 유사성 때문인 듯, 이제껏 한 번도 본 적 없는 가장 방대한 부유하는 연聯에 자신의 이름을 새긴다."

아르카 서인도제도 출신의 프랑스 시인에 따르면, 새는 시 그 자체야. 새의 비행, 새의 존재는 자연 자체의 시적 표현이지. 자연은 지층뿐만 아니라 부유하는 연들에서 변화하고 움직여.

이라 그들이 어떻게 유사성에 따라 부유하는 방대한 연을 통해 자신의 이름을 새기는지 그 이미지를 잘 봐. 끊임없이 펼쳐지고 영구적으로 지속되는 연.

아르카 난 완벽한 캘리그래피로 마음속에 새들을 그려. 형언할 수 없는 색조의 깃털로 가장 아름다운 동시에 가장 단순한 음절들을 그리는 새들을 상상해.

이라 중국어가 새들의 언어 같다고 말한 미쇼[7]처럼. 이봐, 중국의 한 대합실에서 탑승을 알리는 사전에 녹음된 한 여성의 목소리가 들려왔을 때, 전혀 예기치 않은 순간에 비슷한 상상을 하게 됐어. 한편, 페르스는 그의 시에서 입체파의

---

6 Saint-John Perse(1887-1975). 서인도제도의 과들루프에서 출생한 프랑스의 시인·외교관으로 1960년 노벨문학상을 수상했다.

7 Henri Michaux(1899-1984). 벨기에 출신의 프랑스 시인·화가로 꿈, 환상, 또는 환각제의 힘을 빌려 내면세계를 탐구했다.

새들의 노래

선구자 중 한 명인 조르주 브라크[8]가 그린 새들과 대화를 나눴어. 내가 보기에 그의 시구는 브라크의 그림을 능가해. 아니 더 풍부한 감성으로 새들을 그리고 있어.

아르카 입체파 표현 중에는 감성이 결여된 것이 적지 않아. 생-존 페르스는 감성이라는 자질을 뛰어넘는 데서 더 나아가 보완하는 것처럼 보여. 그의 시는 마치 새들 자신처럼, 인간에 의해 창조되지 않은 세계를 그린 브라크의 작품을 보완하고 고양하지.

이라 페르스의 새들은 "하늘과 바다, 영원의 썰물과 밀물을 이어주며 영원의 길을 여는" 중재자야.

아르카 그럼 메신저요, 찰나와 영원 사이에 놓인 날개 달린 괄호네. 무거움과 가벼움, 보이는 것과 감춰진 것 사이의 중재자.

이라 그래, 페르스의 새들은 상징이자 매개야. 하지만 참된 열망과 욕망을 지닌 인간 자신이기도 하지. "살아 있는 방주方舟인 양 줄곧 인간 속에서 살아온 동물들을 통틀어, 긴 울음소리를 내는 새는 비행을 부추김으로써 인간에게 새로운 대담성을 부여한 유일한 동물이다."

아르카 충만한 존재야. 또 때로는 환희, 아난다 혹은 지복이기도 하지. 물론, 독수리가 아니라 학을 말하는 거야. 그렇지만 나는 추상적인 대상을 생각하고 있기도 해. 그저 날아다니는 새들을 머릿속에 그리고 있을 뿐이니까.

---

8 Georges Braque(1882-1963). 피카소와 함께 입체파를 창시하고 발전시킨 화가로 근대 프랑스 회화의 아버지로 칭송을 받는다.

이라 페르스의 다음과 같은 구절을 보면 아난다가 이해가 돼. "새들은 높이 날아오르기보다 존재의 즐거움을 온전히 받아들인다."

아르카 이러한 통찰은 페르시아의 수피교도 파리드 우딘 아타르의 방대한 시 『새들의 회의Manteq al-ṭayro』와 대비가 돼.

이라 그 신비주의 시는 12세기에 쓰였지 아마?

아르카 맞아. 실은 자신들의 왕 시무르그를 알현하기 위해 활기차게 비행을 시작하는 새들은 일곱 개의 계곡과 무수한 장애물을 통과해야만 해. 안내자인 오디새는 그들에게 안락함과 즐거움을 떠나서 위험한 여행에 과감히 뛰어들 것을 촉구하지. 하지만 여행을 마친 30마리 남짓의 새들은 실제로 날개도 깃털도 없이 만신창이가 되어 도착해. 딱한 일이야. 그 긴긴 여행 끝에 시무르그가 그들 자신임을 발견하게 돼. 시무르그는 그들 자신 안에 있었던 거야. 그러니 그들은 시무르그 안에서, 시무르그와 온전히 결합하는 셈이지.

이라 『새들의 회의』는 신神을 찾아가는 것에 대한 비유야. 시는 움직임을 통해서 신의 완전성에 융합되고자 하는 수피의 이상을 표현하고 있지. 말하자면, 찰나와 영원 사이에서 춤추어진 순환적인 입맞춤에 융합되고자 하는. 하지만 그러한 결합은 자신을 이겨 내는 것, 속박을 끊어 내는 것 그리고 그 이중성에도 불구하고 세상을 팽개치지 않는 것을 의미해. 정말로 역설적인 길이지.

아르카 우리가 지각하는 역설은 실재와 존재의 의미에 대한 잘못된 인식에서 생겨나. 신과 인간의 결합, 그 영적 결혼은 금식, 금욕, 침묵 등을 통해 주기적으로 쓸고 닦을 수 있는 육체의 성전에서 행해지거나, 적어도 예고되지. 물론, 그것을 벌하거나 악마화하지 않는다는 조건으로.

이라 결혼을 준비하는 금욕은 차라리 집 청소, 침대 정리, 꽃에 물 주기, 사원 청소와 비슷하겠지. 청소는 지워 없애는 것이 아니야.

아르카 아타르의 한 수피교도는 영속과 영원 사이에 놓인 우리의 역설적 존재에 대해 이렇게 경고하고 있어. "현세를 영적 세계의 원자 이상으로 여기지 마십시오. 현세의 왕국에 만족하면 영원의 왕국을 잃게 됩니다. 진정한 왕권은 영적인 지식에 있습니다."

이라 봐봐, 나는 루미를 더 잘 이해할 수 있어. 아니 더 잘 느낄 수 있어. 내가 보기에 루미는 시와 사랑의 초로 교의에 불을 붙여 도그마와 비유를 계시와 비전으로 바꾼 신비로운 무용수이자 시인이었어. 『루바이야트』에서 "나는 한 방울의 물이 아닌, 온 대양이다! / 나는 거짓된 시선의 교만한 사람이 아니다. / 내가 무언의 언어로 말을 건네는 원자 하나하나는 / 지체 없이 외친다: 나는 원자가 아니다!"라고 노래한 사람이 바로 루미였지.

아르카 그런 점에서 아타르의 세계는 여전히 금욕적인 체념에 기반한 교리적 시대의 해방된 원자일 거야.

이라 루미의 세계는 전체와 접속하는 힘으로서의 사랑에 의해 변형된 세계야. 루미는 신의 바다에서 파문을 그리며 헤엄치는 물고기였어. 하지만 신과 그의 관계는 자신을 희생하는 새나 물고기의 힘겨운 여행보다는 연인들이나 친구들에게서 더 잘 표현돼. 루미에게서 결합은 법열이나 신의 은총 덕분에 가능하지. 우리가 각고의 노력으로 시무르그

아타르[9]에게 날아가는 대신 마치 그가 우리를 향해 오는 것
과 같다고 할까.

아르카 우리에게로 와서 눈치채지 못하게 살며시 입을 맞추
는 거지.

이라 신의 은밀한 입맞춤! 아버지가 참지 못하고 어린 딸에
게 입을 맞추는 것처럼.

아르카 맞아, 누가 신보다 더 은밀하겠어? 어느 누가 우리가
신이라고 부르는 그분보다 숨바꼭질을 즐기겠어?

이라 신은 탁월하게 에로틱한 이름이야. 그분의 끊임없는 은
닉과 출현, 불확실성과 확실성, 덧없음과 영원성, 우리 인
간과 이성 너머에서 해소되는 선악의 양상의 의미에 대해
서 말하는 거야.

아르카 대단한 역설이야. 그렇지?

이라 맞아.

아르카 맞기도 하고 틀리기도 해.

이라 틀리기도 하고 맞기도 해.

아르카 그리고 동시에 대단히 단순한…

이라 수수께끼이자 가장 단순한 답.

아르카 질문이자 질문의 부재.

이라 증거이자 일체의 증거의 불필요성.

아르카 20세기가 한창일 때 유서 깊은 교훈시의 흐름을 이어
갔던 타고르는 시「여행」에서 몸과 마음을 맡기는 것의 필
요성을 인정하고 있어. 길이 멀고 험하지 않을까, 도달하기

9　페르시아 신화에 등장하는 신조神鳥.

새들의 노래

위해 고투를 겪어야 하지 않을까 불안해하지만, 마침내 두려움 없이, 미소 지으며, 자신의 곁을 지키시는 그분과 함께 몸을 일으키지.

이라 루미의 시에서 우리는 연인 혹은 벗의 형태로 그러한 신과의 다정한 만남을 살아서 경험할 수 있어. 그 결합은 매우 사실적이야. 자아는 완전한 몰입 상태에 있지. 단지 이름만 껍데기처럼 살아남아. 변형된 그 이름 역시 초월적인 유일한 새의 노래로 표현되고 있고. 말로 나타내지 않는 이름. 노래로 불리고 무엇보다 그 자체로 존재하는 이름이지. "사랑이 와서 내 혈관과 살갖을 적시는 피처럼 내 안에 있다. / 사랑이 나를 비웠고, 그다음에 벗으로 나를 채웠다 / 나의 몸은 구석구석 벗의 지배하에 있다 / 내게서는 이름만 남고… 나머지는 벗이다."

아르카 이봐, 친구. 네 말처럼 신이 탁월하게 에로틱한 이름이라면, 신과 우리의 관계는 생각만 해도 가슴이 두근거리는 임, 아니면 연인의 모습으로 표현되겠지.

이라 수피들은 그 사실을 훤히 꿰고 있었어.

아르카 제아무리 열정적이어도 모든 사랑은 우정 안에서 정화돼. 신이 우리 친구가 아니라면 누가 우리의 친구가 될 수 있겠어?

이라 친구의 바람風이 우리를 음악과 대화, 그리고 조화로 바꾸어 놓도록 속이 빈 갈대가 되는 편이 낫겠어.

아르카 속이 빈 갈대나 빈 그릇.

이라 그렇지.

아르카 이 산책을 시작하면서 우리가 이야기한 타고르의 시가 表現하고 있듯이, 연약한 그릇은 다시 새 생명으로 가득

찾어. 그리고 『기탄잘리』는 이렇게 이어져. "이 작은 갈대 피리를 언덕과 골짜기로 가지고 다니며 당신은 끝없이 새로운 곡조를 불어넣습니다. / 당신의 불멸의 손길에 내 가슴은 기쁨에 차서 끝없이 확장되며, 형언할 수 없는 하모니를 빚어내기도 합니다. / 당신의 무한한 선물이 나에게까지 도달하고, 나는 이 가녀린 두 손으로밖에 받을 수 없습니다. / 영겁의 시간이 흘러도 당신은 여전히 선물을 아낌없이 주고 있으며, 언제나 내 손에는 채워야 할 알이 남아 있습니다."

이라 이 노래에서 그 말을 하고 있지는 않지만, 타고르 역시 신을 자신의 친구로 표현해. 일부 아프리카 종교에서처럼 아버지와 어머니가 될 수도 있지만, 무엇보다 친구인 창조자. 게임에서처럼 숨었다가 모습을 드러내는 친구. 시인은 죽음의 순간에 그의 눈을 볼 수 있도록 등불을 계속 켜 둘 것을 청해.

아르카 시의 그릇은 고대 안데스의 그릇처럼 쉭쉭 소리를 낼 것 같아.

이라 아니면, 카리브해 타이로나족의 오카리나처럼.

아르카 다른 1과 대화하는 1을 통해 멜로디가 휘파람으로 불리지. 친구는 혼을 불어넣는 사람이야. 「요한복음」에 나와 있듯이 태초에 말씀이 계셨다면 노래로 불린 말씀이 첫 번째였어. 말 노래. 우리의 가장 오래된 언어는 인생의 첫 시기의 언어처럼 더 음악적이었지. 시 또한 더 음악적인 언어로의 회귀야.

이라 우리가 오카리나가 되는 거지. 누군가가 우리를 통해 노래해. 우리는 인간 오카리나로 태어나는 거야. 우리의 친구가 연주하고 휘파람 소리를 내는 형식의 표현으로.

아르카 "속을 채워야 할 알"이 남기 십상이야···

이라 봐봐. 그의 손의 접촉이 손가락 사이에 오카리나를 잡고 있는 음악가의 접촉과 같다고 상상하면 될 거야. 그의 접촉은 마치 우리가 알을 만지거나 운반할 때처럼 타고난 섬세함을 표현하지.

아르카 나는 시쿠라고도 불리는 삼포냐의 가슴을 후벼 파는 절절한 곡조를 상상해.

이라 날개 달린-음악적인-사람의 형식의 기쁨은 신의 경계 없는 허파를 통해 무한한 관대함으로 확장돼. 신의 숨결은 형언할 수 없는 하모니를 구성하고 해체하고 재구성함으로써 우리를 불타오르게 하지. 천사가 날개 달린 존재로 표상되어 있다는 점, 또 어떤 그림에서는 천사가 팬파이프를 연주하고 있는 모습으로 묘사되어 있다는 점을 생각해 봐. 지금 머리 위로 날아가는 새들을 잘 봐. 그들은 우리의 위성과 종교적 음악성의 분리를 극복하는 본능적 과학에 기반한 사운드맵에 인도되고 있어.

아르카 신의 손과 사람의 손에서 잠시 멈추자. 그리고 그 전에 충만하게 서로 만나고 얽히는 연인들의 손에서. 모든 것은 그렇게 시작돼. 종교는 미켈란젤로가 시스티나 대성당 돔에 표현한 것처럼 서로 닿을 듯 말 듯한 신의 손가락과 인간의 손가락 사이에서 생겨나는 장력을 훌쩍 넘어서는 그 무엇이야. 종교re/ligare의 에로스는 나를 완전히 내주는 것을 의미해. 모자가 자아의 매장을 의미하는 데르비시[10]의 춤에서처럼. 이때 자아는 우주 질서에 대한 철저한 순종 속에서 행성들과 함께 자유롭게 회전하지.

이라 또한 종교적 완전성을 실현하는 데 필요한 대립물 사이의 탄트라적 결합을 생각해 봐. 그러면 돔cúpula은 재결합, 재접속, 재통합에 대한 열망 속에서 교합cópula이 돼. 하지만 손에 남아 있는, 속이 채워지지 않은 알은 매우 신비로워…

아르카 욕망?

이라 아니면, 힌두교도들이 카르마라고 부르는 것?

아르카 차라리 은총이나 수행을 통해 실현 가능하지만 일상생활에서 항상 온전히 모습을 드러내지는 않는 신성한 본성인 다르마dharma[11]를 생각하고 싶어. 카르마는 죄만큼이나 무거워. 다르마는 물에 비친 우주처럼 가볍고 조화롭지.

이라 법열, 은총이 필요하지 않을까?

아르카 그래, 맞아. 소실점!

이라 욕망이라는 네 말에 일리가 있어. 언제나 더 많은 것을 원하고 있지. 그리고 힌두교도와 불교도의 생각에 따르면, 그것이 영겁의 시간 속에서 끝없이 탄생하는 주된 원인 중 하나일 거야…

아르카 하지만 무엇보다 무의미한 방황의 원인이지. 마치 우리가 태어날 때마다 새로운 궤도를 만들어 내야 하는 행성인 것처럼. 내 생각에는 네가 윤회를 말하고 있는 것 같은데.

이라 맞아. 힌두교도와 불교도 사이에서 매우 존중할 만한

---

10 극도의 금욕 생활을 서약하는 이슬람교 집단의 일원으로 예배 때 빠른 춤을 춤.

11 인도의 종교, 사상, 또는 불교의 중요한 개념으로, '유지하는 것', '지지하는 것' 정도의 뜻을 지닌다. '법法'으로 번역되기도 한다.

믿음이야. 하지만 그것에 대해 이야기하는 것은 뜬구름 잡는 일에 불과할 거야. 나는 욕망의 대가로 우리를 구속하시는 신이 아니라 우리에게 무한한 선물을 아낌없이 베푸시는 신을 믿어. 비어 있는 것과 충만한 것은 서로를 필요로 해. 그것들은 신의 신성한 두 팔이야.

아르카 "영겁의 시간이 흘러도 당신은 여전히 선물을 아낌없이 주고 있으며, 언제나 내 손에는 속을 채워야 할 알이 남아 있습니다." 그러면 우리는 다시 발아 상태에 놓이게 되는 거지.

이라 실체 없는 발아. 채워지지 않은 알은 실현되지 않은 혹은 나중에야 실현될 욕망일 수 있겠지. 하지만 그 또한 공空이야. 안에 아무것도 없는 알. 단지 껍데기뿐인.

아르카 껍데기는 몸이 사라질 때 남는 이름과 같아. 친구인 나머지-전부는 루미의 시처럼 전체를 충만하게 채웠을 뿐만 아니라, 타고르의 시에서처럼 모든 것을 비우기도 했어. 채워지지 않은 알은 거듭 채워지고 비워지는 연약한 그릇과 같아. 또한 속이 비어 있어 명백한 물질성 없이도 모든 것을 채우는 음악으로 심연에 울려 퍼지는 갈대와도 같아.

이라 타고르는 "당신은 나를 무한한 존재로 만들었습니다"라는 말과 함께 노래를 시작해.

아르카 연주되고 연주되기를 멈추는 오카리나처럼 비워지고 채워지는 것. 울리고 울리기를 멈추지 않는 시쿠. 사용되고 사용되기를 멈추는 가면. 바로 이 동일한 삶 속에서 태어나고 죽기를 되풀이하는 페르소나! 그리고 하늘도 알 수 없을 무한한 시간 동안…

이라 초월적 비전이 깊이 내재되어 있는 다른 영적 전통, 예컨대 마야-키체 전통에서는 많은 경우 새들의 이름이 그들 자신의 노래야. 움베르토 아카발이 의성어 시로 빚어낸 게 바로 그거지. 어느 낭송회에서 그가 너에게 헌정했던 시를 기억해 봐.

아르카 그걸 어떻게 잊겠어? 어제가 멀리 가버리도록 내버려 두지 마. 과거가 떠나 버렸기 때문에 그에 관해 얘기하는 게 괴로워.[12] 참 희한하지! 어젯밤 로렌소 아이야판[13] 꿈을 꾸었는데, 그의 마푸체어 이름이 우늄체[14]야.

이라 두 거장 모두 새의 존재를 감각적으로 담은 시적 유산을 남겼어. 〈새들의 노래Xirixitem chikop〉[15]에서 아카발은 새들을 노래하지도 않고 이미지로 그리지도 않아. 시를 읽을 때마다 새들을 호출하지. 시를 암송할 때마다 새들이 살아서 움직이는 것 같아. 노래는 새야. 새는 노래고. 차이를 식별할 수 없어. "위스윌, 위스윌, 위스윌… / 툴룰, 툴룰, 툴룰… / 쿠루품, 쿠루품, 쿠루품… / 초윅스, 초윅스, 초윅스… / 툭툭, 툭툭, 툭툭… / 사르, 사르, 사르…"

아르카 새 인간 우늄체는 입으로 새들의 노래를 읊고 새들과 대화를 나눈다고 해. 새들처럼 노래할 뿐더러 아카발과 달리 우리에게 해석을 제공하지. 시인은 음악적 언어 사이의

---

12 움베르토 아카발이 2019년 사망한 것을 가리킨다.
13 Lorenzo Aillapán Cayuleo(1940-). 마푸체족의 전통을 지키는 일에 헌신해 온 칠레의 시인, 배우, 영화 제작자, 인류학자.
14 '새 인간'이라는 뜻이다.
15 2019년에 발매된 추모 음반으로 아카발이 자신의 시를 낭송한 것이다.

번역자이자 중재자가 되는 거야. 티티티프켄 새, 즉 마젤란 타파쿨로에 관해 우늄체는 새의 이름을 노래하기 전에 이렇게 설명하고 있어. "새벽 시간을 알리면서 시작하여 아침 내내, 그리고 정오부터 오후까지 노래하는 유서 깊은 새. 여명, 아침, 정오 및 황혼의 네 부분으로 나뉜 낮의 빛과 함께 일한다. 삶, 노동, 결실과 생산, 가족, 경작, 수확, 그리고 동물의 상징. 트루트리프 티프 티프 티프 티프 캔 캔 캔. 트루트리프 티프 티프 티프 티프 캔 캔 캔 캔!"

이라 네가 읽어 준 내용은 마야 시인의 탈초월화된 태도와 대조가 돼. 그는 날아다니고, 노래하고, "—기꺼이— 어떤 사람들이나 사물들 위에!" 똥을 갈기기 위해 한 마리 새가 되고 '싶다고' 썼어. 비행은 아주, 아주 실제적으로 감정의 해방을 표현하는 방식이지.

아르카 우늄체도 배우였어. 그리고 많은 주술사들이 그렇듯 배우들이 가면을 사용할 줄 알고 그럴 필요가 있다는 것은 주지의 사실이야. 우늄체는 가명이나 이명異名이 아니라 인격화한 화신이지. 가면, 즉 부리를 통해 울리는 목소리라는 의미의 페르소나.

이라 아카발은 부정확하면서도 정확한 단시短詩를 썼어. "새의 노래는 / 잘 쓰였고, / 누구라도 / 그걸 느낄 수 있네." 거의 모든 게 상상에 맡겨져 있지.

아르카 어떤 시에 대해서도 말할 수 있는 것을 한 편의 위대한 시에 대해서 말할 수는 없는 법. 하나는 우리에게서 날아가고 다른 하나는 우리에게 날개를 달아 주지. 새들의 노래도 우리 안에서 부화하였어. 속이 빈 알을 채우기 위해 필요한 게 바로 그거야.

이라 벗과 나눈 우리의 대/화con/versaciones가 날개를 펼치도
록 우리에게 영감을 주기를!

침묵과 탈창조

이라 중국의 문은 영성靈性에 관한 한 개방적이었어. 너도 짐작이 가겠지만 인도의 경전들이 그 문을 통과해 한반도와 일본 열도로 전해졌어.

아르카 나는 어느 호수 맞은편에 있는 그 빗장 없는 문을 실제로 보았어. 황제와 황실 사람들과 신하들이 드나드는 문 같았어.

이라 그런데 소위 '황제의 성스러운 피'를 물려받은 많은 사람이 오늘날에는 베이징 지하철 문이 어서 열리기를 기다리게 될 줄 누가 알았겠어? 가쁜 숨을 내쉬며 어렵게 승차하고. 자신들의 성스러움이 사라진 꼴이지.

아르카 방어용 장성이 아시아의 한 도시에 수백만 명의 승객을 몰아넣은 형국이군. 인류의 경이로움 중 하나라는 그 장성이.

이라 비인간적인 경이로움이라고 말하고 싶은 거군.

아르카 돌을 캐고 나르고 쌓으면서 삶을 소진하지만 않았다면 경이롭다 할 수 있겠지. 젊은 마르티[1]와 브라질인 세바

---

1 호세 마르티는 16세 때인 1869년에 독립운동 혐의로 구금되어 이듬해 채석장에서 노역을 한 적이 있다.

스티앙 살가두²의 흑백사진에 찍힌 수많은 현대판 노예가 받은 형벌과 같은 것 아니겠어?

이라 장성 이쪽 편에는 최신 휴대폰을 끼고 사는 이들이 있어. 대체 무슨 이야기들이 그리도 재밌기에 고개를 처박고 SNS에서 채팅을 하는지 모르겠어. 또 중국인들이 무엇 때문에, 그리고 누구를 위해 아프리카에 그리도 많은 땅을 매입했는지…

아르카 중국에서 본 광고가 생각나. 가상 인간의 머리를 한 젊은 여성이었어. 애니메³의 환영. 비록 많은 중국인과 한국인이 침략자였던 일본인들을 여전히 증오한다고 하지만 대개는 그들의 가상 문화를 우러러보거든.

이라 오타쿠는 일본적 환상이 반영된 인물형이야. 오타쿠들은 대부분 아무것에서도 두드러지지 않지만, '아무것도 아닌 것'이 바로 그들의 둥지야. 가면을 쓴 것처럼 여겨져도, 사실 도시 하위문화의 거의 모두가 적응을 위한 '부족적 tribal' 수단들인 거지. 오타쿠들은 반은 망가와 TV 애니메의 자식이고, 반은 SNS, 컬트영화, 팝, 코스프레의 자식이야. 하녀 코스프레를 하는 여성들에게는 아직도 의구심이 들어. 의상과 소녀 목소리가 너무 복종적이고 인위적으로 느껴졌어.

아르카 가상 세계에 집착하며 허구 세계의 화신으로 예속되는 것보다 소외가 덜해 보이긴 하지. 그러나 하녀는 일부

---

2 Sebastião Salgado(1944-). 사회적 비판 의식이 투영된 사진을 주로 찍은 사진작가.
3 일본 애니메이션.

남성이 여성에게 기대하는 인물형일 뿐이야…

이라 노예근성과 유아증. 늘 젊은이이고 싶은 어른들에 기댄 소비야.

아르카 나는 서울에서 많은 성인이 주말이면 키웨 테그나스족이나 나사족의 구아르디아 선주민들[4]처럼 등산용 지팡이를 짚고 거대한 도시를 에워싼 여러 산에 오르는 것을 보고 놀랐어. 그 거대한 도시는 인천과 경기도와 함께 수도권을 이루며, 수도권 인구는 2,500만 명을 넘어. 우리 인간종의 개입에도 불구하고, 인간과 주변 자연환경과의 돈독한 관계는 대체 불가능한 것이지. 우리는 분재盆栽 예술가도 될 수 있지만 나무의 일부이기도 하거든. 성인이 자유롭게 걸을 수 있고, 실현 가능한 모델로 평가되고 간주될 수 있어야 인간다운 삶이 가능해.

이라 요즘은 특정 장소가 자연적 장소인지 문화적 장소인지 판별하기 점점 어려워져. 인간의 개입으로 수많은 숲이 조성되는가 하면, 아프리카와 아메리카의 오랜 주민들은 인공위성의 렌즈에도 문명인들의 렌즈에도 감지되지 않는 자연이야. 문명은 곧 콘크리트라고 생각하는데, 우리가 잘못 배운 거야. 나는 인류의 건강을 진단하려면 아이들과 노인들이 어떤 처우를 받는지 봐야 한다는 견해에 동의해.

아르카 자연/문화의 이원성에 관해서는 모든 경계, 모든 차원을 상대화시키지 않는 것이 중요해. 인간의 행위에 직간접적 영향을 받는다손 치더라도 독자적으로 성장하고, 발

---

4 콜롬비아의 선주민 부족들.

전하고, 죽고, 다시 태어나는 세계는 존재해. 우리의 도시, SNS, 도로 체계가 인간의 개입인 것은 분명하지만, 새에서 영감을 얻어 비행기를 만드는 식이었지. 갈라진 틈, 창살, 도시의 가장 예기치 못한 장소에서 스스로 성장하는 자연도 존재하는 법이야. 정원, 텃밭, 자연보호지역 등과는 다른. 마찬가지로 인간의 창조물인 장소, 자연/문화의 이원성의 경계선인 장소들은 정말로 의문을 남기지. 푸르른 것과 '야생적'인 것만 자연인 것도 아니고, 자연이란 것이 포괄할 수 없고 정의할 수 없는 것도 아니야. 어쨌든 내게 자연이란 무엇보다도 인간과 인간이 만든 기계가 내지 못하는 소리와 침묵이야.

이라 음악가다운 말을 하는군. 우리는 우리의 조건에서 탈피할 수도 없고, 그래서도 안 되겠지. 다시 서울 이야기를 하자면, 나는 지하철이 마음에 쏙 들었어. 효율적이어서가 아니라 가장 붐비는 시간에도 소음과 분주함이 별로 없는 역들이 있어서.

아르카 나도 그랬어. 하지만 우리는 남미 사람들이잖아. 나는 서울의 몇몇 역에서는 군중 속의 침묵까지 향유했어. 내 주관적인 경험이 아니야. 오직 독일의 특정 장소에서만 경험해 본 적 있는 그런 것이었어. 독일의 아파트에서는 초저녁에도 이웃들에게 폐를 끼치지 않으려고 꼭 필요한 소리 외에는 내지 않으려고 신경을 많이 쓰지.

이라 초저녁이라니 몇 시를 말하는 거야?

아르카 저녁 여덟 시.

이라 와우! 부에노스아이레스에서 그 시간이면 소란을 떨기 시작하는 때인데. 여름에는 여덟 시면 한낮의 분주함이 아직 연장될 시간이고.

아르카 지금 세상은 더 잘 보고 느끼고, 더 인간다워지고 탈
인간중심적이 될 필요도 있지만, 침묵을 배울 필요도 있어.
개를 생각해 보라고. 다른 개들이 짖는 소리를 들으려고 텔
레비전을 켜지는 않잖아.

이라 너와 내가 관조적인 사람인 게지. 주님의 포도밭에는
온갖 포도가 있는 법.

아르카 주님, 우리에게 가시를 제거해 주소서.[5]

이라 우리 마치 기도를 드리는 것 같네.

아르카 그럴지도 몰라. 우리의 대화를 듣는 사람이 있다면 아
마 그리 말할 거야. 두에르메아우토피스타스가 맞다는 뜻
인지 아니라는 뜻인지 꼬리를 살랑살랑 흔드네. 짖기도 하
고. 같이 놀아 달라는 것인지 아니면 우리더러 공원이나 산
에서 대화를 계속하라는 뜻인지.

이라 이 개는 너무 말랐어. 네가 책만 너무 읽고 밥은 조금 주
나 봐.

아르카 이라, 이 품종은 별로 살이 안 쪄. 조상이 사냥을 했거
든. 그 뒤로도 사냥꾼들을 따라다녔고. 하지만 두에르메아
우토피스타스는 채식주의자야. 내가 두에르메아우토피스
타스를 길에서 거두었을 때 우리 집을 좋아하지 않았던 생
각이 나는군. 밤이면 쏘다니던 그 가없는 길들처럼 집이 크
지 않으니까.

---

5 사도 바울의 몸에 있는 가시와 관련된 일화. 교만하지 말라는 하느
님의 조치였다.

이라 이 개는 침묵을 좋아해. 옛날 옛적의 개 같아. 옛날 개들
은 짖지 않았다고 하지.

아르카 인간이 언어를 사용하게 된 것은 순전히 공空에 대한
두려움 때문이었다고 말하는 이도 있지.

이라 침묵도 전율을 자아내. 침묵은 보이지 않는 대양이야.
침묵의 광대무변함은 바다의 모습만큼이나, 아니 어쩌면
그보다 더 우리를 놀라게 해.

아르카 어느 날 태평양 연안 해변에서 두에르메아우토피스
타스와 함께 달린 적이 있어. 맡길 사람이 없어서 여행에
데리고 갔었지. 그 긴 잿빛 모래사장이 다한 곳에서 이 친
애하는 친구가 스핑크스 자세로 앉아 무無를 바라보기 시
작했어. 나는 전율을 느꼈어. 나도 그 옆에 앉아 파도가 물
러나고 들이닥치는 소리, 들이닥치고 물러나는 소리를 들
었어. 비로소 우리는 침묵을 공유하게 되었어. 그 어떤 인
간과 같이한 침묵보다 더 편안하고 깊이가 있었어.

이라 우리의 모든 음악과 신체 기관이 침묵의 우주적 경험과
일상적 경험을 할 수 있게 해주는 윤활유 역할을 하기는 하
지. 그러나 아르카, 나는 침묵이 물 한 컵 같다는 상상을 해.
손닿는 범위 안에 있는 수수하고 투명하고 일상적인 물.

아르카 아름다운 이미지야, 이라. 너무나 사실적이고. 모래
사장에 파고 있던 작은 구멍에 온 바다를 담고자 했던 아이
우화를 생각나게 하는군. 나는 대양처럼 광대한 신이면서,
동시에 어릴 때 놀던 물놀이 풀만큼 작은 신을 원하지. 마
른 잎이 초록을 되찾기 위해 마시는 작은 이슬방울 같은 작
은 신을.

이라 우리의 우정이 민물과 바닷물 사이의 우정 같은 것과

마찬가지군.

아르카 물은 본질적으로 동일해. 소금이 매 순간 파도와 침잠하면서 물의 농도를 더 진하게 할 뿐이지.

이라 맞아 매 순간.

아르카 동시에는 아니야.

이라 우리가 소리나 행동을 반대하는 것은 아니야. 하지만 굳이 심리학자가 아니라도, 오늘날 관조와 침묵에 반하는 경향이 득세하고 있다는 사실을 깨달을 수 있어. 생각해 봐, 우리는 벌써 몇 세대째 텔레비전과 앰프 세대잖아. 몇 세대째 기차, 자동차, 오토바이, 비행기 세대이고, 동시에 입자와 전파의 속도를 즐기는 세대야. 멕시코에서는 내게 인사말을 건넬 때 '케 온다 구에이¿Qué onda güey?'[6]라고 하더만.

아르카 이 시대의 '종교'는 속도와 초접속hiper-conectividad을 교리로 하고 있지.

이라 접속이 안 되면 일도 못 해. 상사가 가상공간에 접속하고. 상사에게 대답이 늦으면 징계감이야. 노동자들이 출입할 때 카드를 찍는 것과 매한가지야.

아르카 쉬빙의 그래픽 소설의 사무직 직원이 겪는 일이지. 그 책 읽어 봤어? 아니, 바라보았냐고 물어봐야 하려나. 소설이라고는 하지만 딱히 소설이라 할 수 없는『지서地書: 점에

---

6 '안녕', '잘 지냈어?' 등의 뜻을 지닌 격의 없는 인사. 'onda'는 물결, 기복, 파동, 전파 등의 뜻을 지니고 있는데, 이들 중 어떤 뜻이 'qué'와 함께 결합되어 인사 대용으로 쓰기 시작했는지는 명확하지 않다. 'güey'는 원뜻은 멍청이, 바보 정도지만. '¿Qué onda?'와 결합해서는 그저 격의 없이 상대방을 지칭하는 표현이다.

서 점으로』 말이야. 휴대용 기기에서 메시지를 보낼 때 사용하는 기호와 이모티콘 등으로 쓴 소설이지.[7]

이라 블랙 씨 이야기는 텔레비전, 컴퓨터, 휴대폰 등에 완전히 종속된 사무직 직원의 이야기야… 그 작자는 상사의 통제의 눈길에서 벗어나려고 노력하지. SNS에 접속해 근무 공간에서 벗어나려 하고. 그렇지만 그의 환상은 꿈속에서나 실현돼. 광고에나 나오는 여인, 대저택, 빨간색 컨버터블 차, 금괴 즉 많은 돈을 바라지.

아르카 대단한 남자가 되는 꿈을 꾸기도 하고. 연약한 남자인데 분기탱천하면 몸집이 커지고 초록색 몸으로 변하는 사람 말이야. 하늘을 나는 슈퍼맨으로 변하는 자신을 상상하기도 하고. 하지만 곧 추락하지. 소외된 노동 생활을 알리는 알람이 또다시 울리니까.

이라 나에게 블랙 씨는 이를테면 현대판 시시포스야. 그의 삶은 부조리한 면이 많아. 자신이 자유롭다 믿지만 그렇지 않아. 자기 시간의 주인이 아니야… 비록 그걸 원하지만.

아르카 내 생각에는 그의 환상 역시 모두가 다 자기 것은 아니야.

이라 적어도 오타쿠는 자기 환상을 실현하려고는 하지. 24시간도 모자랄 것처럼 삶이 시계로 인해 파편화된 화이트칼라 직원과는 달라.

아르카 화이트칼라의 삶은 파편화된 삶, 분주한 삶, 가상 세

---

7 徐氷(1955-). 세계적으로 유명한 중국 예술가로, 『지서』는 저자가 7년간 수집한 세계 각국의 상징과 기호 2,500여 개로만 쓴 책이다.

계에 초접속된 삶일 뿐이지.

이라 블랙 씨는 혼자 살아. 고양이와 텔레비전 리모컨과 함께. 잠시 리모컨을 휴대폰과 혼동할 때도 있지만.

아르카 블랙 씨가 지하철을 타러 가면 우리가 서울의 어떤 역에 대해 이야기한 것과는 아주 다른 경험을 해. 옴짝달싹 못하고 질식할 것 같고. 직장에는 더 빨리 도착할 수 있지. 정해진 시각에 출근하려고 신체적, 감성적, 심지어 정신적으로 자신을 옥죄는 수백만 명의 사람들처럼. 적어도 나는 버스 안에서 그렇게 느껴. 공기가 모자라면 아무 생각도 나지 않아. 나의 신성神性이 소진되는 거야!

이라 몸은 가속 페달을 밟는데 머리는 돌지 않는다고? 펑하고 터져 버리겠군.

아르카 블랙 씨에게는 루트ruta는 봉쇄되고 루틴rutina만 남을 뿐이야. 아니, 루트가 있어도 사소한 예외들만 가능하게 프로그래밍 되었겠지.

이라 그 작자는 휴대폰이 여자 친구인 줄 알아. 플레이보이의 바니걸 귀 모양을 한 휴대폰이. 갈증은 그저 캔 음료로 달래. 그의 삶은 아무것도 주체적으로 하지 못하는 아이의 삶 같아. 아니 소리조차 지를 줄 몰라. 그래서 그의 꿈은 악몽이기도 해. 쓰나미, 전쟁, 테러의 악몽. 블랙 씨는 루틴의 세계로 곤두박질치는 작자야. 시시포스처럼 돌을 나르는 cargar 대신 휴대폰을 충전해cargar. 휴대폰에는 콜탄[8]이 들

---

8 휴대폰 소재로 사용되는 물질로 이를 둘러싸고 가끔 국제적 분쟁이 일어난다.

어가지.

아르카 휴대폰은 갈수록 가벼워지는데 콜탄 전쟁은 갈수록 무거워져.

이라 그것은 심리적인 무게야. 우리 부에노스아이레스 사람들이 익히 알고 있는 무게. 그 물질은 곧 전쟁을 뜻해.

아르카 시시포스의 미로는 수직적 미로야. 초커뮤니케이션은 별로 민주적이지도, 또 수평적이지도 않아. 이동통신 시장에서는 이미 중국과 미국 간의 세계대전이 발발했어. 그들이 대체 얼마나 많은 채굴 기술을 예의 제3세계에서 계속 이용하고 있을까?

이라 그 블랙 씨가 견딜 수 없는 침묵이 지배하는 루틴에 빠져 있는 장면이 상상이 돼. 많은 이에게 침묵은 소음이고 일은 형벌이야. 침묵이 항상 안락하고 영감을 주는 것이 아니라고.

아르카 무슨 침묵에 대해 말하는 거야, 이라?

이라 상징마저 입을 다물고 있는 미로 속의 긴장된 침묵에 대해서. 생계를 위해 어디엔가 고용되어 일해야 하는 숱한 사람의 침묵의 루틴에서 일어나듯이. 그들의 대부분의 일은 시시포스가 받은 형벌의 반反신화적 변이형이야.

아르카 이 노동의 비인간화 시대에 20, 30년 혹은 심지어 40년 동안 최소한 하루 8시간, 최소한 주당 5일을 일해야 하는 사람들을 생각해 보자고. 퇴직이 곧 기쁨이요 해방 아니겠어? 하지만 자유를 주어도 새들도 새장을 떠나지 못하고, 노예들도 주인을 떠나지 못한다는 점을 생각해 보라고. 지난 수십 년 동안 숨 가쁘게 달려와 거의 완벽하게 풀타임 고용을 달성한 미국과 중국 같은 나라들은 논외로 하고. 어떤 이들은 한 달에 한 번 밖에 못 쉬어. 그들에게 말을 걸면 소외된 자의 피로와 분노의 눈길 혹은 제국에 복속된 비참한 눈길로 쳐다보지. 인류는 물질적으로 엄청나게 발전했지만, 말하자면 소모품 같은 삶인데 대가가 너무 큰 것 아닐까?

이라 수많은 직장인의 삶이 백색 소음 때문에 탈탈 털리지. 소다 스테레오 그룹의 〈백색 소음〉[9]이 암시하듯 말이야. 루틴의 침묵 같은 백색 소음을 말하는 거야.

아르카 아, 알겠어. 진정한 침묵이 아니라 소음의 돌연변이 이야기를 하는군. 모욕이나 질책을 당했을 때, '탈탈 털렸어me vaciaron'라는 표현을 쓰지.

이라 나보다 표현력이 더 좋군. 아니 삼포냐 연주 때처럼 횡으로 묶은 두 겹의 텅 빈 튜브들이 어우러진 보완적인 표현이라고나 할까.

아르카 시쿠라고도 부르는 삼포냐는 한 겹은 여섯 개, 또 한 겹은 일곱 개의 튜브로 구성되어 있지. 우리 경우는 다섯 개와 여섯 개이겠지만.[10] 침묵은 각 겹의 튜브들의 주인이지. 튜브의 진공眞空도 음악이야.

이라 두에르메아우토피스타스의 튜브[11]일 수도 있고… 내가

---

9 아르헨티나의 록밴드 소다 스테레오가 낸 음반.

10 다섯 개와 여섯 개의 피리를 겹으로 붙여 놓은 삼포냐가 실제 존재하는 것이 아니라, 「나비의 비행, 현자의 꿈」 장의 숫자 11과 관련 있는 대목이다. 숫자 1이 나란히 있는 형국인 11이 두 사람 간의 대화를 연상시킨다고 말한다. 다만 이 장에서는 11이 5와 6을 합친 숫자라는 언어적 유희를 벌이고 있다.

어찌 알겠냐마는… 그래도 그렇지 않을까?

아르카 두에르메아우토피스타스가 짖는 소리는 너무도 음악
적인데 사람들에게 들리지 않지.

이라 겹 튜브 악기는 아니지만 삼포냐 혹은 시쿠와 유사한
것도 많아. 페루 케추아족의 안타라, 에콰도르의 론다도르,
콜롬비아의 카파도르, 구나얄라[12]의 감무 푸루이, 루마니
아의 나이… 이중적 존재, 신성을 지닌 존재이자 악마성을
지닌 존재, 전통 요법의 의사이자 사냥꾼, 음악가이자 님
프를 노리는 판이 부는 팬 푸르트. 그리스인들 사이에서 시
링크스라고 부르는 피리. 님프인 시링크스가 판의 성적 접
근을 피해 달아나다가 라돈강에 몸을 던지며 자매 님프들
에게 도움을 요청하자, 시링크스를 갈대로 변신시켜 주었
다고 하지. 욕정에 들뜬 판이 시링크스를 찾아 그곳에 도달
했을 때, 갈대 소리에 평온을 되찾고 그걸 꺾어 취주악기를
만들었다 하고. 판과 시링크스의 승화된 연주와 주로 아이
마라인 및 고원지대의 시쿠 연주자들의 짝을 이룬 합주 사
이에는 상징적인 접점이 있어. 인간의 성대가 일정 부분 그
렇듯 속 빈 튜브를 통해 자아내는 음악적 대화라는 점에서.

아르카 그래, 이라. 대화를 말이라고 하지만 사실은 음악이야.

이라 맞아, 아르카. 대화는 대담이 아니라 시야.

아르카 그리고 침묵이 존재하지 않으면 말도 음악도 대화도
존재하지 않아.

---

11 이 책에서 두에르메아우토피스타스는 짖지 않는 개, 즉 침묵을 통
해 자신의 세계관을 전달하는 존재로 설정되어 있다.

12 구나족이 사는 땅을 말함. 파나마 동부에 위치.

이라 주관적인 가치 평가에 따라서는 거꾸로도 이야기할 수 있겠지. 대화와 음악과 말이 없다면 침묵도 없다고.

아르카 상호 관계적 시각에서 볼 때 그 말도 일리가 있어. 하지만 두말할 나위 없이 침묵이 먼저고, 발성과 인간의 발성 기관이 나중이야.

이라 그래도 만물의 근원이 대폭발이었다고 단언하는 천문학자들을 생각해 봐. 빅뱅은 이미지 이전에 소리에 훨씬 더 가깝지… 안 그래?

아르카 맞아. '뱅'은 의성어야. 침묵은 소리의 부재가 아니야. 술래를 피해, 또는 상상의 괴물을 피해 숨어 있는 아이가 있는 침묵의 옷장 속에도 최소한의 소리는 존재해. 아이의 숨소리.

이라 심장 뛰는 소리도.

아르카 지금 이 순간 우리의 들숨과 날숨 같은 소리도.

이라 완전한 침묵은 미립자의 부재 이전에 파동의 부재일 거야. 아무것도 존재하지 않는다면 결코 침묵도 있을 수 없어, 움직임도 있을 수 없고. 소리는 움직임이니까.

아르카 아니야. 아니 맞아. 하지만 이 '맞아'는 절대적인 긍정의 뜻으로 사용된 '맞아'가 아니야. 수의 완벽한 부재인 0 같은 의미는 아니라고. 빅뱅은 사실 끊임없는 파동 소리이자 연쇄적 진동일 수 있어. 현재의 소리들이 원초적 소리의 잔재일 수도 있고. 대폭발은 그저 무수한 움직임, 즉 소리의 종결부coda일 거야. 그러나 인간에게 인식 가능한 우주의 기원이 빅뱅이라고 말하는 것은 화산 분출을 그 굉음으로 설명하는 꼴이야. 일련의 원인, 일련의 감지할 수 없는 운동과 소리의 결과라는 사실을 인정하지 않는.

이라 침묵은 한 번도 존재한 적이 없을 수도 있어. 적어도 소리의 완벽한 부재는. 우리가 빛을 통해 감지하는 우주는 또한 빛이 충전되고 방전되는 다중 우주이기도 해. 지금까지 우리는 우주를 기린처럼 목을 늘어뜨리고 매와 독수리의 눈으로 관찰했지. 하지만 이제는 박쥐처럼 우주를 이해하는 단계로 접어들고 있어. 여러 가지 의미에서 인간의 감각과 관찰 도구들은 한계에 도달했거든. 이제는 관점을 바꾸어, 우리가 늙은 박쥐처럼 눈이 멀었다는 사실을 받아들여야 해. 파동으로 보고 느끼는 것을 배워야 한다고. 움직이고, 사라지고, 들리지 않는 우주의 기이한 입자와 암흑물질로부터 이따금 튕겨 나오는 파동을 통해.

아르카 보기 위해 시각장애자 되기. 보지 못하는 이는 보통 사람보다 훨씬 더 많은 것을 들을 수 있어. 감각 조절 기능이라는 것이 존재하니까. 더 많이 지각하는 것은 문제겠지만.

이라 듣기 위해 청각장애자 되기. 시각장애자는 우리보다 더 많은 것을 볼 수 있으니까. 내게는 빅뱅이 불교 사찰에서 종을 치는 것과 같아. 파도가 또 다른 파도를 덮듯이, 다음 진동이 발생할 때까지 진동이 퍼져 나가지.

아르카 침묵하기는 '비-침묵no-silencio'을 받아들이게 해. 침묵은 고주파 소리와 저주파 소리의 조화거든. 소리의 부재가 아니라고. 우리가 소리인 이상 소리의 완벽한 부재는 형이상학적 문제야. 이 문제에는 원초적 진동이라는 개념도 포함되어 있어.

이라 인간의 제한된 언어적 관점으로는 음악의 정의와 침묵의 정의를 완벽하게 구분할 수 없어. 이 상황은 우리의 뇌 영역에 해당해.

침묵과 탈창조   219

아르카 침묵과 음악을 구분하면 안 돼. '우주universo'를 지칭하는 또 다른 단어인 '코스모스cosmos'의 그리스어 어원이 질서, 조화 등이잖아… 우주가 음악과 침묵 간의 질서와 조화일까? 나는 그렇게 믿어.

이라 많은 시인에게 우주는 하나의 우주universo가 아니라 다중 우주pluriverso야. '다lo plural'는 음악이고, '하나lo uni'는 이를테면 승려monje, 수도원monasterio, 단자單子/mónada의 침묵 같은 것이야.

아르카 두 가지 정의가 공존하고 있군, 안 그래? 하나의 우주와 많은 우주. 많은 우주가 들어가는 하나의 우주라고 정의해야 하려나.

이라 이렇게 집에서 멀리 떨어져 함께 걸을 때면, 나는 대화의 우주를 원해. 사람은 자신의 행위로 '규정'되는 것이 낫겠지, 자신이 어떤 사람이거니 하는 스스로의 평가로 '규정'되는 것보다.

아르카 대화를 하는 사람이자 대화의 대상, 그것이 인간적인 정의이지. 모든 것이 걸핏하면 서사로 변해 버리는 이 관계의 세상에서는.

이라 맞아. 우리가 어느 찻집에서 몇 시간째 대화를 나누고 있을 때, 어떤 부인이 당위當爲의 눈길로 다가와 우리에게 물었지. 직장은 있냐고… 내 기억에 너는 묘한 눈길로 나를 바라보았고, 이윽고 우리는 하염없이 웃었어…

아르카 그 부인은 우리가 자신을 조롱한다고 생각했겠지. 하지만 우리는 웃음을 멈출 수 없었어…

이라 직장이 있느냐는 말을 무슨 뜻으로 썼는지 도무지 모르겠어… 하지만 중년의 두 작자가 한참 일할 시간에 몇 시간

씩 앉아서 대화를 나누었으니. 어쩌면 그 부인은 우리가 사회를 모욕했다고 여겼을 수 있어. 소크라테스의 유죄 원인 중 하나였지. 아무튼 그 부인은 우리를 실업자 취급했어.

아르카 우리를 고용하고 싶었으려나, 하하…

이라 하하… 대화는 구직에 도움이 안 돼. 직장에서는 '잡담 마', '집중해'라고 말하잖아.

아르카 그렇지. 하지만 필요도 없는 신용카드나 융자를 권하는 일에 종사하는 은행 콜센터 직원도 많잖아. 뭔가 사게 하려고 지인처럼 대화를 걸어 오는…

이라 아니면 빚을 지게 하려고… 찻집에서 터뜨린 웃음은 일종의 인간 간의 빅뱅이었어. 그 웃음 뒤에 나는 우리가 더 많은 침묵이 가능한 사람들이라는 생각이 들었어. 나는 알겠어. 우리가 친구인 이유는 함께 아무 말 없이 걸을 때도 편해서라는 사실을. 서로 쳐다만 봐도 여자 친구와 무슨 일이 있었는지도 알고. 그리고 두에르메아우토피스타스와 함께 걷기도 하고.

아르카 나는 정반대였어. 묘한 일이군. 너에게는 더 많은 이야기를 털어놓을 수 있겠거니 하고 느꼈거든. 우리처럼 책을 많이 읽는 사람들은 보통 외향적이지는 않잖아.

(며칠 후)

이라 좋은 아침, 아르카! 오늘은 정말 침묵이 있는 곳에서 침묵을 논하네.

아르카 며칠 전에 이야기 나누었을 때는 주위가 시끄러웠어. 어떻게 지냈어, 이라?

이라 아주 잘 지냈어. 침묵에 더 많은 시간을 할애했으면 더 좋았겠지만. 독서, 정원 가꾸기, 나무 세공을 하면서. 혹은 그저 사색하고 걸으면서.

아르카 세공은 어디서 배웠어?

이라 너의 나라 콜롬비아에서 휴가를 보냈을 때. 칠 장인이 미니어처 의자와 팔걸이의자 만드는 법을 가르쳐 주었어. 전통의 모파 모파mopa mopa 예술[13]은 배우지 못했지만, 그 때부터 나무로 미니어처 만드는 것이 좋았어. 분재 예술 하듯이.

아르카 그 장인이 왜 미니어처 의자 만드는 법을 가르쳐 주었는데?

이라 의자 없는 세상을 생각해 봤어? 쉬는 것이 필요하잖아. 특히 어지러운 머리를 달래 줄.

아르카 의자를 사용하지 않는 사회들도 있어. 해먹, 방석, 돌 위에 앉는… 앉는 행위는 대단히 인간적이야. 인간만 앉는 것은 아니지만. 인도 북부의 어느 마을에서 본 그 랑구르 원숭이들도 창문에 앉아 있었지.

이라 며칠 전에 우리는 걸으면서 대화를 나누었지. 오늘은 이 마테차를 마시며 다시 좌정해 있네. 우리가 걷고 대화할 때면 말을 좌정시키는 느낌이 들어.

아르카 말은 네가 스스로의 말을 들을 때 좌정해. 그렇지 않으면 뜨거운 화로 위의 물방울처럼 튀고 증발해.

---

13 콜롬비아 남부의 일부 선주민 사이에서 2,000년 전부터 전해진 나무 세공 기술.

이라 네가 하는 말이 네게 좌정하고, 너와 함께 좌정했다가 상대방에게 말을 되돌려 주는 거야. 마치 마테차 마실 때처럼.[14]

아르카 너는 음악적인, 아주 대단히 음악적인 유희를 하네. 개입할 정확한 순간을 미리 느끼고, 미리 좌정시키고 있군. 교향곡 연주 때 연주자가 때맞춰 개입하여 화음을 유지하고 확장하듯이. 청중은 연주자가 언제 개입할지 예측 불가능하지.

이라 나 역시 네가 어느 순간에 이야기할지 모르겠어. 어느 순간에 대답을 할 것인지, 어느 순간에 침묵할 것인지…

아르카 사람이 음악적인 시어를 통해 대화를 하면con/versan-do, 자연스럽고 자유로운 안정적 존재con/ser가 돼. 좋은 대화란 잠정적 존재con/estar를 선행하는 대화야.[15]

이라 너는 내면적 균형을 갖추고 있어. 대/화con/versación의 음악성은 가끔 폭풍우가 휘몰아치는 대양처럼 요동치고, 흐르는 강물처럼 리듬감 있게 노래하고, 가을에 떨어지는 황금빛 낙엽처럼 미묘해.

아르카 우리의 소통 능력을 잠깐, 심지어 짧은 기간 동안 상실한 채 잠정적 존재와 안락한 존재bien/estar에 입각한 대화만 하면, 이따금 우리는 제대로 된 말을 할 수 없어. 사람

---

14 아르헨티나 등 남미 남부 국가들에서는 마테차를 돌려 마시는 풍습이 있다.

15 아르헨티나 철학자 로돌포 쿠쉬는 아메리카에 산다는 것은 안정적 존재가 되지 못하고 잠정적 존재가 된다는 것을 의미한다고 주장한 바 있다.

들 앞에서 미친놈처럼 계속 독백을 하기도 하고, 청각장애
자나 신호 문맹자처럼 대화를 중단시키기도 하고, 채팅을
하다가 따분해지면 엉망진창의 메시지를 마구 던지기에
이르러. 요약하자면, 그 누구도 이해할 수 없는 비교 향악
적 음악가가 되거나 오보에나 트럼펫 연주를 하다 음이 틀
려 모든 사람의 구경거리가 되지.

이라 대화는 교향악이 아니라 잠깐 동안의 시쿠 독주 혹은
짝을 이루어 합주하는 것과 비슷하지. 대화에서 하나의 목
소리는 두 목소리이자 많은 목소리인 셈이야. 이를테면 시
쿠리아다sikuriada[16]가 되는 거지. 말을 하기 위해(그리고 듣
는 이의 귀청을 울리기 위해) 내쉬는 바로 그 날숨이 튜브
내부의 텅 빈 공간, 백지, 고독한 숲, 쾌청한 하늘에 낭랑하
게 울려 퍼지는 거야.

아르카 시쿠의 튜브 안에 텅 빈 공간이 없다면 소리도 나지
않겠지.

이라 공간의 침묵이 없다면 목소리도 존재하지 않을 것이고.
너 역시 존재할 수 없는 것이고.

아르카 페르소나persona는 라틴어 페르-소나레per-sonare에
서 온 말이야. 소리, 성격, 목소리를 내는 가면.[17] 하지만 우
리가 페르소나라고 부르는 이 시쿠들을 부는 이(들)은 누
굴일까? 조상? 타인들? 언어? 유전자? 자연? 신?

이라 우리 인간은 말하는 자일 때보다 말이 건네지는 자일

---

16 시쿠 합주에 맞춰 여러 나이대의 남녀가 참여해서 추는 춤.
17 라틴어 'personare'는 '가면을 통해 울리는 소리'라는 뜻이다.

때가 더 많지만, 그렇다고 꼭두각시도 아니고 마리오네트 인형도 아니야. 자기만의 그림자를 만들어 내고, 타인들의 그림자와 상호 작용을 해. 비록 이 사실을 깨닫지 못할 때도 있지만. 진정성은 그림자들을 한쪽에 밀어 두고, 소위 '진짜original', 즉 가슴, 영혼, 심지어 이성이라고 부르는 것을 통해 우리 스스로를 바라보는 것이야. 우리는 언어로 이야기를 나누지. 언어가 우리에게 말을 걸기도 하고. 우리나라에서는 2인칭 대명사로 '투tú' 대신 '보스vos'를 사용하지만, 내가 너와 이야기할 때는 이따금 '투'를 사용해.[18] 그림자를 부정하면 더 많은 그림자를 양산할 뿐이라는 것이 사실이라면, 심리 마술사pasicomago를 자처 했다가 키르케[19]가 짐승으로 만들어 버린 사람들처럼 이익을 취하려는 것은 아니야.

아르카 'vos'는 타인otro, 그것도 품이 넉넉한 대문자 'O'로 표기한 타인OtrO에 대한 인정이야.[20] 'vos'에는 '시세오siseo'의 's', 즉 소리를 운반하고 혼자가 아니라는 것을 확인시켜 주는 기가 막힌 소리 파동도 있고.[21]

---

18 이라의 고국으로 설정되어 있는 아르헨티나에서는 2인칭 주격 대명사로 '보스'를 쓰는 데 반해, 대부분의 스페인어 사용국에서는 '투'를 사용한다.

19 그리스신화에서 마술이나 저주에 능하여 자신의 섬을 찾는 이들을 늑대, 사자, 돼지 등의 짐승으로 만들어 버린 마녀.

20 소문자와 대문자의 유희로, 대문자 표기 OtrO가 타인에 대한 더 폭넓은 인정을 의미한다.

21 '시세오'는 다른 사람의 주의를 끌기 위해 내는 쉿, 칫 등의 소리를 말함.

이라　보스vos는 내가 인정하는 목소리voz이기도 해.[22] 나를
　　접촉하게 만드는 목소리라서 보스야. 타인이 내 목소리 속
　　에서 말하니까 보스고. 그렇다고 내가 그 타인을 통해 말하
　　는 것도 아니고, 그 목소리가 나를 통해 말하는 것도 아니야.

아르카　'보스vos'보다 '투'가 더 친근감 있는 것 같아. 소리의
　　촉감이 사랑하는 여인에게 아주 그만이지. 물론 내 생각일
　　수도 있어. 나야 '보스'를 사용하지 않고 살아왔으니.

이라　대화는 목소리와 보스 사이에 이루어져.

아르카　'너tú'와 '나yo' 사이라고 하는 것이 더 적확하고 울림
　　이 있어. '나'가 더 개인을 의미하는 것 같거든. 영어의 'I'처
　　럼 개인적 공간이 있는 장벽 같기도 하고.

이라　그렇지. 대화는 'I'와 'You' 사이에 하는 거지. 'vos'의 영
　　어에 해당하는 단어인 'You'가 스페인어에서 나를 뜻하는
　　'yo'에 'u'를 추가한 단어라는 점이 묘하군. 'you'의 'u'는
　　'yo'의 출입문 같아.

아르카　반면 'I'는 굳건해. 여왕의 경호병처럼 굳건하고, 글자
　　모양 그대로 균형감이 있어. 'I'가 'yo'보다 시각적으로 더
　　간결하고.

이라　하지만 'yo'는 모든 'I'의 이원성을 보여 주지. 직선과 곡
　　선, 남성과 여성, 그밖에 적대적이면서도 상호 보완적인 온
　　갖 힘이 'yo'에 수렴해.

아르카　'yo' 자체는 폐쇄적이지만 'O'의 동공洞空/cavidad과 'Y'

22　라틴아메리카 스페인어에서 'vos'와 'voz'가 발음이 같은 것을 이
　　용한 언어유희.

의 개방성을 통해 열림을 모색해. 그래서 시각적으로는 덜 간결한 거야. 'I'는 더 엄격해. 자신을 일관성 있게 표현하고자 하는 깡마른 사람이라고나 할까. 항상 그럴 수는 없겠지만. 'yo'는 합리적인 것과 비합리적인 것의 수렴을 더 많이 허락해. 'yo'와 'I'는 앵글로인과 스페인어권 사람들 사이의 최초의 경계 지대라고나 할까.

이라 'yo'는 개방된 뇌이자 지하 계단이 있는 집이야. 'I'는 더 뼈 같고, 더 수직적인 구조이고 마천루야. 나는 'vos'를 사용하면서 컸어. 'v'의 개방성, 'o'의 순환적 원형성圓形性, 's'의 전도성傳導性이 좋아. 'vos'를 사용하며 대화할 때면 그 전류를 느껴. 특히 그 상대가 여성이라면. 흡연 여성일 경우에는 's' 소리가 나도 모르게 작아져서 들릴락 말락 하지만, 자전거를 탈 줄 아는 여성이면 'vOOs'라고 힘주어 말하게 돼.

아르카 만일 우리가 동일자 혹은 불멸의 인간이라면 대화가 필요 없을 텐데.

이라 'tú'는 타인을 지칭하면서 악센트를 찍잖아… 우리 인간은 생각보다 더 많은 제스처를 써가며 말을 하지.

아르카 'vos'를 쓰는 스페인어 사용국들이 있지. 하지만 그밖의 나라들에서는 친근한 관계일 때는 'tú', 거리가 있는 관계일 때는 'usted'로 구분해 쓰잖아.

이라 'usted'를 사용하면 덜 훈훈한 관계일까?

아르카 항상 그런 건 아니야. 나는 부모님께는 'usted'를 사용하면서 컸어. 공경의 마음이 담긴 훈훈함이라고나 할까. 그저 친근한 척하고 가까운 척하려고 'tú'를 쓰는 사람도 많잖아. 학생이 교수에게 주목받고 싶을 때, 혹은 누군가가 무엇인가를 빨리 얻고 싶을 때 'usted'처럼 더 거리감 있는 표현을 쓰면 안 될 것 같아서.

이라 음, 우리가 언어의 조작 문제에 다다랐네. 언어 조자의 면에서는 우리와 가장 가까운 사촌인 고릴라와 침팬지의 언어와 아주 유사한 점이 있어. 그들은 자기 무리에게 영향을 주고자 할 때, 심지어 무리 위에 군림하고자 할 때 그에 걸맞는 정확한 소리를 낼 줄 알잖아. 나는 라플라타 사람[23]인데도 골을 넣고 싶지 않은데.[24]

아르카 'usted'가 소리가 더 길어서 의사소통에 더 많은 시간이 필요해. 'usted'는 거리距離이고, 가끔은 공경이고, 목소리로 접촉할 때 창출되는 촉감의 경계 지대야.

이라 한국과 중국에서는 유교적 토대 때문에 공경을 강조해. 나이, 성별, 사회적 서열을 고려한 공경이야. 한국인 교수들끼리의 대화에 끼면, 비록 한국어를 모르는 사람이라도 그들의 말에서 존대법이 느껴져.

아르카 한국에 갔을 때 제일 먼저 놀란 일은 공항버스를 탈 때의 기사의 깍듯한 인사였어. 출발하기 전에, 기립해서 우리를 똑바로 바라보면서 몸을 정중하게 수그려 인사하는 거야. 예의를 갖추지 않으면 나쁘게 볼 테니까.

이라 아시아에 가면 몸과 시선의 관계만으로 이미 서반구가 아닌 다른 반구에 있다는 것이 느껴져. 우리에게야 동양이 서반구인 셈이지만.[25] 일본, 한국, 중국에서는 마치 총알 열차를 타고 수천 년 전 과거에서 휘황찬란한 미래로 여행하

---

23 이 대목에서는 아르헨티나 사람을 뜻함.
24 축구 강국인 아르헨티나 사람 티를 내지 않는다는 뜻.

는 것 같아. 골목길을 건너자마자 대로가 펼쳐지고, 고즈넉한 옛 건물들과 전기꽃으로 장식된 초현대적인 건물들 사이를 지나가게 돼. 실루엣만 겨우 분간되는 그림을 보게 되는가 하면, 이내 화려한 사이버 존재들celu-seres이 진동하는 초대형 화면의 매력에 이끌리게 되지.

아르카 식당에 설치된 커다란 TV 화면을 보면 K팝의 사이비 여성 반란자들에 대한 청춘 숭배가 한창인데, 테이블에서는 제일 젊은 여성이 윗사람들을 챙겨. 이들이 나이가 더 많다는 이유로. 한국에서는 유교, 전통주의, 글로컬적 특징들이 끊임없이 대립하고 어우러져. 일본이나 중국과 마찬가지로 자신만의 근대성을 소유한 나라인 거야. 아니면 근대성, 근대성의 발전의 이상이 한·중·일을 소유한 것일까?

이라 한국 식당에서 현지인들과 함께 바닥에 앉았어? 어느 식당에 들어갔더니 나를 반쯤은 동양인, 반쯤은 서양인으로 보더군. 안내하는 종업원이 머리를 긁적이더니 먼저 가 있던 몇몇 유럽인 동료 옆 좌석 의자를 가리켰어. 한국인들은 바닥에 방석을 깔고 앉아 식사하는데.

아르카 종업원이 나한테도 그랬는데 내가 의자에 앉기를 거부했어. 사실 서양인 취급 받기는 불편해. 평생을 나는 이따금 바닥에 앉아서 사색하고 식사하고 대화했어. 그렇다

---

25 아메리카 대륙이 유럽의 서쪽에 있다 하여 서반구로 지칭하는데, 아메리카 대륙 사람들 입장에서는 아시아가 아메리카의 서쪽에 있으니 동양 대신 서반구라고 불러 마땅하다는 견해를 피력하고 있음.

고 내가 동양인이 되는 건 아니지만. 하지만 내가 서양인이라고 생각해 본 적도 없어. 우리에게는 아시아인이 서양인, 즉 서쪽에 사는 사람들이고, 유럽인이 동양인이야.

이라 바로 그거야! 네 위치에 따라 결정될 문제야. 남부 원뿔형 지역Cono Sur[26]에서는 사람들이 정말로 자신들을 서양인으로 생각해. 보르헤스 같은 문학의 몇몇 거목을 통해 고착된 확신이야. 그러나 나는 보르헤스처럼 스스로를 추방된 유럽인으로 느끼지 않아. 내가 알기로는 아르헨티나 내에서도 지방 사람들, 가령 파타고니아, 북서부 안데스, 차코 지방 선주민들 역시 서유럽에 뿌리를 두고 있다는 부에노스아이레스 사람들의 그 우쭐거림을 불편해해. '라 네그라La Negra', 즉 메르세데스 소사가 어디를 봐서 유럽적 아르헨티나인이겠어.[27] 심지어 파리와 마드리드에서는 지겨워했으니, 시사하는 바가 크지… '라 네그라'는 선주민화된 메스티소로 안데스 의상, 노래, 악기들을 통해 그 정체성을 한껏 예찬했지. 우리만의 비너스였고 앞으로도 그럴 거야.

---

26 남아메리카 하단의 원뿔 모양 지역을 일컫는 말. 아르헨티나 등 몇 나라가 위치한 지역이고, 일부 국가는 백인이 인구에서 차지하는 비중이 압도적이다.

27 메르세데스 소사Mercedes Sosa(1935-2009)는 아르헨티나 누에바 칸시온Nueva Canción(새로운 노래운동)의 주역으로 북서부 산 미겔 데 투쿠만 지역(흔히 투쿠만으로 줄여 부름) 출신이다. '라 네그라'는 별명인데 사전적 뜻은 '흑인 여성'이지만, 진짜 흑인은 아니고 뒤에 언급되는 것처럼 선주민 혼혈 가문 출생으로 피부가 가무잡잡했을 뿐이다. 군부독재 시절 유럽에서 망명 생활을 하면서 음악적으로는 월드뮤직의 거목으로 성공했지만, 일상생활에는 적응하지 못했다고 한다.

빌렌도르프의 비너스[28]가 아니라 산 미겔 데 투쿠만의 비너스!

아르카 그 점에서는 어른에 대한 공경이 있는 셈이야, 그렇지 않아? 위대한 여장부였고 앞으로도 여장부로 남을 메르세데스 소사 같은 인물에 대한 아르헨티나식 공경, 라틴아메리카식 공경.

이라 메르세데스 소사 숭배는 그녀가 나이 지긋해지기 훨씬 전에 시작되었어. 망명을 떠날 때 크게 존경받게 되었지. 대중은 망명이 그녀에게는 희생이었던 사실을 알아.[29] 보르헤스와 정반대 운명, 즉 추방된 라틴아메리카인의 운명을 높이 샀어. '라 네그라'의 망명 시절 이야기를 들어 보면, 유럽에서 아주 고독하고 혼자라고 느꼈다는 점을 알 수 있어. 코르타사르, 피아졸라,[30] 기타 라틴아메리카의 수많은 예술가 거목들의 주술적인 파리 예찬은 느낄 수 없다고.

아르카 맞아. 하지만 어른 공경 이야기로 다시 돌아가자면, 라틴아메리카 나라들에서는 배격당하는 노인들의 현실이 너무 슬프고 비인간적이지만, 메르세데스 소사 같은 노인들에 대한 민중의 일정한 경외심도 존재하기는 해.

---

28 1908년 오스트리아 빌렌도르프에서 발견된 구석기시대 여자 조각상에 '빌렌도르프의 비너스'라는 명칭이 붙은 바 있다.

29 망명의 주요 동기 중 하나가 그녀의 공연을 보러 온 청중들이 구금된 사건이었다.

30 훌리오 코르타사르Julio Cortázar(1914-1984)는 아르헨티나의 또 다른 대표적인 작가로 파리에 정착했고, 대표적인 탱고 음악가 아스토르 피아졸라Astor Piazzolla(1921-1992)도 파리에서 음악을 공부한 바 있다.

이라 찰리 가르시아에게도 그런 경외심이 느껴져. '라 네그라'에게는 아들처럼 굴었잖아.[31] 그러나 나는 '라 네그라' 숭배가 우리의 집단 무의식에서 발현한 위대한 목소리들에 대한 숭배라고 생각해. 잘 생각해 보면, 나이 지긋한 웃어른들만 그런 숭배의 대상이 된 건 아니었어. 비올레타 파라[32]나 심지어 프리다 칼로 같은 중년의 인물들도 대상이었어.

아르카 맞아. 아주 웃어른들이 아니라 우리 민중의 집단 무의식에 자리하고 있던 아름다운 인물들이었지.

이라 우리는 가끔 기억을 상실한 민중 같아. 학교에서 사막의 평화화[33]에 대해 가르칠 때면 그리 느껴. 사막이라고? 남부의 파타고니아 지방에는 예나 지금이나 지혜롭고 품격 있는 사람들이 없었다는 듯한 표현이잖아. 그들을 지워 버리고 새로운 세상을 구축하려 했지만, 진주 단추 유물보다 훨씬 더 많은 것이 남았다고.

아르카 새로운 헤게모니 구축을 위해 여러 기억을 전략적으로 뒤섞기도 하지. 조상에 의거한 많은 민족주의는 지배 권리가 있다고 생각하는 것 같아. 그렇게 세월이 흐르는 거

---

31 찰리 가르시아는 악동 이미지가 강했던 아르헨티나의 록 가수.

32 Violeta Parra(1917-1967). 칠레 새로운 노래운동Nueva Canción 의 기원이 된 노래꾼.

33 '사막 정복Conquista del Desierto'을 미화시킨 표현으로, 1878-1885년 사이 아르헨티나에서 있었던 대대적인 미국식 선주민 토벌 작전이었다. '사막'은 당시 토벌 대상 지역의 상당 부분이 건조한 팜파 지대이기도 하고, 백인들이 그 지대를 문명의 불모지로 보기도 했기 때문에 붙여진 명칭이다.

야. 인간을 비인간화시키는 방식들은 바꾸지 않고 권력 투쟁만 하는 세월.

이라 서울에서 한국인들의 조상이 남긴 사찰에서 방문자 무리와 함께 걷는 동안, 우리를 안내하던 아름다운 중년 여성의 단언에 놀랐어. 요즘 청년들에 대해 물었더니 "그들은 이미 생각이 달라요. 그래도 조상과의 끈을 이어갈 수 있도록 노력해야겠죠"라고 그러더군. 이윽고 나는 그 중년 여성 자신도 조상의 영혼이 있다는 사실을 그다지 믿지 않는다는 것을 깨달았어. 모든 것이 가시화된 세상에서 사회가 비가시적인 것을 계속 존중하는 일이 중요하다 생각하는 것뿐이지.

아르카 나는 조선시대 궁을 전통 의상 차림으로 돌아다니는 청년들이 사실은 20세기 일제 강점기 이후 복원된, 조상의 그 유산과 접속되어 있는 것은 아닐까 자문해. 처음에는 과도한 패션이라 느꼈어. SNS의 쿨한 사진들 틈에서 '보기 좋아요'를 뽐내려고… 그러나 궁과 사찰들을 몇 시간 걸으면서 청년들에게 호감을 느끼게 되었어. 그들의 제스처가 마음에 들게 되자, 과도하다는 느낌이 내 편견이었구나 하는 생각이 들었고, 과연 우리와 한국인이 순전히 인간 대 인간으로 서로를 바라볼 수 있을까 싶었어. 서울의 한 친구는 그런 차림으로 궁을 돌아다니는 것이 유행이라고 말하더군. 하지만 많은 청년이 일종의 전통 재발명에 참여하고 있는 것 아닌가 싶어. 나는 근대성 속의 그런 일련의 문화적 양상에 매료되고 마음이 설레. 우리와 그들이 서로 이국적으로 바라보지 않기 위해서는 많은 것을 배워야겠지. 우리는 2300년 전 그리스에서 조각한 돌이라는 이유로 경배를 드리는 유럽인들과 다를 바 없어. 하지만 파르테논 신전이 유적지와 대영박물관으로 가져간 조각품들로 계속 나뉘어 있는 한, 설사 문화재 반환이 이루어진다 해도 파르테논 신전의 유산을 그전 정체성의 아이콘으로만 볼 수는 없어. 식민 지배의 한 단면이라는 사실을 간과할 수 없다고. 고대 그리스는 유럽 르네상스가 그 전형적인 전유 방식으로 우리에게 이야기해 준 것보다 문화적으로 더 아시아적이었어. 반면 한국인들은 궁과 사찰들을 재건했어. 지금 문화재들의 자재가 건축 당시의 석재가 아니라는 사실은 중요하지 않아. 핵심은 원칙들의 재활성화야. 한병철이 '산자이shanzhai'[34]라고 부르는 것이지. 즉 "정체성에 변화를 주는 차이diferencia transformadora를 재평가하는 탈창조 descreación"이지.

이라   그런 탈창조는 일종의 무정부 상태 아닐까?

아르카   나는 그리 생각지 않아. 많은 경우 파괴를 함축하고 있지. 그러나 일본의 신토 사원들처럼 주기적인 개축과 갱신이라는 의미에서의 파괴야. 한병철은 과거의 박물관화를 비판해. 박물관화를 위해 기념물들을 지정해야 하고, 이는 유네스코 보존 유산에 의거한 관광 코스와 긴밀하게 연계되어 있으니까. 그 한국인 철학자는 극동에서는 서구의 원본 숭배를 공유하지 않는다고 단언해. 한 구절을 읽어 줄게. "사본이 원본보다 더 원본 같거나 원본보다 더 원본에 가깝다고도 말할 수 있다. 건물은 오래되면 될수록 원래의

---

34   사전적 의미로는 '위조'를 뜻함.

상태에서 더 멀어지기 때문이다."

이라 그럴 듯하네. 하긴 생각해 보라고. '라 비올레타'[35]가 칠레 민초들에게 채집한 노래들은 그녀뿐만 아니라 '라 네그라'도 많이 불렀어. 또 '라 네그라'는 많은 작곡가의 곡들을 리메이크했고, 두 사람 다 시골 사람과 토착민들이 공유했던 노래들도 많이 불렀어. 스페인어로 노래했으니 완전히 선주민주의적indigenista 인물들이었다 할 수는 없겠지만, 우리의 수많은 뿌리와 전율이 느껴지는 접촉을 했어. '라 네그라'는 원본에 생명력을 부여하고 이를 역주행시키는 데 일가견이 있었어. 상당수는 자기 노래가 아니라 고향이나 아르헨티나의 노래였지. 반면 '라 비올레타'는 민요 채집자이면서 위대한 작곡·작사가였어. 〈열일곱 살로 돌아간다면Volver a los 17〉이나 〈생에 감사해Gracias a la vida〉 등의 가장 내면적인 가사는 진정한 애국가야. 집단에 깊이 뿌리를 내린 창조적 영혼이 담겨 있거든. 사람들은 그렇게 느껴. 칠레 음악 그룹 인티 이이마니Inti Illimani가 곡을 붙인 '라 비올레타'의 데시마décima[36]들의 한 구절에서는 그녀 자신과 관련된 일종의 토막 신화를 감지할 수 있어. 음식과 대지의 기원을 어느 신성神性 혹은 주술사의 희생에 따른 것으로 서술하는 안데스 설화들의 토막 신화 같은. 몇 구절이 생각나는군. "[나는] 부주의로 / 눈 한쪽을 로스 라고스에, / 또 다른 한쪽은 파랄의 / 술집에 남겼네"라거나, "청

---

35 비올레타 파라를 가리킴. '비올레타'는 보라색이라는 뜻.
36 8음절의 10행시.

중 여러분 / 내 오른팔은 부인에, / 다른 팔은 무슨 영문인지 / 산 비센테에 남았네 / 내 가슴은 쿠란카우틴의 작은 정원에 보이고 / 양손은 마이텐시요에 남아 펠레켄을 향해 인사하네." 전체를 다 기억하지는 못하지만 다른 시구도 생각나. "신경은 그라네로에, / 피는 산 세바스티안에 남기네"라는 구절이. 더 뒤에 가면 "이타타의 거리에서 / 내 악기estrumento가 부서졌네"라고 노래하지. 이 마지막 부분에서 '라 비올레타'는 명백하게 진이 빠지고 기타 줄마저 끊어진 존재로 표상되고 있어. 집단의 목소리를 음악화한 자신의 기타 역시 부서졌어. 집단 역시 사라질 위기를 맞고 있고. 'estrumento'라는 방언을 사용함으로써, 그녀는 보통 사람들의 말을 복권시키고 있어. 'estrumento'는 교양 있는 시 창작에서 기대되는 교양어는 아니지.[37] '라 비올레타'의 희생 행위는 그녀의 아르피예라arpillera[38] 작품 중 하나에 재현된 〈비키니 입은 그리스도〉의 그것과 비슷한 점이 있어. 니카노르 파라[39]의 반시反詩/anti-poema 같은 것이야. 자신의 몸을 토막 내기, 즉 연속적인 파괴는 산자이, 즉 일종의 탈창조야. 알폰시나 스토르니[40]가 바다에 육신을 더했듯이, '라 비올레타'의 육신은 대지에 더해져. 마지막에서

---

37 악기에 해당하는 표준어는 'instrumento'임.

38 일반인들이 직접 만든 걸개. 후에 예술화됨.

39 Nicanor Parra(1914-2018). 일상의 언어로 시를 썼고, '반시反詩'로 명명하면서 칠레 시단의 변혁을 이끌어 낸 대시인. 비올레타 파라의 오빠이기도 함.

40 Alfonsina Stroni(1892-1938). 아르헨티나 여성 시인으로 병이 깊어지자 바다에 투신자살했다.

시적 목소리는 자연의 목소리에 대체되지. "치리구에 새떼가 / 그이에게 와서 콘서트를 열어 주었네"라고 노래해.

아르카 그런데 비올레타 파라가 시골로, 토착민들 마을로 돌아다니며 채집한 노래들은 가장 오래된 것들도, 공자가 『시경』으로 편찬했다 하는 시들처럼 수천 년의 역사를 지니고 있지는 않아. '라 비올레타'의 빼어난 운율이 암송에 도움이 되는 것뿐이지, 나는 음악가치고는 너처럼 암기력이 훌륭하지 않아. 그러나 공자가 선집에 넣은 시 한 수는 기억해. "동문을 나서니 / 여인들이 구름을 이루고 있네. / 구름을 이루고 있지만 / 아무도 내 마음에 들지 않네!" 이어서 여인들을 하얀 꽃에 비유하는 구절들이 되풀이되지.

이라 '라 비올레타'가 재창조한 민중의 비유법과 목소리 같군. 이미지가 소박하고 공동체적이야. 그 시에 맞춰 봄의 춤을 추었으려나.

아르카 비올레타 파라와 메르세데스 소사의 일부 노래는 민요에 개성을 가미한 것들이야. 그러나 그 일부의 일부는 원본보다 더 원본 같은 사본들이야. 혼을 각인했기 때문이지. 그래서 숱한 작곡가들이 메르세데스가 자기 노래를 불러 주기를 바랐던 거야.

이라 '라 네그라'가 토바족, 정확한 명칭으로는 콤족의 권력의 노래 〈냐레 바이놀렉Ñare bainolec〉을 부족의 허가 없이 녹음하고 노래한 후 병에 걸린 일이 기억나. 그녀가 이야기하기를, 그 노래를 취입한 음악가는 코리엔테스 지방에서 버스가 벼랑에서 굴러 자기 그룹과 함께 사망했다는 거야. 비록 그 노래가 저주를 야기했지만, '라 네그라'는 계속 불렀어. '라 비올레타'와 '라 네그라'는 토착민들의 대변인까지는 아니더라도 그들과 접속은 되어 있었던 거야.

아르카 두 사람이 바스콘셀로스[41]의 『보편 인종La raza cósmi-ca』이 주장하는, 모든 인종을 대표하는 인종으로서의 메스티소라고는 할 수 없겠지. 라틴아메리카와 스페인어 사용자들의 혼혈 정체성이 모든 부족을 포괄하거나 대표할 수는 없으니까. 토착민과 아프리카계 후손의 대표성을 깔아 뭉갰으니 이들의 해방이 필요해. 볼리비아의 루스밀라 카르피오, 페루의 수사나 바카 혹은 콜롬비아의 페트로나 마르티네스 같은 이들의 목소리가 출현할 수밖에 없었어.[42] 그토록 서로 차이가 나는 숱한 다중 우주가, "변화를 주는 차이"의 재평가를 통해 각자의 인식론을 출발점으로 하는 대화를 혁신할 수 있도록… 그런 의미에서 페루인이자 케추아인인 호세 마리아 아르게다스[43] 이야기는 대단히 특별해. 일본인 미시마 유키오처럼 아르게다스도 자살로 삶을 마감했지. 알베르토 모레이라스는 리마 라몰리나 농업대학의 아르게다스의 총탄[44]이 문화 횡단transculturación의 종지부, 혹은 적어도 종지부의 하나라고 말한 바 있어. 라틴아메리카에서 문화 횡단은 일종의 창조적 혼혈mestizaje로 받아들여져. 이에 대해서는 비판자들도 많지만, 많은 영역

---

41 José Vasconcelos(1882-1959). 멕시코의 문인, 교육자, 정치인.
42 루스밀라 카르피오는 선주민, 수사나 바카와 페트로나 마르티네스는 흑인계 가수.
43 아르게다스는 선주민이 아니지만, 계모가 그를 케추아족 하인들에게 맡겨서 케추아인의 정서와 세계관이 내면화되어 있었다.
44 아르게다스의 권총 자살을 가리킴.

에서 선주민, 아프리카계, 메스티소의 이질적 세계들 사이
에 조화로운 다리를 놓는 시도로 이해하고 있다고. 그 시각
에서는 아르게다스의 자살, '라 비올레타'의 자살은 우리가
걸어온 길들 중 하나가 종지부를 찍은 것으로 여겨질 테지.
이라 바르가스 요사[45]가 아르게다스에 대해 양가적 평가를
하는데, 자신이 '케케묵은 유토피아'라고 부른 현상의 핵심
인물로 아르게다스를 지목했다는 점을 상기해 봐. 아르게
다스를 유토피아적 인물이라고 하다니 정말로 유토피아적
인 작자야!

아르카 미시마 유키오에 대해서도 비슷하게 생각할 수 있어.
천황과 사무라이 정신을 복권시키려고 했잖아. 하지만 사
실은 아주 다른 차원의 일이야. 아르게다스는 페루인으로
태어났지만 케추아인으로 양육되었어. 그의 내면은 자신
이 명명한 '인디오 귀신demonio indio'이 기독교도 귀신 내지
스페인인 귀신과 함께 조합되어 있었지. 아르게다스는 두
언어로 작품을 썼지만, 시는 케추아어로만 썼어. 소설 작
품, 특히 『깊은 강들Los ríos profundos』에서는 두 세계의 언
어와 감각 사이의 온갖 언어적, 정서적 경험들이 담겨 있
고. 인디오 공동체에서는 그의 장편소설은 읽히지 않지만,
노래와 단편들은 익히 알고 있어. 라틴아메리카주의자의
시각에서만 『깊은 강들』이 그의 걸작이고, 인디오 공동체
는 「노비의 꿈El sueño del pongo」을 선호해. 문화 횡단이나 문

---

45 Mario Vargas Llosa(1936-). 2010년 노벨문학상을 수상한 페루 소
  설가. 젊었을 때는 아르게다스의 예찬자였으나, 나중에는 비판적
  인 태도를 보였다.

화 상실의 지평에서 아르게다스를 논할 일이 아니야. 그는 케추아인으로서는 노래꾼이자 이야기꾼이고, 대학 교육을 받은 이로서는 문인이자 인류학자야. 모레이라스의 주장이 옳다면 끔찍한 일일 거야. 인디오, 이베리아인, 아프리카계 등 수없이 많은 강과 개울들 사이의 창조적 긴장이 공존했던 길을 일찌감치 낙태시키는 꼴이니. 어쨌든 아르게다스의 다면적 작품은 혼혈 이론처럼 동질화를 지향하는 합合/síntesis이나 잘못 해석된 일부 문화 횡단론을 초월해. 그의 자살은 문화 횡단의 종지부가 아니라 문화 횡단을 합으로 보는 시각의 종지부야.

이라 내가 이해하기로는 아르게다스는 차이들을 줄이려고도 하지 않았고, 그렇다고 공통점 내지 공동의 지평을 발견하려는 열망을 포기하지도 않았어. 아르게다스처럼 케추아인이고 페루인이자 이스파노인[46]이고 기타 다중적 특질을 지니고 있으면서도 각각의 특질들을 통합하거나 하나의 라벨을 붙일 필요가 없는 이들도 있어.

아르카 모든 피todas las sangres[47]가 오직 하나의 강으로 흘러들면, 우리는 '깊은 강들'이라는 비전을 상실하고 말 거야. 우리는 번역은 할 수 있어.[48] 하지만 차이를 메스티소라는 하나의 존재로 환원시키는 건 곤란해. 선주민주의자들이나 급진적인 종족주의자들이 요구하듯 순수한 선주민으로 환

---

46 스페인어를 사용하는 사람들.

47 모든 인종을 지칭함. 아르게다스는 동명의 소설을 쓴 바 있다.

48 언어적 번역을 넘어 타자의 세계관, 정서, 문화 등을 소개하고 이해시키는 일을 가리킴.

원해서도 안 되고.

이라 내게는 소위 인종적 순수함이나 문화적 순수함 따위의 생각은 늘 위험스러워 보였어. 하지만 좋다고. 그 나무를 타고 싶으면 그러라고. 하지만 그 나무에서 자기들끼리 노는 법을 배우면 그만이지 나뭇가지를 여기저기 던지지는 말아야지. 인간 이하의 인간이 존재한다는 식으로 말이야. 그건 누가 뭐라 해도 안 돼.

아르카 극동과의 직접 대화를 위해서는 먼저 인정할 것이 있어. 우리의 시각에서 볼 때, 극동은 사실은 근서近西, 즉 가까운 서쪽 지역이야. 예전에는 유럽과 미국이 중개한 그 대화는 아직 줄 것도 많고 더 성숙되어야 하기도 해. 중국, 한국, 일본을 방문했을 때, 나는 우리에게 문제가 있다는 것을 깨달았어. 아니 문제라기보다 문화 횡단, 선주민주의, 혼혈 등의 방식으로는 접근할 수 없는 문화적 질문들이 샘솟는 것을 깨달았어⋯

이라 어찌 됐든 극동과 관련된 우리의 평가들은 너무나 한계가 많아. 그래서 우리는 겨울이 끝날 무렵 얼어붙은 호수 위를 가는 여우들처럼 조심스럽게 걸어야 해. 아니 극심한 기후 위기 시대의 여우들처럼이라고 해야 하려나.

아르카 아르게다스의 여우들 이야기군! 교차로에서 대화를 나누는 그 여우들. 서열 없는 위 세계와 아래 세계의.[49]

---

49 뒤에 언급되는『와로치리 원고Manuscrito de Huarochirí』의 설화 중에 위 세계 여우와 아래 세계 여우가 만나서 대화를 나누는 장면이 있다. 17세기 초 스페인 알파벳을 사용해 기록한 케추아어 텍스트이다. 아르게다스는 이 텍스트의 최초 스페인어 번역자이고, 이에

이라 바로 그거야! 옛날 사람들은 탁 트인 평지에서는 조심스럽게 전진하지. 성벽을 쌓고 망루를 만든 깃도 그 때문이었겠지. 공자에 의해 남은 그 시의 노래꾼은 민초의 목소리에 경의를 표하기 위해 동문東門 밖을 조심스럽게 내다본 거야.

아르카 어느 면에서는 튕기는 거야. 여인들에게 매료되어도 동문 밖을 나서지 않거든. 성벽을 넘어서지 않는 거야. 얼음 위의 여우들처럼 조심스러워. 반면 아르게다스가 번역한 『와로치리 원고』의 와티아쿠리는 방랑자로 바깥세상을 돌아다니는지라 두 여우의 대화를 듣게 되고, 덕분에 병이 위중한 어느 부자를 치유하는 방법을 알게 돼. 와티아쿠리는 비록 의사는 아니지만, 영악함 덕분에 부, 명망, 부잣집 막내딸과의 혼인에 도달하지.

이라 와티아쿠리가 자연의 목소리 덕을 보았다 생각할 수도 있을 거야. 여우들이 나누는 뒷담화도 자연의 일이니까. 덕분에 와티아쿠리는, 호혜를 행할 재산이 없어서 배제되었던 세계로 문을 열고 들어갈 수 있게 되었어. 중부 안데스 선주민들의 강고한 서열의 문을 꿈에서 본 정령들 덕분에 통과하지.

아르카 반면, 그 중국 시의 유교적 화자는 성벽 안에 머물며, 공자의 가르침대로 가문과 국가의 삶 내부에서 윤리와 의

영감을 얻어 『위 여우 아래 여우El zorro de arriba y el zorro de abajo』 집필 중에 자살했다. '위 여우와 아래 여우'는 페루에서 각각 안데스 산악지대와 수도 리마를 필두로 하는 해안지대 사이의 관계를 시사하는 메타포로 곧잘 사용된다.

례를 존중하지.

이라 중국, 특히 한국과 일본에 가면 라틴아메리카 국가들처럼 무지막지한 균열로 점철된 이질성은 느껴지지 않아. 한·중·일 국민들은 언뜻 보면 동질적으로 보이고 느껴져. 물론 기저에는 차이들이 존재하고 여전히 배척되는 종족들이 있겠지만. 어쩌면 우리네 버스와 기차가 조용하지 않은 것은 아직 부글부글하는 목소리들이 많아서일지도 몰라. 로돌포 쿠쉬가 '역겨운 냄새hedor'라고 부른 것. 안정적 존재ser가 아니라 잠정적 존재estar라서 발생할 수밖에 없는.

아르카 위 여우와 아래 여우, 길을 가다 잠결에 그들의 대화를 듣게 된 사람은 우리의 교차로와 균열을 보여 주는 이미지야. 우리는 서로 만나는 길들도 합류하는 강들도 아니야. 우리는 이따금 교차하는 길들, 깊은 곳에서 발현하여 자기만의 바다를 격하게 찾아가는 강들이야. 비록 궁극적으로는 만물을 위한 동일한 대양이 있을지라도.

이라 말하기 위해, 쓰기 위해 언어장애자가 되는 형국이지. 언어장애자들은 그렇지 않은 사람들보다 많은 것을 말하고 쓸 수 있거든.

아르카 환원할 수 없고, 형언할 수 없고, 이야기할 수 없고, 서술될 수 없는 것들을…

침묵과 탈창조   243

몇 사람의 얼싸안기

아르카 일전에 카인과 아벨에 대한 폭력적인 이야기에 대해 생각해 보았어.

이라 카인이 아벨을 어떻게 죽였더라? 당나귀 턱뼈로 가격했던가? 아니면 커다란 돌로 내리쳤나?

아르카 잘 기억나지 않아.「창세기」필경사도 모든 내용을 다 기억하지는 못했을걸. 모세 5경 혹은 율법의 규율과 이야기들을 글로 옮길 때, 필경사들이 이야기꾼들의 이야기를 많이 바꾸어 놓았을 가능성이 아주 높아.

이라 카인이 자신이 동생을 죽였다고 확언했다고 그러지. 내게 있어서는 그「창세기」이야기의 비극적 차원이 거기서 시작돼. 낙원에서 추방된 이야기를 처음 들으면 이렇게 생각하게 되지. 구약의 신은 우리 인간종에게 대단히 가혹했다고. 게다가 잘못을 여성에게 돌리고, 유혹을 명분으로 뱀을 단죄하였어. 그때부터 뱀은 땅을 기어다녀야 했고, 악마의 알레고리로 두려움의 대상이 되었지. 그저 유혹을 당했을 뿐이라 반은 '순진한' 남자, 유혹하는 여자, 죄를 범해 죗값을 치러야 하는 뱀.「창세기」는 서열 모델, 젠더와 종 간의 추방과 배제 모델을 우리에게 남긴 소설인 게야. 서로 이해심 없는 형제 이야기가 그 뒤를 잇지. 형이 동생의 머리를 내갈기는. 상당수 인간이 형제 살해를 범하리라는 가정이 담겨 있어. 어마어마한 시작이야, 안 그래?

아르카 성경이라는 장편소설의 시작일 뿐이야. 우리나라 같 았으면 관광객들을 끌어들이려고 '10만 년의 고독'이라는 제목을 붙였을 텐데.[1] 하지만 기원에 대한 그토록 적나라한 세계관은 유대인만 그런 것은 아니야. 기원전 1000년경에 구전 전통을 바탕으로 최초의 경전들을 만들기로 결정했 을 때, 메소포타미아인과 이집트인은 이미 유대인의 기원 과 유사한 기원들에 대한 나름의 이야기 판본을 여러 세기 동안 주고받고 기록하고 했어. 홍수, 왕, 배신, 전쟁, 버려진 아기 등등…

이라 요람에 넣어져 강물에 떠내려온 모세 이야기 따위 말이 지. 나일강이었을 거야. 파라오의 딸이 '물에서 건져 낸'이 라는 뜻의 모세를 거두어 유모에게 보살피게 했어. 사실 유 모는 친모였는데, 갓 태어난 사내아이는 다 죽이라는 파라 오의 명 때문에 아기를 숨겼다가 더는 어쩔 수 없어 물에 띄워 보냈어.

아르카 메소포타미아의 티아마트와 마르두크 신화들처럼 성 경보다 더 오랜 고대 이야기들에서 마르두크는 무시무시 한 우주적 용이었던 할머니 티아마트와 맞서지. 격앙된 손 자가 티아마트를 갈기갈기 찢고 토막 내어 하늘 천정을, 또 대지의 상당 부분을 만들어.

이라 태초의 살해는 영웅적인 죽음, 심지어 우주론적 죽음을

---

1 콜롬비아 작가 가브리엘 가르시아 마르케스Gabriel García Márquez (1927-2014)의 세계적인 베스트셀러 『백년의 고독Cien años de sole- dad』을 빗댄 말.

방불케 해. 티아마트의 죽음에서 지구라는 작은 우주의 현재 모습이 출현했다면, 중동의 반¥불모지 대지에 흩뿌려진 아벨의 뜨거운 피에서는 무엇이 비롯되었을까?

아르카 나는 알고 있노라고 격렬하게 설교하는 목자도 있겠지. 우리 역시 적어도 타락의 전율할 의미는 깨닫고 있고. 카인은 문자 그대로 타락의 화신인 반면, 아벨은 살인사건의 최초 희생자야. 아벨은 그룹 퀸이 노래하듯 "한줌 흙이 된" 최초의 인간이야.『종의 기원』처럼 창조론을 비판한 과학 연구들의 핵심 주장이 적자생존 및 생존을 위한 투쟁이었건만, 카인의 아벨에 대한 승리라는 자연선택설이 역설적으로「창세기」에 담겨 있는 셈이야.

이라 19세기 전반기의 프랑스 문인 제라르 드 네르발에 따르면, 우리는 카인이나 아벨의 후예라는 짐을 짊어지고 있어. 문학비평은 네르발 그 자신을 소위 저주받은 시인들(보들레르, 랭보, 실바 등)의 선조로 간주했어. 문자 그대로의 시각, 즉 덜 문학적인 시각에서 카인이 아벨을 죽였다는 말을 곧이곧대로 받아들이면, 피상적으로나마 설명이 될 거야. 어째서 무기를 장악하고, 억압과 차별과 잔혹함의 권력을 휘두르는 이들이 이 세상에 군림하는 경향이 있는지를. 성서의 최초의 형제 이야기는 세상을 선과 악, 가해자와 희생자의 견지에서 설명하기 위한 모델이야. 염세주의적 시각의 극단인 셈이야. 그런데 당혹스럽게도 뉴스와 신문으로 접하는 우리 시대의 비인간적인 현실에 일정 부분 부합해.

아르카 아담과 이브가 베어 먹은 사과 한 조각이 선과 악의 존재를 처음으로 알게 해주었지. 그 이야기에 따르면 최초의 악은 신의 금지 계율에 복종하지 않은 것이야. 호기심이

악의 원천이었던 거지. 그러나 창조주의 하늘의 목소리보다 지상 동물인 뱀의 부름에 응답한 선택도 문제였어. 선악의 나무가 이어 주는 대지와 하늘 간의 긴장이 뚜렷해. 아담과 이브가 낙원에서 추방됨으로써, 나무가 견지하던 그 균형이 깨졌어. 낙원으로부터의 추락은 무엇보다도 이원성으로 귀결돼. 인간 남녀는 자연 및 언급될 수 없는 존재인 야훼와 차별화되고, 남녀의 역할과 젠더도 나뉘어. 출산과 노동이 고문이 돼. 고통은 추방을 소환하고, 이윽고 형제 살해로 야기된 죽음이 발생해. 출생과 사망, 여성과 남성, 동물과 인간, 자연과 사회, 피조물과 거리를 두는 창조주, 이 모든 것이 선악에 의거한 이원성의 표현이야.

이라 아르카, 태초에 땅과 하늘이 연결되어 있었다는 고대 설화는 아주 많아. 위와 아래를 이어 주는 커다란 나무 대신 동아줄이나 계단을 상징으로 삼은 설화들도 있고. 베어진 나무, 끊어진 동아줄, 파괴된 계단은 인간, 자연, 신성(들) 간의 분리라는 주제의 모티브들이야. 오늘날에는 지시 대상이 동물이나 자연이 아니야. 정말로 '우주적'인 자아가 "우리가 그들을 구하리라!"라고 말하지 않는 한. 동시에 인간에 의한 인간 숭배는 계속 증폭되고 있어. 사실 분노를 유발하는 쾌락주의일 뿐인데. 우리 자신도 자연이라는 것을 느끼지 못한 채.

아르카 그 원인 중 하나는 인간이 대부분 도시 종種이 되어 버린 일이야. 인간은 인간의 창조물들에 둘러싸여 있어. 아이들은 인간이 세계를 창조했다는 인상을 받으며 성장하지. 자연의 관조보다 가상공간을 돌아다니는 것이 더 일반적이야. 침묵에 익숙하지 못하고, 인간으로부터 보호하고자 보호구역으로 지정한 주변 자연과도 유리된 상태로 대단히 길들여진 세계에서 살고 있어. 그곳에서 우리는 이미지, 욕망, 투쟁, 시계, 의무에 집착하면서 서로 관계를 맺지.

이라 내게는 슬퍼. 수많은 사람의 희망인 종교들까지 인간의 문제, 인간의 극복이나 적응, 인간을 위한 인간의 해답에만 골몰해 있는 것이. 우리의 거울 같은 존재로 창조된 신들이 너무나 많아! 인간으로부터, 또 삶의 부단한 신인동형화antropomorfización로부터 사람들이 탈피하지 못한다고 느껴져.

아르카 어느 순간이 오면 자신과 겨루어야 하고, 자신에게 강요된 것과 겨루어야 하고, 인간종 사이에서의 자기 자리를 받아들여야 해. 다른 영장류들과 마찬가지로 인간은 무리를 지어 잠정적인 적과 경쟁자들로부터 보호를 받을 수밖에 없어. 게다가 그런 제휴를 통해 함께 먹을 것을 구하고 삶을 지킬 수 있는 짝과 지인들을 찾아. 다른 인간 집단 및 포식자들(고양잇과 맹수, 맹금류, 늑대 등)로부터 스스로를 방어하는 과정에서 직면하는 적대적인 상황에도 불구하고, 진화 과정에 대한 새로운 과학적 시각들은 더 깊고 통합적인 이해를 성취했어. 19세기의 다윈은 대단히 근면한 노동을 통해 자기 스스로를 구원해야 할 필요성을 특징으로 하는 프로테스탄트들의 세계관에 아직 부분적으로 함몰되어 있었어. 만일 환경 및 자신과의 경쟁이 필요 없다면 많은 이에게 노동은 무엇일까? 다윈의 사상이 한 반항아의 사상이라는 것을 우리 잊지 말자고. 즉, 앨프레드 러셀 월리스처럼 관찰과 분석의 산물인 과학적 이론으로 동시대 대다수 사람과 자신의 부인마저 공유하고 있던 종교적인 세계관에 반기를 들었던 것이지. 알려진 바대로 다윈은 『종의 기원』출판을 두고 상당 기간 주저했어. 자신의 과학서 출판이 필연적으로 깨뜨릴 성서적 세계관과 자신의 발견 사이에서 혼란스러운 갈등을 겪은 것 같아. 원래 다윈의 부모님은 아들이 신학자가 되기를 원했어.

이라 두에르메아우토피스타스와 다닐 때 이미 네게 말했는지 모르겠지만, 짧은 런던 방문 때 웨스트민스터사원에 갔었어. 셀 수 없는 왕과 왕비들을 기리는 다채로운 묘 사이를 걸었지. 초월적인 세상 느낌을 자아내는 빛이 감돌고 있는 그 스테인드글라스들을 지나 막 바깥으로 나가려고 할 때 문득 발밑을 보았는데, 거기에 찰스 다윈의 이름이 있는 거야. 생각해 봐. 집단적 신앙의 수많은 스테인드글라스를 깨뜨린 이가 기존 질서 유지의 상징인 사원 지하에 잠들어 있으니… 살아서는 최고로 강력한 권력을 지니고 있었지만 오늘날에는 갈라파고스제도의 과학 탐험가보다 덜 유명한 왕들 사이에서… 인간은 협동하는 존재라고들 하지만, 서로 투쟁하는 존재인 것도 틀림없어.

아르카 웨스트민스터사원은 도쿄와 서울의 왕릉에 해당해. 조상을 숭배하는 장소이자 왕실을 기리지. 영국 왕실의 섬나라 자아, 과거에 세계의 절반을 장악했던 제국을 떠올리며 한숨짓는 그 자아가 웨스트민스터사원에서 다시 현재화되어 제국의 갈망과 깊은 향수를 표현하면서 하늘을 찌르고 있어.

이라 하지만 북미 대평원의 라코타 수족族의 티피, 즉 예의 하늘을 향하는 기둥을 갖춘 그들의 천막이 표명하는 하늘 열망은 그와는 달라. 콜롬비아 시에라 네바다 산맥에 위치

한 눈호와칼라의 코기족 주택, 즉 칸쿠루아의 원추형 지붕
과도 다르고. 양 족속의 건축에서는 하나가 아니라 여러 하
늘을 향해 열려 있는 세계관을 발견하게 돼. 빛이 미세하게
통과하는 틈새들은 실내 연기를 내보내는 굴뚝 역할만 하
는 것이 아니야… 그건 창살이고, 또 심지어 인간이 천상
의 존재 및 원형原型들과 다시 연을 맺게 해주는 구멍이야.
코기족의 마마mama, 즉 사제들은 태초에 모든 것이 알루
나aluna에 담겨 있었다고 단언해. '태초의 생각'인 알루나에
담긴 이미지와 모델들로부터 만물이 가시화되었다는 거야.

아르카 스테인드글라스도 위와 아래를 연결하는 빛을 상징
한다고 생각하지 않아?

이라 맞아. 그러나 「창세기」에 서술된 단절을 명백히 증언하
기 때문에 대체로 향수를 불러일으키는 방식으로야. 웨스
트민스터사원의 모든 왕과 왕비의 조각 장식 묘들이 그 증
거야. 그들은 생전에 사회적 우월함을 한껏 과시하려 했지
만 결국은 죽었잖아. 이집트 피라미드와 마찬가지로 죽음
의 현실이 도처에 있어. 조각 장식 묘들은 가문을 과시하지
만, 내 생각에는 묘의 주인은 현 후손들에게 과거의 위정자
다운 불멸 혹은 연속성을 표현하고 있지 않아. 물론 내 관
점이 영국인들 관점과는 틀림없이 다를 테지만. 아마 그들
에게는 조상에 대한 향수, 심지어 제국의 위대함에 대한 기
억을 표현할 거야. 그러나 그 누구도 포클랜드제도에서 산
화한 청년들을 되돌려 주지는 못할 테지. 영웅 장병 기념물
들은 더 못 그럴 것이고.

아르카 맞아. 세계적으로 유명한 전몰장병 추모물들은 그것
을 추진한 군인들의 의도와 달리 그다지 자부심을 주지 못

해. 타인을 죽이는 자는 자신을 죽이는 셈이야. 살인은 살인이지. 그 어떠한 공적 혹은 민족주의적 추모도 양심의 외침, 혹은 죽은 자들의 부재에 따른 한숨을 침묵시킬 수는 없어. 일반화는 하지 않는 것이 좋기도 하고. 다른 문법을 사용하고 다른 깃발 아래에서 다른 곳에 태어난 우리라고 영국인들과 다를 바 있을까? 영국인 중에는 왕과 왕비들에 대해 전혀 향수를 느끼지 않는 사람들도 많아. 그런 이들의 감수성은 이미 제국의 시선을 극복했어. 내 친구 중에 그런 사람들이 있지.

이라 영국의 많은 사람이 그런 감정이리라고 생각해. 하지만 잘은 모르겠어. 많은 사람이 프랑스인들과는 달리, 스페인인들처럼 왕을 계속 신뢰하는 쪽을 선택했거든. 그토록 일반화된 세속적 감정에도 불구하고 대영제국 민족주의가 많은 이를 부추겨 제국의 이해를 위해 싸우게 만들었어. EU 탈퇴 1차 투표에서 입증되었듯이 범유럽적 정체성을 넘어서는 이해야.

아르카 맞아. 대영제국 민족주의와는 또 다른 잉글랜드 민족주의는 소위 브렉시트를 설명해 주는 요인 중 하나지.

이라 웨스트민스터사원에서 왕가 및 영국의 자랑들이 묻힌 본당의 다윈상像을 생각해 봐… 그가 하염없이 연구한 갈라파고스의 장수거북이나 핀치새와 함께 조각된 그 위인을… 다윈은 바닥에 묻혀 있으니, 국왕은 자신의 위엄을 과시하는 화려한 예식을 거행할 때마다 그 위를 지날 수 있지. 그렇지만 우리에게도 위엄을 과시하는 의식들이 있었어. 독재 시절의 군 열병식 말이야. 그렇지만 군부의 그 시절 낭비 때문에 훗날 페소화가 폭락했고, 정신적 위기가 수

반되더니 급기야는 마라도나교 교회[2]까지 생겨났잖아.

아르카 역설적인 것은 적자생존 법칙에 대한 사회학적 해석인 소위 사회적 다윈주의가 나치 근본주의의 핵심 이론 중 하나였다는 점이야. 히틀러에게 인도된 독일인들은 자신들이 우월한 아리아인이라고 확신했는데, 사실은 1차 대전으로 가난해진 민족이었을 뿐이야. 대대로 지니고 있던 자부심에 상처를 입고 열등감에 빠진 민족이어서 나치즘의 구렁텅이에 빠진 거야. 1차 대전의 상처가 곪아 팽창주의적 민족주의에 의거한 인종주의가 확산된 거라고. 많은 이가 히틀러를 바그너의 서사시적 음악에 황홀함을 느끼고 니체의 초인에 반쯤 집착한 인물로 묘사해. 나는 히틀러와 제3제국의 추종자들을 다윈과 월리스의 최악의 독자로 보고 있어. 다윈주의는 왜곡되어 나치즘과 오늘날의 또 다른 숱한 극단적 민족주의가 자아낸 악몽이 되었어. 갈라파고스의 핀치새들이 게르니카와 영국 상공에서 웨스트민스터 사원까지 위협하는 폭격기로 변한 형국이라고나 할까. 히틀러는 카우디요caudillo,[3] 어둠의 마법사의 꼭두각시, 근본주의의 가장 사악한 모델이었어. 하지만 결국은 열등감에 찌든 작자라는 걸 잊지 말아야 해. 초공격적인 자아에 상처를 입은 서유럽인으로, 그 공격성을 발휘해 유대인들의 번영에 대한 앙갚음을 주도하고, 순수한 아리아 혈통의 왕국에 부적절하다 싶은 모든 사람을 말살하기를 원했을 뿐이야.

---

2 아르헨티나 축구 선수 마라도나를 추앙하여 1998년 창설된 종교.
3 원래는 라틴아메리카에서 군벌, 호족 혹은 보스 기질이 강한 정치인 등을 일컫는 말.

이라 여느 독일인보다 키가 작은 히틀러 같은 작자가 위대함에 열광한 것은 영장류 집단에서 알파 수컷이 행사하는 권력으로나 설명이 가능하지 싶어. 히틀러는 원형적으로 카인이고 적그리스도였어. 그의 제3제국은 수백만 명의 사람에게 낙원으로부터의 추방을 의미했고. 독일인만 낙원에 살았다는 뜻이 아니라 나치 이전에는 독일이 여러 개의 낙원에 살았다는 뜻이야. 2차 대전은 일정 부분 독일인 자신을 말살했어. 나라가 두 동강 났고 베를린에는 장벽이 생겼지. 낙원이 페르시아어 어원상으로는 '울타리로 둘러싸인 곳cercado'이었다는 점이 생각나는군. 베를린장벽은 1980년대 말까지 베어진 나무, 끊어진 동아줄, 파괴된 계단에 해당하는 상징이었어.

아르카 인간종이 기이하고 역설적이다 싶을 때가 있어. 자신이 '선량한 사람들'이라고 믿을 때야. 가령 2차 대전 때 연합국 사람들은 자신들이 나치와 달리 선량한 사람들이라고 믿었지. 이내 우리는 깨달았어. 우리가 단죄한 이들의 잘못을 우리도 다른 방식으로 되풀이하고 있음을.

이라 냉전은 말처럼 그다지 차가운 전쟁이 아니었지…

아르카 히틀러에게 박해받은 유대인의 후손들이 일정 부분 만든 가자 지구의 장벽도 생각해 봐. 팔레스타인 사람들을 이스라엘 사람들에게서 분리하는 장벽, 특히 형제와 형제를 분리하는 장벽이야. 르완다에서 투치족의 후투족 말살을 생각해 봐. 미국인들도 생각해 보고. 수십 년 동안 자유라는 영웅적인 단어를 내세워 놓고 이제는 아메리카의 형제들을 분리하는 장벽을 계속 확대하려 하고 있잖아. 러시아인들은 또 어때. 한편으로는 나치 포로수용소를 비난했으면서 자기네들도 수용소를 두었으니…

이라 신화적 해석의 위험은 상징을 문학적으로 해석하지 않고 문자 그대로 받아들인다는 점에 기인해. 새로운 종파 사업이 번창하는 시절이면 아주 유행하지. 그런 의미에서 문자 그대로의 독해는 단순화이거나 반상징적이야. 예를 들어 히틀러는 카인이고 트루먼은 불의에 맞서 일어난 아벨이라는 해석 같은 것 말이야. 인간의 세계관은 각 부족의 편향된 이해관계 때문에 선량한 사람과 사악한 사람의 대립으로 축소될 수도 있어. 그렇다고 히틀러가 독일 민족주의의 수장으로서 야기한 공포를 개인적인 열등감이나 독일 민족의 고통 등으로 정당화시킬 수 있다는 의미는 아니야. 가장 잔혹한 방법으로 일본에서 수많은 사람을 죽이고 지옥을 연출한 트루먼의 서명이 세계 평화로 귀결된 것도 아니고. 히로시마와 나가사키에 투하된 폭탄들로 인해 새로운 공포의 시대가 개막되었잖아. 한 민족이 다른 민족에 대해 대규모 파괴를 자행할 수 있다는 공포. 핵폭탄 단추에 집단 학살이 서려 있는 거야. 트럼프가 북한을 지워 버리겠다고 위협했을 때처럼. 이를테면 카인이 돌멩이나 당나귀 턱뼈로 수백만 명의 아벨을 죽일 수 있는 것이지. 문자 그대로의 시각 말고 문학적 시각은 이런 것이야. 원폭의 참위협에 직면하여 신화를 현재화시키잖아. 카인과 아벨 중 그 누구도 전쟁에서 승리하지 못해. 둘 다 패배해. 카인이 아벨과 함께 쓰러지는 셈이라고.

아르카 인류의 모순들은 엄청나. 어찌 되었든 진화와 자연선택에 대한 새로운 시각들은 상이한 결론들을 내놓고 있어. 현재의 인간종은 대체로 협력, 도움, 상호 돌봄의 산물이야. 전쟁, 경쟁, 잔혹함이 없었다 할 수 없지만, 이것들이 인간을 온전히 정의하지는 못해. 심지어 기독교의 관점에서 볼 때 카인과 아벨의 신화는 물론, 아담과 이브의 신화도 그리스도 이야기 앞에서는 제2선으로 밀려나. 역사가들에 따르면 예수는 우리와 마찬가지로 인간이었어. 그의 기본적 메시지는 협력과 연대이고, 죽음보다 증오와 폭력을 두려워하라는 것이었어. 원수를 사랑하라는 예수의 말씀은 인류가 개인적, 부족적 반목을 능히 화해로 이끌 능력이 있다는 점을 직시할 필요가 있다는 메시지야. 구약에 대한 예수의 독해는 문학적이고 동시에 실천적이야. 남도 사랑하고 자신도 사랑하라. 하느님은 형벌을 내리는 분이 아니라 자애롭고 이해심 많은 아버지이니 그분을 사랑할지어다. 자신이 하기 싫은 일을 남에게 시키지 마라. 악을 악으로, 폭력을 폭력으로 갚지 마라. 예수는 성경에 대해, 또 사회에 대해 새로운 독해를 제시했어. 오늘날의 사회에 대한 재해석과 마찬가지로, 강자의 법칙이 아니라 공동 창조적인 협력cooperación co-creativa의 시각에서.

이라 인도 망명 중인 티베트의 까마빠[4]는 자신의 적들과 인간에 대해 나쁘게 말할 이유가 아주 많은 사람이야. 하지만 앞서 말했듯이, 연민을 가지고 상호 의존을 인정할 것을 계속 촉구하고 있지. 그러나 그 첫걸음을 떼기 위해서는 모든 인간 및 만물과 더 많이 공감할 필요가 있겠지.

아르카 그렇지, 이라. 나는 부처와 그리스도가 무엇보다도 종

---

4 티베트 불교 까귀파의 12분파 중 까마까귀파의 최고 지도자.

교의 창시자 내지 수호자로 여겨질 만큼 충분히 자유롭고, 또 핵심을 찔렀다고 생각해. 반면 카우디요들의 태도는 문제지. 집단적 상처와 증오의 결과물이기 일쑤인 자기 판단에 집착해 국민을 이끌었잖아. 그리스도는 로마의 굴레에서 해방시켜 줄 위대한 카우디요를 고대하던 사람들을 악용할 수도 있었어. "나의 왕국은 이 세상에 속한 것이 아니니라", "카이사르의 것은 카이사르에게, 하느님의 것은 하느님에게"라는 그리스도의 비유적 대답들은 대단히 문학적이고 구체적이었어.

이라 네 말을 듣고 보니 부처도 자신의 가르침이 지닌 한계들을 경고했다는 생각이 들어. 수행자들의 공동체인 승가 僧伽를 만들기는 했지만 그렇게 말했지. 각자 통찰해야 한다고, 자신만이 자신을 변화시킬 수 있다고. 카우디요들의 생각과는 정반대의 사유야. 카우디요는 사람들이 자신을 따라 하기를, 피와 돈—황금din-oro을 부르는 권력에 더럽혀진 손아귀로 거머쥔 권능의 제스처까지 따라 하기를 바라거든.

아르카 내가 4대 복음서 저자들에게 항의하고 싶은 것이 있다면 미소 짓는 예수를 상세히 묘사하지 않았다는 점이야. 그래서 나는 예수가 아이들, 앞 못 보는 사람들, 성매매 때문에 배척되는 여인과 함께 하는 장면들이 너무 좋아. 그들의 짐을 덜어 주고, 성당마다 보통 대단히 엄숙하고 자기희생적인 형상을 한 예수 자신의 짐을 덜어 주니까.

이라 우두머리들은 보통 사람들과 거리를 두는 법을 배우지. 카우디요들은 아이러니한 면은 있지만 유머 감각은 별로 없어. 자신들을 조롱하고 문제시하는 이들을 주저 없이 제

거하고. 부처의 이미지 중에서 아이들과 함께 웃고 있는 배
불뚝이 부처가 가장 내 마음에 드는 이유가 그 반대이기 때
문이야.

아르카 죽어 가는 병자들, 버려진 아이들과 함께 미소 짓는
마더 데레사의 사진들이 미소 짓는 그리스도 이미지를 연
상시켜. 데레사와 그 자매님들의 미소에서 나는 예수가 바
로 그렇게 미소지었으리라고, 그것도 활짝 미소지었으리
라고 믿어 의심치 않아.

이라 예수는 유머 감각이 있었어. 많은 사람을 집으로 초대
해 연회를 베푼 부자의 우화에서처럼. 손님들이 오지 않자,
부자는 대문을 열고 굶주린 사람들을 들어오게 했지. 당대
의 부자들에게 그 우화는 엄청난 조롱으로 여겨졌을 거야.
그들이 예수를 증오한 것은 그런 부자들에 대해 까발렸기
때문이야. 예수는 바리새인들을 상대로, 회당을 "평토장한
무덤"[5]에 비유했고, 회당에 "너희도 들어가지 않고 또 들어
가고자 하는 자도 막았느니라"라고 질책했어.

아르카 한번은 힌두교도와 가톨릭교도의 공동 명상 모임에
간 적이 있었어. 명상 중에 내게 부처의 환영이 보이는 거
야. 이상하지 않아? 부처는 커다란 계곡을 끼고 있는 어느
산 위에 앉아 있었고, 때는 밤이었어. 계곡 아래 있는 인가
의 불빛들이 보였고. 그런데 갑자기 예수가 와서 부처 옆에
앉더니, 마치 친구처럼 어깨동무를 하는 거야. 그렇게 서로

---

5 봉분을 만들지 않은 무덤을 말함. 바리새인들이 보잘것없는 존재일
뿐이라는 비유로 사용되었다.

몇 사람의 얼싸안기

얼싸안고 있으니 지평선을 함께 바라보는 두 아이 같았어. 어둠에도 불구하고, 우리가 볼 수 있는 것보다 훨씬 더 멀리 보았어.

이라 아르카, 그건 네가 두 번이나 죽을 뻔한 날에 겪은 일 아니었니?

아르카 맞아. 기억하다니 놀랍네. 오래전 해준 이야기인데. 우리가 각자 애인을 대동하고 사람이 엄청 많은 곳에서 맥주를 마시던 날에. 거의 대화가 불가능한 장소여서 아무도 내 이야기를 알아듣지 못했으리라 생각했는데. 그 적赤맥주 때문에 이야기를 풀어 놓은 것 같아. 평소에는 안 하는데.

이라 네가 애인에게 말한 기억이 나. 지붕 낮은 버스를 타고 보고타 중심가를 가고 있는데 가로등이 덮쳤다고…

아르카 그때 누군가가 말하더군. "사람 목숨이 참 파리 목숨이네… 언제 죽음이 닥칠지 모르니."

이라 등불이 꺼지지 않게 하라는 그 유명한 그리스도의 비유가 생각나는군.[6]

아르카 도둑이 언제 들지 알면 대비를 하지.

이라 우리 마치 8번가의 차보 같군. 걸핏하면 속담을 틀리게 말하는.[7] 우리는 사도 요한보다는 루미와 타고르를 더 잘

---

6 「마태복음」의 '열 처녀의 비유'를 가리킨다. 첫날밤 신랑을 맞이하기 위하여 등불이 계속 켜져 있도록 잘 대비하라는 이야기이며, 신랑이 반드시 올 예정인데도 등불을 소홀히 하는 이들을 주님을 맞을 준비가 덜 된 사람들에 비유했다.

7 1970년대 멕시코의 유명 코믹 연속극인 〈8번가의 차보El Chavo del Ocho〉의 주요 인물 중 한 사람의 별명이 '차보'로 속담을 틀리게 말하는 등 엉뚱한 말을 많이 하였다.

알지.

아르카 어찌 되었든 그것이 그 우화에 깃든 사상이겠지?

이라 다른 이야기도 기억나. 애인과 함께 명상 기도회 가던 중에 강도 몇 명이 덮쳤다는.

아르카 환영에서와 마찬가지로 어느 날 밤 산속에서였어. 특히 그 일이 있기 바로 일주일 전에 꾸었던 꿈과 똑같았어. 꿈에서 어둠 속에 칼날들이 빛나는 것을 보았어. 전깃불에 번뜩이는 권총을 쥔 두 남자가 나타났고. 누군가 앞에 가는 사람이 있었고, 나는 한 여인을 보호해야 했어. 그러더니 갑자기 내가 방에서 탁자 밑에 있고, 그 작자들이 나를 찾으러 들어왔어. 왜 내가 칼을 잡고 있고, 또 방어를 위해 그들을 죽여야 할 것 같은 상황에 처한 것인지 모르겠어. 아무튼 나는 그러지 않았어. 최고의 성가聖歌들의 내용처럼 신을 믿었거든. 꿈은 그렇게 끝났어. 잠에서 깨어났을 때 땀을 흘리고 있었고, 시험 하나를 통과했다 느꼈어.

이라 아주 비슷한 일이 일어난 것은 그다음 주라고 그랬지. 버스에서 내릴 때 너를 덮치고 동행하던 여자를 위협한…

아르카 밤이었어. 처음 내 눈에 들어온 것은 흉기의 번뜩임이었어. 그리고 도로변 산의 어둡고 외딴곳으로 우리를 오르게 했지. 우리가 가진 소지품을 강탈했어. 내 친구는 공포 영화를 빌려 온 터였어. 한 놈은 약에 취해 있었는데 내 친구를 아주 흉악하게 바라보았어. 자기들끼리 이야기를 나누었고, 나는 조용히 기도하고 있었는데 혀가 꼬이더군. 그때 어떤 남자가 우리 옆을 지나 걸어갔어. 강도들이 놀라더군. 길도 없고 더러운 물이 흐르는 하수도만 있는 산속에서 그 시각에 걸어 다닐 사람은 있을 수 없거든. 그러자 강도들이 내뺐어. 덕분에 더 나쁜 일을 겪지 않았지. 내게는 신의 은총이었어. 며칠 뒤에 우리는 그때 옆을 지나간 그 님자가 일종의 천사라는 생각이 들었어. 그리고 꿈 생각이 났을 때, 나는 그 꿈이 전조였다는 것을 깨달았고.

이라 일주일 전 꿈을 꾸던 날, 그보다 앞서 눈을 뜬 채로 환영을 보았다는 네 이야기도 기억나. 명상 중에 환영을 본 것이 아니라. 안 그래?

아르카 그래. 부모님도 함께 사시는 건물의 안마당patio에서였어. 늦은 밤이었고 오줌을 누이려고 개를 그리로 데리고 나갔지. 그때 응접실 창문 옆에서 환영을 보았어. 성모를 보았는데, 우아하고 온화한 제스처로 나를 불렀어. 성모는 형용할 수 없는 빛이었어. 부드럽고 그윽하고 따스한 빛. 다른 세상의 빛, 스테인드글라스의 자연의 광채를 방불케 하는 빛. 그래서 네가 웨스트민스터사원의 빛 이야기를 했을 때 많이 놀랐어.

이라 그때의 우리 애인들은 그저 꿈이라고 여겼을 거야. 내게는 너의 내면이 비폭력을 택했다고 여겨져. 아주 혹독한 시험이었지. 너와 여자 친구의 목숨을 위태롭게 하는 선택이었으니까. 다른 선택을 할 수 없는 순간들이 있지. 가령 네 자신을 지킨다거나 다른 사람들을 지켜야 할 때. 그러다가 그 유대인 친구가 죽었어.

아르카 그렇지. 자전거 도둑들에게 애인을 지키려 했던 건축가.[8] 가슴 아픈 일이었지.

---

8 2015년 콜롬비아에서 일어난 사건.

이라 그의 피살은 인간의 인간에 대한 파괴적인 무지가 빚어 낸 일로 볼 수 있어. 분노에서 무지가 사라질 때, '이라'라는 내 이름은 비로소 새로운 의미를 얻을 거야.

아르카 또 다른 역설이지. 신의 가호에 대한 내 신뢰는 그런 일을 겪은 후에 커진 것이라 할 수 있으니까. 세상 이야기 에 맥이 풀릴 수도 있지만 그러면 안 돼. 사원 안에서가 아 니라 그런 순간에 믿음의 크기를 알 수 있는 것이니까. 상 대방도 인간이라는 사실을 알면 어찌 죽일 수 있겠어. 아벨 이 가격을 당하고도 목숨을 구한 뒤에 카인을 죽여 버렸다 면 무슨 소용이야? 그런 일이 일어났으면 성경의 견지에서 볼 때는 세상이 더 같잖아지는 거지. 복수는 길을 잃게 하 거든.

이라 한번은 숲에서 쉬고 있을 때 마음속에서 환영을 보았 어. 타인에게 사격하는 군인이었어. 총에 맞은 사람이 죽었 나 싶어 가까이 갔더니 바로 총 쏜 군인이었어!

아르카 범죄자들에게 감옥과 굴욕적인 통제 장치를 더 많이 요구하는 사람들, 기초단체장들이 있지. 최악의 형벌은 양 심을 상실하는 일인 것을. 우리를 증오하는 사람들에게 연 민을 느끼는 이유는 그들이 자신들도 증오하기 때문이야. 남의 발을 거는 사람은 자신도 넘어져. 보상의 원칙이지.

이라 멕시코시티 중심가 소칼로 근처에서 토끼들을 먹어 치 우기 직전의 스라소니를 그린 낙서를 본 적이 있어. 동물은 보통 생존을 위해 먹지. 인간은, 뭐든지 먹을 수 있는 부자 나라에서는, 배가 고프지 않아도 먹을 때가 흔히 있고. 요 즘에는 음식이 넘쳐 나고, 사냥할 가치가 없을 정도로 고기 도 넘쳐 나.

아르카 나는 뷔페 음식을 봐도 필요 이상으로 먹고 싶은 마음이 없노라는 이야기까지는 하지 않겠어. 그러나 필요 이상으로 많이 먹을 때마다, 필요 이상으로 말을 많이 했을 때와 비슷한 느낌이야. 사람은 과하면 자신을 잃어버리고, 또 작아지는 법이지. 인생에서 어떤 결정을 내릴 때 윤리적 측면을 고려하지 않아도 되는 경우는 단 한순간도 없어. 하지만 평온한 마음으로 인생을 받아들이는 것이 건강한 것이기는 하지. 불멸의 존재가 되고자 했던 용과 달리 웃을 줄 알아야 해.

이라 어느 날 의사가 내게 한 말을 생각나게 하는군. 인간은 풀만 먹는 토끼도 아니고 고기만 먹는 호랑이도 아니라는 거야. 하지만 나는 믿어. 인간이 더 식욕을 탐하는 존재가 된 것은 어부도 사냥꾼도 그만두면서라고. 인류는 냉장고를 먹어 치우는 존재가 된 거야. 한 사람이 평균적으로 얼마나 많은 고기를 먹는지 생각해 봐. 적어도 우리나라에서는 1인당 고기 소비량이 엄청날 거야…

아르카 어릴 때 브라질식 고기 레스토랑rodizio에 갔을 때 문화적 충격을 받은 기억이 나. 식구가 전부 한껏 고기를 먹을 수 있었어. 그날 나는 크면 채식주의자가 되겠다고 생각했지. 그리고 내가 아무것도 먹지 않으면 어른들이 이상하게 여길까 봐 샐러드를 엄청 먹었어. 그래도 고기를 안 먹으면 제대로 된 식사가 아니라고들 생각하기에 나를 이상하게 여기고 걱정들을 했어…

이라 식사 때 고기 한 덩어리 곁들이는 일이 너무나 자연스러워! 마치 동물 고기가 아닌 듯이. 아이들에게 반쯤 날것인 추라스코[9]를 먹는 것을 가르치는 부모들이 있어. 피가

홍건한 고기를. 여종업원이 마치 자신보다 못한 존재라는
듯 흘낏 쳐다보면서도 그녀를 욕망하는 그런 작자를 위해
동물이 희생되어야 할 이유가 뭘까? 혹시 여종업원을 또
다른 고기 한 덩어리로 보는 것은 아닐까?

아르카 우리가 오늘 종교 이야기를 너무 많이 한 것 같네. 내
생각에는 저마다 자기 가슴에, 자기 양심에 물어봐야 해.
자신이 하는 일이 옳은지, 누군가에게 해를 끼치는 것은 아
닌지, 타인들보다 자신이 못났거나 잘났다고 믿고 있는 것
은 아닌지. 윤리는 전통을 초월하는 문제지. 나는 고기를
혐오스럽게 바라보거나 혐오스러운 냄새를 풍긴다고 생각
하는 채식주의자는 아니야. 타인들보다 내가 더 낫다고 느
끼는 사람도 아니고.

이라 타인들 외에 동물도 포함시켜야 해. 우리도 동물이라는
사실을 잊지 말라고. 나는 윤리가 도덕이나 전통의 고수와
는 다르다는 사실을 우리가 잊지 말자고 기도해. 그들이 하
니까 나도 한다는 식의 태도는 곤란하지.

아르카 성 프란치스코는 동물, 기본적인 자연 요소, 천체도
형제자매라고 불렀어. 아직 우리는 그런 수준의 집단의식
과는 거리가 멀다 할 수 있지. 그러면 안 되는데.

이라 아니 어쩌면 우리가 아직 멀었다고 느끼는 것이 아니라
그리 생각하는 것뿐이겠지. 혹은 그런 생각하지 않을지도
모르겠지만…

아르카 어쩌면 우리는 우리가 생각하는 사람이라고 믿는 것

---

9 숯불이나 철판에 구운 고기.

일지도 몰라. 사실은 생각되어지는 사람인데. 이 비인간
화 시대에 그토록 많은 인종주의자, 그토록 많은 군국주의
자 지도자들이 '민주적'으로 선출되는 것을 어떻게 설명해
야 할까? 민주주의는 점점 '슈퍼' 시장市場의 시뮬라크르 상
품 같아. 너도 알잖아. 우리가 오렌지 주스가 아니라 그 유
사품을 마시고 있는 줄을. 그런데도 오렌지 주스 비슷한 것
을, 오렌지 주스로 알고 있는 것을 소비하는 것을 당연하게
생각해. 우리는 아무것도 아닌 것에 순응해.

이라　소비라는 그 단어는 치명적이야. 산업 식품과 광고로
처바른 음식을 먹는 것은 음식 섭취가 아니라 소비야. 소비
하고, 또 소비하는 것이지. 또다시 시시포스가 되는 거야.

아르카　소비되다estar consumido가 속박과 예속으로 들리네.
안 그래? '찌그러지다sumido'라니 길거리에서 차가 밟고 지
나는 깡통이라는 뜻이잖아. '찌그러진'이든 '먹힌comido'이
든 이미 '사용되었다usado'라는 의미잖아. 아우라도 없이.

이라　라틴아메리카 국가에서는 얼마나 많은 저녁이 실업자
통계 뉴스의 공습을 받고 있는지 생각해 봐. 그런데 잘 생
각해 보면, 적어도 '생존'과는 상이한 시각으로 생각해 보
면 실업은 고용되지 않은 사람, 즉 사용되지 않는 사람이
늘 상당수 있다는 뜻이잖아.

아르카　사회와 기업에 유용하지 않은 사람이라 해서 열등한
사람을 의미하지는 않아. 우리에게 세뇌시키고 경고하는
것처럼. 우리는 과다 의존 시스템 속에 살고 있어. 만일 우
리를 사용하지 않으면, 우리가 유용하지 않으면 실패한 사
람이거나 남아도는 사람 취급하잖아.

이라　다수의 경우까지는 아니더라도 많은 경우 정반대일 수

산업 쓰레기를 수거해 사는 사람들을 소모품desechable이라고 부른다. 뉴욕 차이나타운의 존경스러운 할머니.

있어. 예의 과다 의존이라는 것은 사회적 예속 시스템의 가장 희미한 반영이야. 까마빠가 주장하는 상호 의존과는 거의 관계없는. 상호 의존은 공감, 연민, 연대를 함축하고 있어. 무수한 사람의 직업에서는 보통 인색한 가치이고 관점이지. 너도 알겠지만, 많은 사람이 잠자는 새우[10] 취급받아…

아르카 인생에서 잠을 자면, 즉 깨어 있지 않으면 물결에 휩

---

10 '잠자는 새우는 물결에 쓸려간다'라는 게으른 사람을 계도하는 속담이 있다.

쓸려 가는 법이지. 그러나 깨어 있다 해서 다른 이들과 더 활기차게 보낸다는 의미는 아니야. 일을 하면서 괴로워하고, 그래서 가끔은 아예 입을 다무는 사람들을 얼마나 많이 보았는지 몰라! 지독하고 절망적인 일상의 속박! 누군가 근무 때문에 짓밟히거나 찌그러진(즉 소비된) 사람을 보면, 나는 낙원에서의 추방 이야기를 떠올릴 수밖에 없어. 일용할 양식을 얻기 위해 땀 흘리고 수고해야 하는 타락한 사람들이지. 빵 혹은 밥 한 공기는 최소한의 존엄인데, 세계 도처에서 그것조차 보장이 되지 않으니!

이라 더 심한 경우도 있어. 구걸까지 하잖아. 게다가 노동 때문에 찌그러지고 저주받는 일부 부모들을 생각해 봐. 카인과 아벨 형제처럼 살아야 할 수도 있어. 사람이 사람을 죽이는 것이 납득되는! 좀 비꼬는 말이긴 하지만. 그러나 생각해 봐… 눈물의 계곡이라는 그 기독교의 드라마를. 우리의 인생과 사회에서 그 장편소설을 얼마나 많이 받아들이고 체화했는지 물어봐야 해. 성경의 이미지imagen 하나마다 자석imán이고, 성경의 이야기들이 우리를 결정짓잖아. 우리가 세계와 우리 자신에 대해 생각하는 것이 환경설정인 셈이고 자력磁力의 발산인 셈이야.

아르카 자신이 사용되고 있다고 느끼는 직장인이 스스로에게 할 수 있는 최소한의 질문은 '내가 무엇을 위해, 누구를 위해 사용되고 고용되어 있는가?'야.

이라 민초들의 지혜는 항상 이렇게 말했지. '누구를 위해 일하는지 아무도 모른다'.

아르카 우리가 존엄성, 겸허함, 창조성을 지니고 일을 한다면 구태여 종교를 찾을 일도 없을 텐데.

아르카와 이라

이라 내게는 신은 여전히 창조를 행하고 있어. 우리를 만들어 숨결을 불어넣은 뒤 소파에 기대어 쉬고 있는 것이 아니라고.

아르카 나는 또한 인간이 신과 공동 창조를 한다고 믿어. 생명, 직물, 장소, 종들 간의 관계에 있어서 말이야. 나는 즐거움과 진실과 의식意識의 신과 함께 하고 있어. 쾌락을 위한 쾌락이 아니라 매일 무엇인가를 만들어 내는 삶에 인도되는 삶이라는 의미의 즐거움. 시간에 쫓겨 달음박질하지 않는 삶.

이라 대체 시간은 무엇일까? 시간이 우리에게 최대 고문이 되었다는 생각이 들 때가 가끔 있어. 마치 운명의 수레바퀴 같을 때가 있고. 우리를 일으켜 세워 주지 못하고 끊임없이 짓밟아 버리는. 시간을 거스르는 것이 바로 우리 자신을 거스른다는 것이 거대한 모순 아닐까?

아르카 말해 무엇하겠어. 그건 노동의 문제가 아니라 일하는 방식의 문제야. 우리는 삶의 리듬을 시계에 내맡겼지. 자신은 물론 타인들과도 경쟁하는 운동선수 모델에 지나치게 노출되어 있어. 의식과 체력을 타인들의 시계에 팔아 버리는 일이야. 그보다 더한 것은 반反개인적인 시계에 팔아 버렸다는 점이지. 휴대폰, 컴퓨터, 텔레비전 화면에 지나치게 몰입하는 요즘 추세 역시 생각을 하지 않기 위한, 그냥 자신을 내맡기기 위한 탈출구일 뿐이야. 이 역시 공空에 대한 두려움이지. 엔터테인먼트 사업이 아니라 산만함의 산업에 직면해 있는 거야. 의식이 있고 평온하게 보내기 위해서는 빈 시간, 다른 표현을 원한다면 자유 시간이 많이 필요해. 우리가 일상적으로 겪는 소음의 와중에서도 깊은 침묵이 필요해. 시간의 노예가 될지 자유롭게 살지는 각자가 결정하는 것이야.

이라 불교도나 힌두교도들은 시간이 많다고, 너무도 많다고 단언해. 근본적인 문제는 시간이 없는 것이 아니라, 인간이 얽매여 있는 욕망과 두려움에서 해방될 수 있을 만큼 충분히 정서적이고 규율적인가 하는 점이야. 윤회의 주기는 깨달음을 얻지 못해 허비되는 시간이야.

아르카 산만함도 시간 허비에 한몫하겠지. 삶은 한 번뿐이라는 우리의 믿음 속에서는 시간은 모래가 점점 줄어드는 모래시계 같은 것이야. 이런 믿음을 직선적 시간관이라고도 부르지.

이라 나는 날씬한 시간tiempo flaco이라고 불러. 〈날씬한 여자의 키스 한 번에 모든 것을 다 주리por un beso de la flaca yo daría lo que fuera〉라는 노래 너도 알 거야.

아르카 사랑은 시간의 직선적 성격 혹은 그런 인상을 깨뜨리지. 하지만 환생에 찬성하지는 못하겠어. 일종의 투기 같은 것에 기대는 꼴이잖아. 안 그래?

이라 그렇지. 그러나 내가 설명해 볼게. 나에게는 날씬한 여자란 뼈만 남은 사람이고 죽음이야. 현대 생활에서 대부분의 삶을 시간의 직선 혹은 날씬한 선을 감각, 물건, 셀피 사진 등으로 채우려 하는 여자는 두려워… 하지만 날씬한 여자는 스스로를 채우지 못해. 다른 몸을 보장하지 않아. 살이 찔 수 없으니까. 우리가 주는 모든 것을 다 삼키고 소비하거든. 너도 알다시피 아무리 먹어도 결코 살이 찌지 않는 여성들처럼. 우리의 날씬한 여자는 그래. 인간의 두려움들에 놀란 여자지. 즉, 우리의 두려움들의 거울. 시간, 노동,

죽음, 삶에 대한 전반적인 오독들이 야기한 두려움들이야. 아르카, 모든 사람이 일하는 세상에서, 더구나 일부는 일 중독에 걸린 세상에서 노동이 우리의 친구가 아니라면 대체 누구를 신뢰할 수 있겠어? 우리가 우리 눈의 여자아이,[11] 즉 날씬한 여자를 일하기 위해 사는 세상에 넘겨준 것이라면… 우리가 왕자인데도 거지처럼 사는 세상에 넘겨준 것이라면… 우리가 순식간에 패배하여 누군가에게 사용되고 고용되는 것을 받아들이는 세상이라서 신과 함께 사랑하고 공동 창조할 힘을 보듬지 못하는 세상에 넘겨준 것이라면… 신이 우리의 일상에서 공동 창조하는 친구가 아니라면, 우리는 어떤 신을 믿어야 할까?

아르카 우리 시대의 악마는 일을 많이 하고 SNS로 소일해. 나는 인간을 노동으로 단죄하는 신은 믿지 않아. 인간이 하는 모든 행위, 바로 신의 행위이기도 한 것들을 축복해 주는 신을 믿지. 공동 창조의 개인적 실현으로서의 노동, 나아가 일할 때 타인들의 즐거운 분위기와 접속되는 그런 노동을 믿고. 그래서 상사가 있는 상황이나 직위를 탐하는 것은 모순이야. 그 무엇도, 그리고 그 누구도 즐거움의 그 내면적인 원천을 대신할 수 없어. 삶의 생명수가 우리를 통해 솟구치는 그 원천을. 만일 우리를 무기력과 사무실이라는 물결에 가라앉을 비대한 새우로 만들어 버릴 정보들만 학교에서 가르친다면, 그런 학교는 문명 위에 숲이 다시 자라날 수 있도록 허물어 버려야 해. 자연은 가르칠 것이 많고, 계

---

11 여자아이를 뜻하는 'niña'는 눈동자라는 뜻도 있다.

속 가르침을 주거든. 우리가 그저 새로운 기회, 새로운 환생만 기다리고 있을 수는 없지 않겠어?

이라 내게는 인간도 자연이야. 자연일 뿐이라고…

아르카 그렇지. 하지만 우리는 자연 위의 자연들sobre-naturalezas을 만들어 왔어. 생존에 도움이 된 경우가 많았고, 살아가는 데 유용하기도 했지. 문화는 인간이 변화시킨 자연이라고 보통 정의되지. 하지만 문화는 그 변화들에 대한 의식意識이기도 해. 우리를 인간화하는 것은 좋아, 그러나 그 반대도 필요하지. 인간의 비인간화, 즉 지구의 탈인간화 말이야. 인간종이 지구를 독점하지 말았으면 해. 모든 종이 다 자연을 변화시켜. 자연이 변화 그 자체거든. 그런 의미에서 새, 개미, 덩굴, 꽃도 나름대로의 문화가 있어. 만물이 자연의 물결이나 법칙대로 자연에 개입하고 공동 창조를 하거든. 플랑크톤 문화는 산소의 창조야. 그 원시예술이야말로 시스티나 예배당의 예술 작품들보다 훨씬 더 훌륭하고 현재적이지.

이라 인간은 상호 의존하면서 연대 공동체를 만들어. 역사, 경험, 도구, 기술, 형식, 행동 방식을 서로 교환하지. 하지만 창조하고 교환한 많은 것이 우리에게 반기를 들기도 해.『포폴 부Popol wuj』[12]에서 주인 머리를 치는 맷돌처럼 말이야.

아르카 가재도구 혹은 자연의 반란 모티브 말이군. 좀 전에 내가 무의식적으로 말한 모티브네. 학교 자리를 다시 차지할 숲.

---

12 '마야의 성경'으로 비유되는 책으로 '조언의 책'이라는 뜻.

개미, 거미 그리고 무수한 벌레는 세계의 창조자들이다. 콜롬비아 보야카.

이라 억겁의 윤회 속에서 거듭 태어난다는 자이나교, 힌두교, 불교의 세계관은 경고이지 안도감을 주지는 않아. 만족스럽지 못한 자신, 비인간, 욕망에 집착하는 세월이니까. 그런 의미에서 우주에서 인간의 등급은 개미의 등급만큼이나 보잘것없어. 우리를 도와준 이 모든 형식, 관계, 도구들로부터 제때 벗어나라고 가르친 선사들의 이야기들을 듣노라면 얼마나 해방감이 드는지. 우리가 길을 걷는 법을 깨우치고 나면 그런 것들이 더는 우리를 제약하지 못하리라는 이야기들도. 산에 오를 때면, 높이 오를수록 짐이 더 무겁게 느껴지는 법이야. 그러면 몸이 가볍도록 꼭 필요한 것만 가지고 가야 정상에 이를 수 있어. 다만 정상에 도달하면 언젠가는 내려와야 하지.

아르카 공空과 해탈을 이해하기는 어려워. 칠학적, 종교적 개념들의 번역은 혼란을 초래할 수 있지. 그럴수록 역사가 필요하고, 정확함보다 비유를 추구하는 메타포가 필요해. 침묵은 안목을 높여 줘.

이라 공空의 상태에 있다면 과연 누가 공을 정의하거나 논할 수 있겠어? 시쿠를 불 때처럼 숨결이 말하는 것일까? 내가 추구하는 해탈은 이기주의, 속박, 편견에서 부단히 탈피하는 사랑이야. 부단히 벌거벗는 숨결 같은. 이것이 신실하지 않은 사랑의 방식을 뜻하지는 않아. 자유로운 사랑이란 상호 의존의 의식이 있는 사랑이야. 부처의 해탈 이야기를 생각해 봐. 그는 열반에 들기 전에 인간의 속박과 무지에 연민을 느껴 우리 모두를 아이 보듯 바라보고, 다시 돌아오기로 혹은 모든 것에 다 초탈하지는 않기로 결정하지. 모든 사람이 도를 깨우칠 때까지 말이야. 비록 옥좌는 비어 있지만. 부처의 무한한 연민을 느낄 수 있어.

아르카 예수 이야기도 비슷해. 더 피비린내 나고 전율을 동반하지만. 예수에 대한 적지 않은 오독은 원죄와 죄책감을 강조하는 부정적인 해석 때문이야. 그러나 수난 이야기를 초월해서 보면, 예수 이야기 역시 대단히 자애롭고 해방적이야.

이라 부처의 기본적인 가르침들에 대한 오독도 넘쳐 나서 고苦를 지나치게 강조할 뿐 그 초월성은 거의 주목하지 않았어. 고행자 싯다르타의 해골 이미지 때문에 너무 끔찍하고 부정적인 인상만 남았어. 십자가에 못 박혀 피 흘리는 그리스도 이미지처럼.

아르카와 이라

아르카 이라, 수난에서 속죄로, 굴복에서 부활로, 고통에서 사랑으로의 바로 그 전환이야말로 내가 예수그리스도 이야기에서 가장 경외하는 부분이야.

이라 부처도 그리스도도 새로운 종교에 귀의하라 설득하라고 제자들을 보낸 적이 없어. 부처는 브라만 및 자기 학대로 일관한 고행자들과 거리를 두었어. 그리스도도 제물을 강요하는 회당의 율법사들과 거리를 두었고. 확성기를 사용해 기도를 드리는 우리 시대에 자기 방에서 기도하라는 예수의 권고를 기억하자고.

아르카 복음 전도는 기독교의 노동에 대한 관념만큼이나 잘못 해석되어 왔다. 그리스도는 심지어 노동 억압으로부터의 해방을 가르쳤어. 낮이고 밤이고 뭘 먹을지 걱정할 필요 없는 새들 이야기에서처럼.

이라 타인들의 공동체에 가서 사람들 이야기를 듣는 대신, 자신이 그들보다 더 많이 아는 척하는 우두머리로 돌변하는 선교사는 그렇게 못하지. 어느 마을에 와서 먼저 그곳 사람들의 지식을 인정하지 않고 자신만의 진실로 포교하는 선교사는 행진을 명했는데 듣지 않는다 하여 병사들 귀를 베어 버리는 군인이나 진배없어.

아르카 일부 집단에 내면화된 기독교적 근검 정신은 모순적이야. 자연과 타인에 대한 체계적인 착취로 이어진 경우가 많거든. 미국처럼 이민자의 나라가 새로운 이민자를 착취한 뒤 사원에서 개 내치듯 하는 것은 최초의 정주자들, 즉 건국의 아버지들의 기독교적 가치의 잔혹함과 왜곡을 보여 주는 표식이지. 변화하는 자연 속에서 우리와 공동 창조하는 신은 인간이 다중 우주 속에서 서로 엮이고 관계를 맺는 조화, 실, 숨결이라는 점을 이야기하고 있어.

이라 동의해. 나는 이렇게도 말하고 싶어. 노동으로 영혼을 해방하는 대신 노동에 영혼을 파는 카인 종파의 광신도가 된 것이라고. 그런 작자는 '시간이 돈이다'라는 채널의 가장 오랜 구독자야. 아마 텔레비전이 그 작자가 아무 생각 못하게 도왔을 거야.

아르카 그런 세상에서 실업자들은 더 나은 사회를 위한 늪일 수도 있어. 수많은 중심을 지닌 상태로 자기 궤도를 도는 사회는 다른 천체의 궤도를 침입할 필요가 없어. 늪은 냄새는 고약하지만 영양소를 제공해서, 대기 정화를 위해 필요한 숲이 자리를 잡을 수 있도록 하지. 자기 자리가 없다면 찾아봐야 무슨 소용이야.

이라 늘어나는 실업자 숫자는 사람들 자체가 아니라 사회의 나쁜 징조야. 사람이 자기 자리를 갖지 못하고, 자기 자리에서 존엄성을 지니고 남들과 상호작용을 하지 못하는 사회는 인간소외 사회야. 올가미를 풀어줄 메시아나 카우디요는 오지 않을 거야. 더 많은 일자리를 주고 우리 삶을 해결해 줄 새로운 대통령이나 더 나은 기초단체장도 오지 않을 거고. 심지어 최고의 스승도 학생에게 자기중심이 없으면 쓸모없는 존재일 수 있어.

아르카 내게 있어 중심이란 나의 본성에 적합한 리듬과 자유가 있는 일자리 혹은 정신·물리적 자리야. 시공간은 자기중심이 있을 때 비로소 충만한 의미를 획득하는 법이지. 그래서 케추아어의 '파차pacha'는 공간이요 시간이고, 풍요로움이자 대지이지.

이라 그 장소는 우리가 진정으로 사랑하고 사랑받을 수 있는 마음이라는 사실을 하나 덧붙이고 싶어. 부처는 정확한 장소에 좌정했어.

아르카 그리스도는 적확한 장소에서 해방을 얻었고. 십자가가 상징하는 것처럼 시간과 공간, 수평과 수직, 인간과 신이 합류하는 장소에서.

이라 아벨이 일어나 카인을 얼싸안을 장소, 이브의 출산이 고통스럽지 않을 장소, 아담의 노동이 즐거움과 구원을 얻을 장소.

희생 혹은 상호 의존?

아르카 하늘이 너울거리고 빛이 잦아드니 속절없이 날이 저
무네. 태양은 길고 긴 빛나는 눈썹을 숨기고. 수백만 개의
속눈썹이 저마다 한껏 가늘어지며 짙고 농밀한 대기 사이
로 길을 여는군.

이라 모든 색깔이 아이들이 공원에 모여들 듯 서로 만나는
그런 날들은 예외겠지만. 무지개 뜬 날은 카니발의 날이지.
안팎으로 보물을 찾는 날. 정신적, 육체적 균형이 깨지면
몸져누울 날.

아르카 물과 불이 서로 이끌리다 서로 거부했다 하고, 서로에
게 몸을 숨기고 하나로 합쳐지는군. 우리의 모든 존재가 대
기의 힘에 응답해.

이라 바로 그거야! 우리는 우리 자신에게, 또 타인에게 매료
되는 존재들이야. 그러면 내면에 뜨거운 몽환적인 이미지
들이 불타오르지. 피부는 취약한 경계로 변하고 우리는 무
지개의 참을 수 없는 아름다움에 노출된 아이들처럼 땀을
흘려.

아르카 대지는 일출과 함께 열을 내뿜고, 빛을 발하고, 일어
나고, 일몰과 함께 사그라지는 불이야.

이라 아프리카의 마사이족에게 붉은색은 활력이고 통일성
이고 피야. 메소아메리카인을 비롯한 선주민 부족들 사이

에서도 피는 태양에 비견되곤 하지.

아르카 수많은 유럽인 연대기 작가가 토착인 종교들의 인신 공희를 지나치게 과장하고 폄훼했지… 그래도 제물로 간택되거나 강요되는 당사자들은 정말 끔찍했을 거야.

이라 코르타사르의 단편 「드러누운 밤La noche boca arriba」의 남자[1]가 겪었던 것처럼.

아르카 맞아. 긴장은 강요에서 유발돼. 하지만, 메소아메리카의 여러 부족 중에서 일부 부족은 제물로 간택되는 것을 특전으로 여겼어. 희생되는 자는 영웅이요 신들에게 파견되는 사자로 간주되었지.

이라 아니면 적어도 그리들 믿지… 고래의 원부족들에 대한 해석들이 늘 객관적이지는 않잖아. 아르헨티나 북서부 유야이야코 산정에 있는 세 구의 잉카 미라를 생각해 보라고. 보존이 잘 된 미라인데, 각각 6세, 7세, 15세의 아이들이야. 스페인 정복 이전인데도 제국적인 종교 권력이 존재했다니 몸서리쳐져. 그 아이들이 그 나이에 특전을 입었다 느꼈겠어? 가족들은 희생제의에 따른 그 죽음을 두고 우리보다 더 몸서리쳤을 거야. 카팍 코차capac cocha[2]에서 봉헌물이 되는 일을 나름의 신념으로 받아들였을 수도 있겠지만. 연대기 작가들의 해석을 생각해 봐…

아르카 세계 각처의 수많은 고대사회에서 일부 사제–전사들이 거머쥔 권력이 얼마나 대단했는지 전율을 느낄 정도야.

---

1 오토바이 사고로 입원하여 인신공희의 제물이 되는 악몽에 시달리는 등장인물.
2 잉카 시대의 주요 제천행사.

나는 아레키파[3] 박물관에 소장된 미라 후아니타 관람을 여러 치례 거부했어. 암파토 봉우리 정상에서 그 미라를 발굴한 뒤 발생했다고 여겨지는 재앙들에 대한 동네 사람들의 이야기가 내 가슴에 사무쳤어. 하지만 어느 날 생각하게 되었지. 내 비록 그 육신들을 전시할 가치가 있는지 납득하지 못하지만, 얼음장 같은 산봉우리에 그 어린 여인을 비롯해 수많은 청소년과 아이를 봉헌한 사제들 편도 들 수 없다고. 그들의 신앙을 알아야 할 중요성, 우리의 현재 맥락에 비추어 해석하지 않을 중요성은 인정하는 바야. 그러나 그 희생이 효과가 있었고 지금도 있다고 믿는다면, 그 행위를 정당화시켜 주는 게 아닐까?

이라 그 시대의 맥락에서는 많은 사람, 심지어 희생된 여성 여럿도 그들을 봉헌하는 제의의 의미에 대한 신념이 있었을 거야. 자신들에게 벌어질 일을 완벽하게 의식하지는 못했겠지만. 그렇다 해도 상상해 보라고, 네가 희생제의의 끔찍함을 의식하고 있고, 그에 동의하지 못하거나 아니면 동의한다 해도 겁에 질려 있는데 도망치기 위해 아무것도 할 수 없는 상황을. 코르타사르의 단편처럼!

아르카 종교 혹은 민족주의에 입각한 다수의 근본주의자가 자발적으로 희생하겠다는 신념이 있었던 것 같아.

이라 뉴욕의 9·11 테러를 일으킨 이들처럼.

아르카 아니면 2차 대전 때의 가미카제 조종사들처럼.

이라 두 경우 모두 비행기로 미국에 테러를 가한 사건이었

---

3 페루 안데스의 도시.

다는 생각이 즉각 든다면, 그건 우리가 미국인이 받은 충격 관련 이미지들을 더 많이 접했기 때문이야. 대중매체와 영화에서의 미국의 우월적 지위 때문에.

아르카 두말할 나위 없지. 하지만 또 다른 한편으로는 사람들이 이념 투쟁과 영토 분쟁 속에서 가장 소중하고 자신만의 것인 목숨을 그리도 쉽게 바칠 수 있는지 놀라울 뿐이야.

이라 목숨을 잃는 것은 모든 것을 잃는 일이거늘. 심지어 자신이 수호하는 이념까지.

아르카 믿음 때문에 우리가 극단적이라고 간주하는 그런 행위들을 행하는 사람들은 그리 생각하지 않지. 그러나 말살의 행위라고 불러 마땅해. 자신을 파괴하는 사람은 으레 더 많은 타인을 파괴하는 법이니까. 하지만 그들의 관점에서는 나라를 위해 혹은 같은 신도들을 위해 무엇인가를 얻는 거겠지. 희생된 자들은 사후 혜택이 있으리라고 믿는 경우가 비일비재해. 이를테면 하늘나라나 낙원에 가리라고.

이라 혹은 가족이 그 희생의 덕을 볼지도 모르지. 어떻게 그렇게 믿을까? 죽으면 자기 가족과 함께 있지도 못하는데.

아르카 최악은 가족의 안녕을 위해 희생할 수밖에 없는 이들이 있다는 사실이야. 과거와 현재의 이민자들처럼. 그런데 마야인, 잉카인, 일본인, 미국인 혹은 무슬림의 희생이 각각 다른 차원의 문제라는 사실에 동의해?

이라 동의하지. 특히 사회계급에서 아주 차이가 나지.

아르카 어쨌든 프랑스에서 유래한 인권 개념과 최근 아프리카계, 농민, 선주민이 획득한 토지권 개념의 관점에서 볼 때, 인간의 정신·물리적 온전함이라는 가치는 횡단 보편적 transversal이야.

이라 타인을 죽이는 것은 인간 조건이라는 관점에서 볼 때 가장 비영웅적이라고 말하고 싶어. 예외적인 것과 극단적인 것을 혼동하면 안 되지. 그 어떤 예외도 주장할 수 있겠지만, 나는 비폭력이 인류의 법칙이라고 단언하는 간디 편에 서겠어.

아르카 자살은 보통 통탄할 일이지만, 어쨌든 적지 않은 사람이 자살에 내몰리고 있어. 희망을 상실했거나 이념의 강요로. 그러나 비폭력은 한 가지 사실에서 시작돼. 사랑하고 사랑받는 일이 먼저라는 사실에서. 사랑의 결핍은 인간을 비인간화시켜.

이라 예외가 많기는 해. 고통은 많은 사람으로 하여금 심연에 뛰어내리게 만들거든. 반면 히틀러의 자살은 정말로 비겁한 행위야. 사람을 최면에 빠뜨리는 웅변술, 제3제국의 모호한 제스처와 상징들을 사용해 가며 자기 민족에게 온갖 희생을 요구해 놓고 자기는 자살했으니. 독일과 이탈리아에서 가난에 빠진 많은 사람이 히틀러와 무솔리니를 '메시아'요 지도자라고 여겼어. 사실은 자신들의 사형집행인이었는데.

아르카 비폭력은 한 가지 사실로 시작돼. 폭력을 당하고도 저항하지 않으면, 너 역시 네게 가해지는 폭력의 공범이 된다는 거야. 저항이 곧 폭력으로 대응한다는 의미는 아니지만.

이라 사실 많은 정신병이 스스로에 대해 그리고/혹은 타인에 대한 수동적이거나 직접적인 자해의 세월의 산물이야. 물론 타인들의 가해와 무관심의 산물이기도 하고. 나는 타인을 사랑하는 사람은 자기 자신도 사랑한다고 확신해. 그러나 만일 최초의 법칙도 최후의 법칙도 사랑이라면, 만일

사랑이 자신에 대한 사랑으로 시작한다면. 스스로를 공격
하는 것도 타인을 공격하는 것도 앞뒤가 맞지 않는 일이야.
그래서 나는 확신해. 자신을 사랑하지 않는 사람은 타인도
사랑할 수 없다는 것이 더 정확한 말이라고. 타인을 공격하
는 네 자신을 보면, 공격을 멈추고 먼저 네게 무슨 일이 일
어나고 있는지 생각하라고. 그토록 많은 불평등, 증오, 무
기. 이념적 혼란이 존재하는 세상에서 비폭력보다 어려운
것은 없어. 가장 필요한 것이 사랑인데 사랑이 거부당하고
가장 복잡한 일처럼 되어 버리니…

아르카 이 세상에는 예나 지금이나 증오와 무지에 기초한 전
쟁이 계속되고 있어. 적과의 사랑, 열정, 조화는 늘 의심과
공격의 대상이야. 내게는 최악의 테러리즘이자 진짜 테러
리즘은 자신과 모든 사람에 대한 사랑의 부재야. 사랑의 결
여는 이 세상에서 유일하게 내게 두려움을 줘.

이라 무지는 잠재적 폭력이야. 네가 만일 이념의 물결에 휩
쓸리면, 이를테면 카누를 탈 때 균형을 유지하지 못하면 건
너편 물가에 도달할 수 없어. 맨발로 모래사장을 딛고 접/
촉con/tacto, 평화, 자유를 느낄 수 없다고. 삶은 너그럽게 살
기 위한 것이지 무거운 가면 따위를 쓰기 위한 것이 아니
야. 거리에서는 나더러 그렇게들 말해. "어떻게 이름을 '이
라'라고 지었어." 나는 내 이름의 뜻이 '분노'가 맞다고, 믿
지 못하겠지만 비폭력을 위한 이름이라고, 나 자신과 인류
에 대한 그 어떠한 횡포, 그 누구의 횡포 앞에서도 전혀 순
응하지 않고 느껴야 할 것을 느끼고 해야 할 것을 하기 위
한 이름이라고 말하지.

아르카 자유롭기 위해선 타인들의 자유를 지지하고 그들과

함께 투쟁하는 것이 필요해. 이념 투쟁이나 초월적 목표를 위한 투쟁 말고 일상성을 위한 투쟁, 매일 우리가 공유하는 공간들을 위한 투쟁. 우리는 공동의 목표를 위해 투쟁해야 한다고 배웠지. 그래야 한 기업을, 한 나라를 일군다고들 해. 그런데 우리의 지평이 존중에 입각한 차이의 고양이라면? 모든 사람이 완전히 똑같은 세상은 지겹기도 하겠지만 훨씬 더 위험할 거야. 우리를 더 잘 조종할 수 있을 테니.

이라 관용만으로는 충분치 않아. 존중이 필요해. 그런데 네가 말하는 평등은 뭐야?

아르카 공동의 존재적 토대. 모든 사람이 삶, 공간, 음식 등에 대한 대등한 권리를 가지는 것은 당연히 중요해. 그러나 사회적, 문화적 측면까지 동질성을 추구할 필요는 없어. 모두가 먹을 권리를 지니고 있다 해서, 이웃 나라의 굶주리는 이들이 우리 사회가 버리는 음식 찌꺼기를 먹어야 한다는 것을 의미하지는 않겠지. 타인을 형제로 여기지 않을 거면 차라리 주지 말아야지. 인종, 문해율 혹은 구매력 같은 편견에 의거한 서열 체계에 문제를 제기할 필요가 있어. 일부 아시아 국가의 카스트제도는 유럽과 아메리카의 사회계급만큼이나 자의적이야. 차이가 노예주의를 조장해서는 안 되는 거잖아. 나는 환원될 수 없는 차이, "중심이 모든 곳에 있고 원주圓周는 어디에도 없는 지적 구체"[4]를 기본으로 하되 물 관리 같은 공동의 가능한 지평에 대해 말하는 거야.

---

4 호르헤 루이스 보르헤스의 1951년 에세이 「파스칼의 구체La esfera de Pasclae」에 "신은 중심이 모든 곳에 있고 원주는 어디에도 없는 지적 구체이다"라는 구절이 있다.

이라 모든 사람이 동일한 형태의 집에 살게 하려는 것도 폭력이야. '아메리칸 드림' 식의 넓은 집이든 사회적 공공투자의 일환으로 대량으로 찍어 내는 조립식 주택이든 간에 말이야. 실용적이고 공유할 수 있는 기준을 세우고 그리 한 것이면 상관없겠지만. 각 사회가 결정할 일이지. 그러나 인류의 전 지구적 동질화는 위험할 수 있어. 아니 위험하다는 사실에 이미 다들 공감하고 있어.

아르카 여러 가지로 위험해. 영어, 중국어, 스페인어, 프랑스어, 아랍어 등의 사용자들이 늘어나면서 다른 언어들이 점차 사라지는 위험을 비롯해서.

이라 언어가 너무 다양하다 보니 인류는 항상 공통어를 필요로 했지. 시장과 대도시에서는 많은 언어가 중요성을 상실하는 것이 문제야. 그리되면 부모는 자식들에게 이주를 염두에 둔 미래에 도움이 될 만한 언어를 하게 할 방도를 찾아.

아르카 미국에서 집단 음악에 흥미를 느끼다 멕시코 선주민들을 알게 되었는데, 그들은 과거에 일자리를 찾아 이민 오게 된 부모나 조부모의 언어를 이미 사용하지 않았어. 심지어 스페인어도 못하는 경우도 있었어. 미국이 '인디언'을 무시하고, '라티노'를 차별하고, '니거'를 허울 좋은 관용으로 대하는 나라, 또 신참 이민자들의 두려움과 필요를 이용해 먹는 나라인지라 그들의 상황이 이해할 만한 구석은 있지만.

이라 이민의 꿈이 수많은 사람에게는 악몽으로 변해. 소위 제1세계와 제3세계를 가르는 서유럽의 그 차가운 선을 생각해 봐. 시리아Siria는 인류의 차별적 속성을 밝히는 촛불cirio이야. 하위 인간들의 거주 지역으로 여전히 간주되는

희생 혹은 상호 의존? 283

아프리카도 있고.

아르카 언어를 완벽하게 배우고, 나아가 이민 간 나라의 언어
로 자신을 위장하는 일은 인종주의와 배제라는 그 악몽들
과 맞서기 위한 필요조건이야.

이라 일련의 사회적 열등감과 내부 식민주의는, 모국에서조
차 자신의 억압과 통제에 이용되었고 앞으로도 이용될 관
습과 언어를 받아들이고, 유지하고, 특히 우대하게 만들지.
사하라 이남 아프리카의 많은 지역이 그런 상황이야. 게다
가 언어 사용자 자신이 원래 언어로 말하거나 생각할 필요
를 느끼지 못하면, 그 언어는 대체 누가 있어 '구원'하겠어.

아르카 슈퍼 언어학자 혹은 슈퍼 옹súper-ong[5]도 구원하지 못
할 거야.

이라 그 문제가 타인의 탓이라 해도, 그 타인은 외국인이 아
니라 내부 식민주의에 물든 토착민 대리인들인 경우가 있
어. 자체적인 채굴주의의 우두머리와 슈퍼히어로들. 자신
을 희생하는 것보다 희생양을 찾는 것이 더 쉬운 법이지.

아르카 어느 프랑스 언어학자에게 들었는데, '언어의 구원'이
라는 발상은 보통은 재원을 얻기 위해 고안된 비즈니스라
는 거야. 특정 언어 사용자들이 어떤 이유에서든 조상의 언
어를 중요하게 생각하지 않으면, 해당 언어의 점진적인 소
멸을 막을 수 있는 사람은 아무도 없다고 그러더군. 사회경

---

5 비정부 기구(스페인어 약자로 ONG)와 월터 옹Walter Ong을 동시에
지칭하는 언어유희. 월터 옹은 사제, 문화 및 종교 역사가, 철학자로
구술성과 문자성을 비교하면서 인간의 소통에서 구술성의 지위를
복원시키고자 했다.

제적인 조건들이 변화하지 않는 한. 더 이상 사냥할 동물도 없는 선주민들을 보호지역에 몰아넣고 부싯돌로 불 피우는 장면을 보고 싶어 하는 사람들이 많지. 물론 그들에게 태블릿이나 전자레인지를 갖다 주는 사람들도 있어. 전기 꽂을 데도 없는데 갖다 주니 문제지만.

이라 전문지들의 자료에 따르면 지구상에서 사용되는 대략 6,000개의 언어 중에서 매년 많은 언어가 사라지고 있어.

아르카 비록 비즈니스라 해도 언어 사용자들을 위한 것이었으면 좋겠어. 어쩌면 아프리카 몇몇 지역에서는 중국어 사용이 대세가 되는 날도 올지 몰라. 예측과는 달리 미국은 다른 나라보다 스페인어가 더 많이 사용될 거야. 케추아어를 비롯한 일부 선주민 언어는 사용자의 역동성 덕분에 보존되고 쇄신되겠지만, 또 다른 선주민어들은 동질화 경향을 지닌 '제1세계'의 소멸 언어 박물관 전시물이 될 거야.

이라 다른 한편으로는 공동체 조상에게 물려받은 언어를 랩, 힙합, 영화, 다큐멘터리, 문학 등의 비전통적인 수단들을 통해 새 활력을 불어넣은 새로운 언어 세대들이 존재해. 새로운 형식들을 전유하여 언어들을 창조하고 자리매김하는 일은 비록 미래를 예측하기는 어렵다 해도 장단기적으로 중요한 재역동화 전략이야.

아르카 고유하고 전통적인 것과 현대적이고 혁신적이라고 명명되는 것 사이에 일련의 긴장이 발생한 거야.

이라 그래. 각 언어 공동체가 내부에서 논쟁할 일이지. 특히 수많은 토착어 사용자가 도시로 이주하기를 원하거나 그리할 수밖에 없는 요즘 같은 시절에는. 원하든 원하지 않든 언어적, 사회문화적 지배 코드에 직면할 수밖에 없을 거야.

비헤게모니적 언어로 창작하고 소통하기 위한 새로운 전략과 자극들을 고안하는 일은 일종의 탈출구야. 그 언어들에 담지된 세계관들과의 긴장과 있을지 모를 갈등을 부정하지 않는 한.

아르카 주권 문제를 비롯한 여러 영역에서 파장을 불러올 수 있음에도 불구하고, 아직은 지배 언어를 거부할 가능성이 없지는 않아. 언어가, 조만간 직면하게 될 일련의 전 지구적인 사회적, 영토적 채굴주의 기획에 맞서기 위한 도구이기도 하기 때문이야. 하지만 가장 심각한 심리 소통적psico-comunicativa 침투와 획일화가 일어나고 있는 지점은 새로운 언어의 조작적 사용이 아닐까 싶어. 백화점, 공항, 체인 레스토랑, 기업 등 소비와 관련된 전 지구적인 사회의 모델이 되는 대상이자 장소에서 이용되는 아이콘 느낌의 언어.

이라 나는 놀라워. 중국인 쉬빙 같은 일부 프로그래머 예술가들이 언어적 혹은 문화적 거리가 심각하지 않은 곳에서도 사람들의 소통을 도우려 하는 것이. 보편적으로 보이는 그 소통 방식의 동기는 전 지구적 소비사회의 동질화 압력이야. 아니 어쩌면 바로 그것이…

아르카 …그들의 관심사야. 미국은 만일 중국이 5G 표준화를 이룩하면 국가안보에 위해가 된다고 말하고 있어. 5G 표준화는 동질화를 의미하니까. 전면적인 가상 전쟁에 돌입하는 셈이야.

이라 그들은 세계를 자기 나라요 자기 시장으로 생각하고 있어. 냉전에서 가상 전쟁으로의 이행하는 중이지. 1990년대에 월드와이드웹www이 출현하기 전에는 텔레비전이 그러한 전 지구적인 영향력을 획득했어. 광고의 규범적 언어로 우리를 준비시켰거든. 기업, 상품, 날조된 필수품들을 연상시키는 제한된 기호들의 독자-이용자로.

아르카 그런 세계에서는 신용카드가 시장이자 우주요 신분 증이지. 카드를 긁어 없는 돈을 쓰고, 포인트와 마일리지를 받지. 소비의 세계는 너무나 작고 뻔해서 보편적 의사소통의 요람인 양 스스로를 찬양해. 중국의 거대한 통신 플랫폼은 위안화 없이 전화하고 지불하는 데 이용돼. 휴대폰은 아주 먼 옛날 모든 사람이 훔치고자 했던 횃불 같은 대상이 된 거야. 공상과학소설이 그토록 두려워하던 똑똑한 비인간적 로봇인 셈이고.

이라 기업, 많은 경우 초국적 기업인 그 회사들의 목표 중 하나는 더 많은 이용자 확보를 위한 부단한 수요 창출이야. 이용자들이 이를 재단하고 결과에 따라 재단돼. 결과란 이용자 숫자로 측정되는 사람들의 소비 증가야.

아르카 거대 공급망 체인점들이 가게, 레스토랑 혹은 지역 시장보다 어떻게 더 좋은 가격으로 식품 제공이 가능한지 묻지 않는 사람들, 혹은 별로 상관하지 않는 사람들이 있지. 기업 경영에는 시장을 측정하는 점수판이 있어. 처음에는 아무도 경쟁할 수 없는 가격으로 물건을 공급해. 소비 습관을 창출하는 거지. 항구적 이용자 혹은 '충성스러운 고객'이 생기면, 제품 가격을 조금씩 혹은 대폭 인상해. 그러면서 소비 포인트로 혜택을 주고. 포인트 카드로 사람을 측정하고 통계 대상 회원으로 만들어. 또 다른 특징으로는 명의 요청을 들 수 있어. 커피에서 알약에 이르기까지 무언가 팔거나 제공할 때면, 마치 음식과 치료법을 제공하는 엄마나 할머니라도 되는 듯 전화를 걸지. 제품의 개인화는 그 시장들과 관계를 맺는 또 다른 전략이야.

이라 카드를 준답시고, 혹은 SNS 회원으로 만들어 준답시고 정보를 요청하고는 그걸로 데이터베이스를 만들지. 그리고 너도 알잖아. 그 데이터베이스를 팔고 뿌리는 기업 및 SNS들이 있어. 프로필 장사. 주말에 갑자기 전화가 와서 대출 특혜를 준다든가 2+1 상품에 당첨되었다든가 하는 이야기를 해. 텔레비전을 보다가 선거에서 승리한 후보가 유권자들의 소비와 관련한 두려움과 필요성이 무엇인지 이미 알고 있었다는 사실을 알게 되는 경우도 있어. 이런 우연이 있을까! 플루타르코스가 뭐라 말했을지 생각해 보라고. 빚을 질 능력에 해당하는 상을 준답시고 그에게 접근했다면! 칠레 연재만화 『어린 콘도르Condorito』에서처럼 '플롭'했을 거야.[6]

아르카 사람들에게 심어 준 이 모든 소통 강박증, 인간이 없는 SNS는 기업이 이익금에 0이 더 많이 붙으면 붙을수록 좋다는 논리로 인간의 행동과 소통 방식을 얼마나 급격하게 변화시키고 있는지 보여 주는 사례야.

이라 몰인간적 행동과 소통 방식이라고 하는 것이 맞을 수 있어. 가상 세계화 추세 역시 비인간화 측면이 있으니까. 어릴 때부터 휴대폰에 집착하는 아이들을 보라고. 혹은 대화와 스킨십 대신 각자의 기기와 SNS에 더 관심을 보이는 연인들을. 또 수업에 집중하거나 잠시라도 휴대폰을 끄는

---

6 창피하거나 어이없는 일 때문에 등장인물들이 '플롭'이라는 소리와 함께 기절하면서 만화가 끝나는 경우가 많음.

것을 점점 더 힘들어하는 학생들을. 이런 유형의 소통이 '보편적'이라면, 나는 정령들이 말을 걸어 주는 동굴에 가서 살겠어.

아르카 인간 내면의 네트워크는 주의 깊게 듣는 것을 필요로 해. 그러나 이 통제 사회에서는 귀를 멀게 하는 비인간적 요소들이 너무도 많지. 사람들의 생각과 대화는 기업 입장에서 수지가 맞지 않거든. 이제는 망막으로 사람을 판단해. 인종차별racialización 시대에서 망막차별retinización 시대로 접어든 거야.

이라 인간은 스캔 불가능한 관계들을 통해 세상을 봐. 눈의 흰자위는 검은자위만큼이나 중요해. 언어와 소통이 작동하는 것은 침묵이 존재하고, 판독 불가능한 것이 존재하기 때문이야. 간디는 이렇게 말하곤 했어. 우리는 눈도 두 개고 귀도 두 개인데 입은 하나뿐이라고.

아르카 즉, 더 많이 보고 더 많이 듣되, 말은 덜해야 한다는 뜻이지.

이라 아니면 필요한 이야기만 하고.

아르카 그런데 무엇이 필요한 것인지 어떻게 알지?

이라 그건 각자의 내면에서 결정돼. 그저 씨앗을 뿌려 두면 되는 거야. 침묵 속에서 씨앗이 자라면 무엇이 얼마나 필요한지 정직하게 알 수 있어. 심지어 가상 세계에서의 그 '소통'이 얼마만큼 필요한지도. 그러면 사회가 강요한 필요성들은 죄다 배제할 수 있어. 소통 필요성이 인위적으로 창조된 사례는, 네게 경제적인 혜택을 제공하는 통화를 몇 분 했을 뿐인데 한 달 반 뒤에는 이미 들인 시간을 낭비하는 것이 아까워서 오히려 네가 전화를 걸게 되는 경우 같은 거야. 정말로 필요한 전화일까?

아르카 그러나 진짜 닝비는, 침묵을 지키면서 자신, 자신이
사랑하는 사람들, 개나 식물, 자연 혹은 신자의 경우 신과
접속할 능력을 상실하는 일이야. 사실 나야 신자보다는 종
교 실천자가 되고 싶지만.

이라 두에르메아우토피스타스가 쉬고 있을 때처럼. 이 개야
말로 정말로 실천자이거든.

아르카 우리 셋은 침묵 속에서 서로를 이해할 때가 자주 있
지. 친구가 되어 운이 좋았어. 가끔 의견이 다를 때도 있지
만, 이라 너는 들을 줄 알아서 고마워.

이라 네 이야기를 듣고 있노라면 가끔은 내가 말하고 있는
것 같아. 네 이야기가 아주 묘하거나 감동스러울 때도 있지
만. 내가 내 밖에 있는 것 같기도 하고 안에 있는 것 같기도
해. 가끔은 며칠, 몇 달 지나서 의미를 이해하기도 하고. 내
그림자 같은 개를 보는 느낌이 들 때도 있고.

아르카 아하, 개! 더할 나위 없는 우정의 상징! 개가 인간처럼
말하지는 않지… 그래도 숱한 제스처와 소리와 언어로 인
간에게 말을 걸어온다고. 너무나 진심 어린 침묵 속에서 인
간을 따라서, '개는 인간의 최고의 친구'라는 그 오랜 속담
을 나는 믿어.

이라 네가 강조하는 고양이 이야기도 공감이 돼. 고양이처럼
심연 가장자리의 어둠 속에서 말하는 일들도 아주 많지. 인
간이 막 나무에서 내려와, 작은 두 발로 균형을 잡는 방법
을 배우는 아기가 느끼는 놀라움의 감정을 지니고 직립보
행을 하기 시작했을 때의 소통 방식을 상상해 보라고.

아르카 인간이 완벽하게 소통할 수 있다면, 인간의 모든 말이

다 필요하지는 않겠지. 일을 같이 하거나 포식자를 경계하라고 다른 부족민들에게 알려 줄 때, 말 대신 소리를 더 많이 낼 거야. 인간의 소통 에너지는 광범위한 신호와 제스처를 통해 전달될 것이고, 몸짓 언어가 더 압도적이었을 거야. 누군가 인간의 대화를 들으면, 정말로 음악을 듣는 것 같을 거야. 걸을 때의 리듬, 놀라움의 소리, 동물 흉내 소리는 인간의 원언어의 잔여물이야.

이라 우리가 새에 대해 말하지 않고, 새처럼 노래했겠지.

아르카 우리가 가끔 숲, 공원 혹은 산길을 걸으며 이야기를 할 때면, 나는 그 원언어, 결코 진화가 덜 된 것이 아닌 그 언어에서 무엇인가를 복구하는 느낌이 들어. 우리는 자주 입을 다문 채 잎새에 이는 바람 소리를 듣고, 동물을 관찰하고, 아이들이 뛰어놀거나 두에르메아우토피스타스와 함께 달리는 것을 봐.

이라 우리는 그 침묵의 관조를 통해 말을 할 때도 있는데, 그 말이 아무에게도 들리지 않나 봐. 감탄사, 강조, 어조, 숨소리 등으로 불리는 모든 B컷 언어를 구사하건만. 이런 것들을 죄다 부정하니 어쩌겠어?

아르카 우리가 새라면 나뭇가지에 앉아서 소통할 텐데. 전선 위에 앉아서 할 때도 있을 것이고. 새들이 전선 위에 있는 것을 보면 가끔은 내가 다 감전된 느낌이기는 하지만. 아무튼 굳이 한자리에 앉아서 차를 마시거나 함께 걸을 필요가 없을 거야. 멀리 떨어진 나뭇가지에 앉아 우정의 노래를 보낼 테니. 지나치게 접근하고 있는 것이 있으면 위험을 알려 주고.

이라 그러니까 새처럼 영역 표시를 위해 지저귄다는 거지?

아르카 안 될 것 있어? 그 점에서는 우리 인간도 새와 유사하 잖아. 영역territorio은 두려움terror의 산물이야. 시인에게는 그토록 아름답고 날렵하게 여겨지는 벌새도 잘 살펴보면 공격적이고 대단히 영역에 민감하다는 것을 알 수 있어.

이라 하긴 나도 누군가가 마테차를 다 빨아 마신다 싶으면 같이 공유하기 힘들어.[7]

아르카 너희는 모르는 사람들과도 마테차를 돌려 가며 마시 는 것을 좋아한다 생각했는데.

이라 내 말을 나쁘게 해석하지는 마. 모르는 사람들 중에서 더 모르는 사람들이 있는 법이니까. 아무 데나 앉아서 알지 도 못하는 사람들에게 마테차를 건네기는 하지만 본능적 으로 알지. 그건 사교 형식의 하나야. 말과 시선은 물론이 고 봄비야bombilla까지 공유하지. 원기를 회복시켜 주는 그 부드럽게 씁쓸한 차 흡입에 사용하는 빨대 말이야.

아르카 마테차와 봄비야는 꽃과 새의 부리에 해당한다 할 수 있겠군.

이라 어떤 면에서는 그렇지. 시 한 수 짓기 좋은 메타포 같아, 안 그래? 그러나 내 비록 벌새를 예찬하지만, 우리 남미 남 부 사람들이 적어도 마테차를 돌려 마신다는 점에서 그 새 보다 사회적으로 좀 더 진화한 것 같아. 우리가 인색하지 않다거나 영역 표시를 하지 않는다는 뜻은 아니야. 그러나 마테차는 꽃의 달콤하고 황홀한 꿀에 열광하는 것과는 정

---

7 빨대 같은 것 하나로 여러 사람이 마테차를 돌려 가며 마시는 풍습 이 있다.

반대의 일이야. 일상 속에서 서로 나누고 타인들을 배려하는 차이고, 사람들을 가르는 그 장벽을 약화시킬 수 있는 차니까.

아르카 봄비야는 마치 부리 같아. 젖꼭지 같다고도 말할 수 있을 거고. 모유 흡입의 심리적 의미는 우리의 존재적 조건에서 핵심이야. 우리라고 해서 인류나 우리의 사촌 영장류만 말하는 것이 아니야. 인간도 포함된 포유류 전체를 말하는 거지.

이라 정곡을 찔렀어. 마테차는 포유류의 제의야. 너도 알다시피 천연 진정제지.

아르카 삶 자체가 흡입 행위야. 모유 흡입, 물 흡입, 음식 영양소 흡입, 폐와 코를 통한 산소 흡입 등.

이라 그리 생각한다면… 간디가 말하는 유일한 입은 우리 포유류의 입이겠지. 삶에 대한 우리의 생각, 정서, 노래, 더듬거리는 말 등의 상당 부분을 입을 통해 표현하니까. 우리의 입이 부리, 트럼펫, 혀이고, 또 혀와 목청의 서정적인 현을 떨게 하는 텅 빈 튜브야.

아르카 바닥에서 양손을 떼고 직립하게 되었을 때, 후두와 안면 구조의 변화가 새로운 발성법을 창출했고, 그것이 말이 되었어.

이라 물건을 만드는 보석 같은 존재인 이 양손이 입과 언제부터, 그리고 왜 대화를 시작한 것일까? 손과 입 사이의 대화, 손과 입과 몸짓 사이의 대화가 없었다면 인간의 얼굴처럼 표현력 풍부한 얼굴은 존재하지 못했을 거야.

아르카 오케스트라 지휘자 역시 우리의 인식과 언어 능력이 향상된 덕분에 존재하는 거야. 뇌가 성장한 뒤에 언어의 성장 여지가 생긴 것이 아니라고. 언어, 직립한 신체의 복잡한 엔진과 리듬, 말하는 입 등을 통해 준마가 날뛰게 되었다고나 할까. 즉, 길이 더 많이 연결되고, 신경 줄기와 날실이 배가된 거야. 뇌엽에서 경험한 혁명 역시 우리를 점점 차별화된 종으로 변화시켰지. 어쩌면 너무 많이 변화시켜 우리가 스스로를 신이라고 믿으며 다른 종들 위에 군림하고 싶어 할 정도야. 그러나 연대 의식 역시 증가했어. 오케스트라 지휘자는 각 연주자에게 귀를 기울여야 했어. 그렇게 의미망을 창출하지.

이라 인간종은 상호 의존적이야. 언어는 그토록 자주 배를 곯던 우리 조상들이 남겨 준 진정한 식량이야. 그러나 우리가 특정 신호와 제스처들의 의미마저 잊는다면, 우리의 소통을 가능하게 하는 언어의 원천에 입각해 이해하고 느끼는 것이 얼마나 어려워지겠어.

아르카 음성학, 문법, 음운학을 통해 규범화되고 비교적 안정화된 언어는 우리의 정서와 생각, 우리의 제스처와 침묵을 통해 매일 재발명될 필요가 있어. 그런 의미에서 시는 언어의 가장 심오한 표현이자 혁신이지. 시는 언어를 재발견하고 재발명해. 의미를 재부여하고 드러내고. 처음에는 어휘의 원초적 뜻을 무의식중에 알려 주고, 동시에 재발명해. 시는 노인의 노래, 산모의 신음 소리와 흐느낌, 자궁에서 빠져나올 때 폐를 확장시켜 주는 아기의 울음소리 같은 거야. 이 모든 것이 창건의 행위요 다시 활력을 주는 행위야.

이라 사람들의 말에도 시가 담겨 있어. 말은 세계에 대한 광범위한 은유, 직유, 이미지를 무의식중에 표현하니까. 하지만, 더 효율적인 조작과 상거래를 위한답시고 우리의 언어와 제스처가 밋밋해지고 규제되면 시적인 것이 황폐해지고, 심지어 사라질 거야.

아르카 그러니까 시장의 언어에서는 시를 발견할 수 없다는 뜻이야?

이라 그건 아니야. 너도 알다시피, 반대로 시장에는 조정과 문화 부처보다 훨씬 더 많은 시가 존재해. 수많은 중국 시인, 특히 당나라 시인들의 역사가 그렇지 않아? 그들은 교육기관, 조정, 관직을 버리고 산에 칩거하면서 사색과 시화 詩畵에 몰두했잖아.

아르카 서로 겹치는 부분은 있지만 시적 언어와 조작적 언어는 구분해야겠지.

이라 너도 알잖아. 조작적 언어는 두려움과 공유된 경험에 기초한 일련의 명령과 경고에 의거하고 있어. 가령, 광고인들은 사람들이 주름을 저어한다고 기정사실화시켜. 요즘 사회는 주름이 보통 지혜가 아니라 늙음을 의미하거든. 그러면 주름 제거 크림, 비타민, 젊음을 회복하는 음식 판매를 위한 일련의 조작적 언어가 판을 쳐. 또 다른 유형의 조작적 언어는 정치인들의 언어야. 사람들이 치안 불안을 비롯한 온갖 위협을 더 많이 느끼라고, 그래서 자신에게 투표하라고 그런 언어를 사용하지. 영장류 사이에서는 다른 유형의 조작적 언어가 있어. 집단 사냥이나 영역 수호를 위해 무리의 다른 구성원들에게 요구하거나 그들을 설득하는. 어쨌든 수컷 우두머리와 알파 암컷이 보통 가장 좋은 음식, 그 영역의 가장 좋은 것을 차지하지.

아르카 상거래 언어는 어떤데?

이라 그건 '시간은 돈이다'라는 생각에 일정 부분 의거한 언어 유형이야. 핵심은 소통이 아니라 거래야. 고객이 목표고. 제스처와 언어의 교환은 제품 소비로 귀결돼. 전통시장, 공설 시장, 광장에서는 보통은 사람들끼리 연을 맺지. 작은 시장이 살아남은 일부 광장은 사람들 간의 소통이 더 많이 이루어지는 장소들이고. 그런 곳들은 보통 음악가가 있고, 음식의 혁신이 있고, 모든 유형의 문화 표현이 흐르지. 상품이 아니라 상대방을 감안한 물물교환, 외상, 덤, 에누리가 이루어지고. 반면, 오늘날의 상거래 언어에서 소통은 일련의 기호와 로고로 축소되고 가상화되지. 판매 효율은 조작적 설득으로 평가되고, 판매자에게 자극이 되는 것은 보통 소통 그 자체가 아니라 커미션이야. 전 지구화된 패스트푸드 레스토랑에서 계산대 직원과 대화를 길게 하면, 경비원들이 진땀 흘려. 손님은 계산대에 이르기까지 줄을 서니까 이론상 메뉴 결정에 많은 시간이 들지 않아야 하거든. 그러지 말라고 사진으로, 플라스틱 모형으로 미리 메뉴를 전시해 놓은 터니까. 시간은 돈이라고.

아르카 네가 말했듯이 언어의 시학은 조작적 언어, 상거래 언어에서는 아예 사라져. 소통, 특히 사람들 사이의 연이 축소되거든. 그 점이 핵심이야.

이라 내가 그저 숫자로만 인식되거나 이용자가 되면, 나뿐만 아니라 판매자도 비인간화되기 일쑤야. 인간적인 것을 상징 대신 기호로 생각하지 않는 한.

아르카 통제와 예측이 가능하고 '초소통적인' 기호의 평등은 이 세계의 자본을 장악한 대기업들이 만든 신기루인 경우가 보통이야. 신자본주의가 평등을 믿지 않는다고 누가 그래? 정반대야. 신자본주의는 소비자들의 평등, 제품 접근성에 있어서의 '민주주의', 합일을 지향하는 거대 플랫폼, 인간의 필요들의 엑셀화에 의거하고 있어.

이라 엑셀화라니?

아르카 70억 이상 인구의 온갖 필요를 계량화된 표로 전환시키는 일. 전 지구적인 수요공급에 대한 인류의 '동질적'인 행동과 대응 방식을 표와 도표로 만들려는 의지.

이라 대중이라고 불리는 사람들의 두려움과 욕망에 대해 아는 것은 권력에게는 분명 무기가 돼. 부자 나라들의 몇몇 대통령, 군인 폭군들, 다국적기업의 소수 우두머리가 공유하는 행동주의 병기창이야. 연민의 관점에서 보자면 그들 중 많은 사람이 사실은 자신의 야망, 이념, 심지어 개인적 트라우마 등으로 작아진 사람임을 알 수 있어. 우리 시대의 이기주의적 세력들과 특정 집단의 꼭두각시인 경우가 비일비재해. 한편, 많은 예술 언어가 균형추 역할을 제대로 못하고 있어. 미사일이 하늘로 가는 새로운 계단을 구축하고 있고. 우리가 만신전과 상아탑 속에서 상상해 온 뮤즈들이 내려온 바로 그 하늘. 숫자 앞에 덩그러니 남아, 자신과도 신들과도 대화하지 못하는 인간은 SNS의 발명자이자 소비자야.

아르카 네가 언급하는 신성神性들은 인간이 세계, 인간 조건, 인간을 둘러싼 자연을 해석해 온 원형原型을 말하는 건가?

이라 대답을 하자니 내가 견지하던 침묵을 깨뜨릴 것 같네. 그러나 우리가 세계를 재신화화하려고 대화를 하는 것이 아니라 소박하고 정직한 우정을 나누려는 것이니⋯ 나는 그렇다고 말하고 싶어. 우리는 원형들을 통제하지도 못하고, 완전히 합리적으로 이해하지도 못해. 그래서 원형들은 그 힘과 마법을 유지하는 것이야. 정반대의 일도 빈번하게 일어나지. 즉, 우리에 대한 원형들의 통제와 해석.

아르카 언어에 대해 한층 창조적이고 의식이 있고 감수성이 있을 때, 우리는 더 심오한 의사소통과 유대를 경험하고, 동시에 제3자의 이념 조작에 덜 취약하게 될 거야. 심지어 가까운 이들의 이념 조작에도. 가까운 사람들도 부당하게 그리하거든.

이라 동의해. 너는 대립적이면서도 보완적인 뇌로 정확하게 그것을 표현했어. 시쿠에 비유하자면 말이야. 딱 들어맞는 공식은 없다는 말만 덧붙일게. 너나 나나 구루는 아니니까. 이 대화는 그저 두 친구 사이의 대화일 뿐이고.

아르카 안정적 인간은 주어진 존재está dado가 아니라 생성되는 존재이고, 잠정적 인간은 주어지고 있는 것un darse이야.

이라 어떤 것이든 간에 집단적인 조화 속에서 생각하고 창조할 깨달음un darse cuenta이자 자유.

아르카 나는 그저 놀라울 따름이야. 태어날 때부터 주어진 시간을 우리 스스로에게 주는 것이 이리도 힘들다는 사실이. 우리에게 시간이 주어졌다는 확신을 공유하지 않는 세계관들이 있다는 사실을 이해하고 존중하기는 해. 하지만 친애하는 이라, 나는 인간에게 무엇인가 모자라는 것이 있다면 사람들이 그토록 집착하는 돈이 아니라 우리 스스로에게 주기 위한 시간이라고 생각해.

이라 아무것도 하지 않을 시간.

아르카 모든 것을 할 시간.

이라 걸을 시간.

아르카 들을 시간.

아르카와 이라

이라 말할 시간.

아르카 돌볼 시간.

이라 서로 연대할 시간.

아르카 만일 사람들 말마따나 시간이 약이면, 우리를 치유할 시간.

이라 무엇을 치유하기 위해서인데?

아르카 시간이 모든 것을 치유한다는 격언이 있는 이유는 모든 존재가 상처받기 쉽기 때문일 거야. 그런 의미에서 모든 존재는 쉽게 스스로를 치유하거나 혹은 치유받을 수 있다는 것이 내 생각이야.

이라 아기 철학자, 또한 노인 철학자의 출생의 상처를 건드리는군. 인간의 삶에 죽음이 예정되어 있는 한, 우리는 모두 인간 존재에 질문을 던질 수밖에 없는 철학자야. 출생의 기억이 선명한 아기, 출생에 잉태된 죽음이 임박한 노인은 출생의 상처에 더 민감할 수밖에 없고.

아르카 그렇지만 너는 출생이 곧 상처라는 말을 실제로 믿어?

이라 우리는 또다시 상징의 복잡성에 직면하고 있어. 일부 문화가 운명sino, 목적지destino라고 부르는 것. 심지어는 낙원으로부터의 추방과 베어진 위대한 나무. 이 모든 것이 출생의 상처의 이미지요 생성일 수 있어. 숱한 전통사회에서 인간은 꼬리표를 달고, 심지어 사회적 기능을 부여받아 태어난다 생각하지.

아르카 사회적 기능이 어째서 상처일 수 있다는 건데?

이라 네가 무엇인가 되기 위해 태어난다면, 이미 자유로운 존재가 될 수 없어. 잠시라도 자유로울 수 없고. 만일 그렇다면 시간이 뭐가 필요하겠어. 시간이 너의 것이 아니라 어떤 기능을 담당하기 위하여 혹은 존재적 사명을 위한 것이라면?

아르카 물론 이는 우리가 일반적으로 생각하는 것보다 더 복잡한 일이지. 우리의 세계관, 심지어 원형들이 이 순간 우리를 통해 이야기하고 있는 것일 수도 있으니… 심호흡을 하자고. 내면 깊은 곳의 영혼이 말할 수 있도록.

이라 삶은 그 자체로 희생이야, 안 그래? 삶이 성스러운 것은 희생이기 때문인 거야. 이는 우리가 자발적인 희생(가족)이나 타자의 비자발적인 희생(동물, 식물, 광물) 덕분에 성장한다는 것을 확연히 의미하지. 타자를 위한 우리의 자발적, 비자발적 희생이 요구된다는 뜻이기도 하고. 우리는 자궁 사원에서 나와서 대지 사원으로 돌아가는 거야. 예외는 없지 싶어. 사원을 무시하고, 대지의 영성을 부정하고, 삶 이전에도 이후에도 아무것도 존재하지 않는다고 믿지 않는 한. 먹고 먹히고, 먹이를 주고 먹이가 되고, 부양하고 부양되는 것이 법칙이야… 이게 상호 의존이지.

아르카 우리를 제어하지만 우리는 제어하지 못하는 내면 깊숙한 곳의 영혼이 우리가 대화 초반에 나눈 희생에 대해 계속 성찰하는 것을 원형적인 이유들로 해서 허락하지 않았어. 내가 이해하기로는, 우리 시대에는 생존을 위한 희생과 진화론적 투쟁이 아니라 상호 의존과 연대를 논할 필요가 있어. 인간이 광범위한 의미망과 상호 연계망의 일부라는 것을 이해한다면, 우리의 개별적, 문화적 정체성은 공동의 지평에 입각한 공동 행동의 실현을 미룰 핑계가 더 이상 될 수 없을 거야. 이는 차이를 존중하는 협력을 함축하고, 외견상의 유사함에 따른 동질화를 배격해. 생태학이 과학이고 때로는 공동의 집에 대한 지식이라면, 이는 물, 공기, 흙, 모든 종種, 인간 개개인, 가족, 자연을 돌보기 위한 상호 의존을 인정한다는 것을 의미해. 우리가 받은 것들을 유지하고 쇄신해야 할 것이고, 그 변화를 토대로 향후 세대에게 물려주어야 해. 그러나 우리가 진보에 너무 집착하다 보니, 그런 역할들은 그저 생태주의적 토착민과 공원 관리인들의 몫이려니 하고 잘못 생각하고 있어. 자신의 삶이 희생이라고 생각하는 이는 두려워해. 자신의 삶이 소용없는 희생이라고 생각하는 이는 의기소침해져. 자신의 삶이 경쟁이라고 생각하는 이는 일등을 하지 못하면 분노가 일어. 그러나 자신의 삶을 사랑과 연민을 통한 상호 의존적 삶으로 알고, 생각하고, 느끼고, 실천하는 이는 거듭나. 타인들의 자유를 위한 의식 있고 우호적인 자유 속에서. 창조적이고 사랑이 넘치고 상호 의존적인 이는 비록 존재의 부침을 겪는다 해도 시간과 공간이 함께 걷고 우호적으로 대화를 나누는 조화 속에서 삶을 살아.

이라 수많은 유구한 사회에 아직도 소위 태고의 법이 존재해. 그런 사회들은 우리의 근대적인 자유 개념이 불편하고, 낯설고, 개인주의적으로 비치겠지. 하지만 자유와 태고의 법이 전적으로 서로 배타적이지는 않아. 항상 서로 만나는 지점이 있고, 헤아릴 수 없는 의미 중심들이 존재해. 주술사, 도공, 농부 혹은 어부들처럼 날 때부터 부여받은 전통적인 역할이나 직업의 수행이 우리가 자유라고 부르는 것, 즉 일련의 사회적 소속과 상호 관계의 맥락 속에서도 개인이 결정하고 선택할 수 있는 능력과 전혀 접점이 없지는 않아. 아무튼 사회가 네 직업을 결정한다 해도, 그래서 다르마의 총체성을 구현하지 못한다 해도 다른 유형의 자유가 존재하는 법이야. 이미 스스로를 발견하고 알고 발선시키려는 갈망 속에서는 포착하지 못할 수도 있겠지만.

아르카 개인이 무엇을 해야 할지 결정하지 못하고 사회가 고래古來의 법도와 조상의 유산을 통해 결정한다면, 이는 적어도 오늘날 우리가 생각하는 개인의 상당 부분이 사라진다는 것을 의미해. 물론 인간 존재 자체가 사라진다는 뜻으로 하는 말은 아니야. 강조점의 차이가 있다는 거야. 인권이 보장된 민주국가의 사회적 구축물로서의 개인을 강조하는 것이 아니라고. 현대사회는 자유로운 개인들의 규율적인 총합으로 간주되지. 언뜻 보면 우리는 스스로 결정할 수 있어. 그러나 실제로는 얼마만큼이나 그럴 수 있을까? 권리와 의무를 지닌 주체를 강조하기 때문에, 각 주체가 노동을 통해 사회에 봉사하는 방법을 발견하리라고 가정하지. 각자의 일은 자유로운 직업 선택의 산물로 간주되고. 심지어 정체성과 소명 의식도 각자의 선택이라고 말하지. 그러나 각자의 사회경제적 차원이 천차만별이고 복잡다단해서, 실제로는 결핍, 공허함, 갈망이 우리 대신 결정하는 경우가 많아. 현대사회처럼 자유로운 개인이 많다 싶은 사회에서 어째서 무의미하게 사는 사람들이 그토록 많을까? 정신적으로 병들고 만족스럽지 않은 일에 고용된 채로?

이라 이렇게 질문해 봐. 자기 짝을 부모와 사회가 아니라 스스로 고르는데, 어째서 이혼율과 부부 불화 비율이 그리도 높고, 점점 더 늘어나는 추세일까?

아르카 수많은 기회가 있는 이 시대의 개인은 우리의 믿음과는 달리 그리 자유롭지 못해. 자유라는 것이 사람을 심연,

속박, 고통으로 이끄는 맹목적인 힘이 아닌 이상. 그런 힘은 분명 아닌데.

이라 그건 우리가 알고 염원하는 자유와는 정반대의 것이지.

아르카 전통사회의 구성원들이 자기 직업과 그 선택의 문제에서, 우리가 다른 각도에서 생각하는 자유를 누리고 있다고는 말할 수 없겠지. 그렇지만 내가 보기에 그들은, 우리처럼 자유의지와 개인 능력을 지나치게 신뢰하다가 자기 염원을 실현하지 못한 데 따른 좌절감 같은 것을 경험하지도 않아.

이라 잘 모르겠어. 이 시대에는 '백인'이 되고 싶어 하는 '인디오'도 있고, 그 반대 경우도 있어. 우리에게 중요한 것은 인간의 안/녕bien/estar이야. 우리는 공동체의 규범과 가치들을 깨어 있는 의식으로 선택하는 능력은 물론, 수용하거나 거부하는 인간의 능력을 신뢰해. 그 규범과 가치들을 거부한다면 이는 그의 삶이 다른 질서와 의미에 응답하기 때문이야. 열매가 열려야 식물 상태가 어떤지 아는 법. 만일 규범과 가치들을 수용한다면, 이는 조상의 유산과 대화하기 때문이야. 뿌리의 영양 상태가 나뭇가지의 탄력성과 나무속의 건강함에 상응하지.

아르카 문제는 또다시 무엇에 강조점을 두는가야. 아까 우리가 대화를 나누었듯이, 전통사회에서는 개개인 자체를 평가하지 않아. 많은 전통사회가 보통은 개성을 강조하지 않아. 정체성과 소명 의식이 대체로 정해져 있으니까, 집단의 도전과 질문들에 의거해 행동하면 그뿐이야. 그런 전통 속에서 사는 사람들이 설사 그 엄격하고 잘 정립된 맥락에서 벗어나는 길을 선택한다 해도, 내가 보기에는 대체로 집단의 도전과 질문들에 응답하고 있어. 알고 있는 세계에서 멀어지는 지난한 영웅의 길을 간 끝에 모르는 세계에 들어가는 것이 문제가 아니야. 그 영웅이 종국에는 귀환이라는 커다란 도전에 직면해야 하는 것이 문제지. 육신의 귀환도 귀환이거니와, 인공위성처럼 궤도를 따라 자기 세계 주위를 돌면서 지속적으로 그 세계와 연결되어 있어야 해.

이라 숱한 전통사회, 또 숱한 인간 집단에는 타인의 노동과 의무를 이용해 자신의 특권을 정당화하려 하는 퇴행적 태도, 퇴행적 인간들도 존재해. 하나의 전통이 다른 세계관과 만나면서 붕괴되는 일은 소위 말하는 식민주의 때문만은 아니야. 자신의 위계와 특권들을 잃을까 두려워하는 지도자들의 폭압적인 권력 때문인 경우가 적잖이 있어. 게다가 전통은 쇄신이기도 해. 쇄신된 전통이 반드시 변화를 의미하는 것은 아니지만. 나선은 언뜻 보면 중심을 변함없이 선회하는 듯하지만, 같은 자리에 다시 도달할 때마다 이미 새롭고 유일하고 독보적인 선회를 해.

아르카 이라, 상호 의존은 네가 빈번하게 언급한 말이야. 내가 계속 말하는 자유는 개방적인 참 중심에 자리하면서 조화롭게 사는 자유야. 또 많은 중심이 있는 우주에서 나만의 리듬으로 사는 자유이고. 손과 가슴과 머리가 통합된 상태로, 동물과 기본적인 자연 요소들과 식물 등을 망라한 확장된 의미의 타자들과의 창조적이고 연대적인 상호관계 속에서… 나는 허공을 부유하는 단자單子/mónada가 아니야. 직물의 한 올, 그것도 다른 숱한 직물과 연결되어 있는 직물의 한 올이야. 그걸 알기 때문에 전체를 위한 봉헌물(희생물이 아니라)로서의 나를 존중하고 돌보는 거야.

이라 생각해 보라고. 비교적 최근에 가장 많이 팔린 책 중 하나가 현재의 세계는 시인은 덜 필요하고, 기술자, 건축가, 과학자는 더 필요하다고 말하는 작자의 책이었잖아.

아르카 시인이 시만 쓴다고 믿는 거겠지. 감성이 이토록 결여된 세계에서는 쓸모없는 사람이라는 듯.

이라 인간이 하는 거의 모든 일에 시적 요소가 있지만 인간의 모든 행위가 시적인 것은 아니지. 삶에서는 타인들에 대한 무지와 혐오 때문에 나쁜 시가 창작되기도 해. 조작과 상거래의 물결에 휩쓸리게 되면, 물, 흙, 불, 공기, 인간종과의 오묘한 관계를 조화롭게 하고 치유해 주는 화공과 장인이 되기는 어려운 법이야.

아르카 과학, 생물학 혹은 건축학에 시가 담겨 있지 않다 생각한다면, 이는 포이에시스를 이해하지 못하는 거야. 즉, 제작자가 되는 법을 말이야.[8] 그러나 원재료로서의 세계에 기계론적 의무감으로 접근하는 자들의 틀에 박힌 일들에 포획되어 있는 포이에시스도 존재해. 경쟁 수단이자 예측 가능한 이용자로서의 인간. 고립된 신체 기관으로서의 뇌. 두려움과 욕망을 그저 퍼센티지로 인지하는 프로그램과 같은 사회. 피난처, 음식 섭취, 소통 등이 바다를 뒤덮은 기름띠 같은 존재로 전락한 많은 사람들에 대한 소수의 수익 창출 기회.

이라 우리는 성스러움을 상실한 세계에 직면해 있어. 그것

---

8 아리스토텔레스의 시학 개념인 포이에시스의 뜻이 '제작', '생산' 이다.

도 우리의 희생을 정당화하려는 세계에. 그러니 자애로운 상호 의존이 필요하다는 사실을 인정하지고. 삶과 함께, 또 명칭이 어떻든 간에 신과 함께 하늘에 도달할 수 있는 세계를 함께 창조하자고. 우리가 맨발로 딛고 서서, 숨 쉬고 걷고 대화하는 경이로운 행위에 대해 늘 감사를 드릴 수 있는 땅바닥의 감수성을 믿어 보자고.

지금의 이주자…
그리고 예전의 이주자

이라 그 시절에 빛의 파동이 범람하는 물과 함께 망각의 동굴에 들이쳤어. 모든 것이 젖어 있었지. 대홍수 뒤에 대지가 마르고 있는 형국이었어. 횃불을 당기면, 춤추듯 너울거리던 불의 그 표현력. 인간의 하염없이 거대하고 장구하고 기나긴 어둠을 휘젓는 불의 그 너울거리는 표현력.

아르카 나는 그 그림자들이 인간과 함께 오랜 세월 공존한 숨겨진 형식이라고 생각해. 그것들이 인간의 가장 깊은 곳에 있는 두려움, 형언할 수 없는 갈망이라고 말하는 이들이 있지. 동굴 속과 암벽에는, 해가 없을 때나 구름이 번개를 생성할 때 그리고 새긴 그림자들이 있어. 어린 시절의 책을 새삼 펼치지 않아도 사슴과 들소 사냥 장면이 다시 떠올라. 순록과 코뿔소의 다산성. 풍요로운 초록의 풀밭, 베리, 미래의 동생들을 감추고 있는 배腹처럼 불룩한 과일. 포식 동물의 송곳니, 그리고 태곳적 조상들이 한눈판 틈을 타 가축을 낚아채 하늘로 비상하는 맹금류의 길고 날카로운 발톱…

이라 나는 보이는 대로 말하고 있어… 그러나 이 불안정한 대지를 딛고 망각의 동굴에 들어가면서는 보이지 않는 것에 대해 말하고 있어… 아니 보이지 않는 것이 나 대신 말하는 형국이야.

아르카 동굴의 철학자가 상상의 유희를 벌였을 때처럼 어렴풋이 보이는 그림자들이야.

이라 그 철학자에 따르면, 뒤로 돌아서야 하고, 빛의 원천을 감지해야 하고, 동굴에서 나와야 하고, 자신의 눈으로 진짜 세계를 봐야만 해.

아르카 동굴은 우리가 더 경험적인 지식을 얻기 위해서는 벗어나야만 하는 그 신화적 내면의 이미지일 수 있어.

이라 흑백논리를 특징으로 하는 신화적 설명들은 그리스 사상가들에게 의구심을 불러일으켰어. 소크라테스는 우리 인간이 알고 있다고 간주했던 모든 것을 문제 삼았어. 진실을 상징적으로 설명하고자 신화를 사용하기는 했어도, 플라톤 역시 신화의 유효성을 의심했고. 아리스토텔레스는 소위 논리적, 범주적, 분류적, 경험적 사유의 토대를 어느 정도 구축했어. 아직도 보통 우리가 철학, 서구 사유, 아리스토텔레스적 사유, 심지어 과학적 사유로 부르고 있는 것의 토대를.

아르카 그렇지. 수십 년 전부터 다른 종류의 철학들을 대폭 수용해야 한다고 말들 하지만, 보통 이들의 유효성을 판단하는 토대는 그리스철학처럼 알파벳으로 기록된 체계적인 사유 모델이야. 그러한 대문자 철학이 소위 유럽 고전기의 기둥이고, 르네상스 때 다시 인정을 받았으며, 모호하기는 하지만 '서양'이라고 명명되는 것의 출발점이 되었다고 세계적으로 인정을 받고 있어.

이라 그리스철학은 지리적으로는 동양철학이기도 해. 그리스가 서유럽보다 이집트, 크레타, 터키, 페르시아, 중동과 더 가깝거든. 그러나 몽고, 아프리카, 폴리네시아, 킴바야[1]

철학 등에 대해서는 철학 대신 사유라고 하는 것이 더 나을
것 같아. 정확한 표현은 아니겠지만. 그 사유들이 철학이
아니어서가 아니라 예단과 편견을 피하기 위해서. 아시아
에서 가톨릭을 로마의 불교라고 말하면, 서유럽에서 출현
한 위대한 종교를 일반화하는 오류일 테지.

아르카 또 다른 가능성은 개념 자체를 확장하는 거야. 문학
개념을 두고 유사한 사례가 있잖아. 그리스 라틴어에 뿌리
를 둔 '문학literatura'이라는 단어는 문자 예술이나 창작만
을 지시해. 그러나 오늘날에는 그 단어를 구전 예술(종족,
도시민, 농촌 주민의 언어적 창작)은 물론이고, 시각적이고
말·그래픽 문학적oralitegráfica인 서사와 시학들(중국, 아랍,
일본, 아프리카, 태평양, 아비야 얄라Abya Yala[2]의 수많은 작
품 속의)을 가리키기 위해 사용하고 있잖아. 전 세계 언어
적 예술들의 의미 있는 분량이 구전 작품, 문자 작품, 그래
픽 작품들 사이의 창조적 수렴을 통해 이루어지고 있어. 문
학적인 것이 오직 책, 알파벳, 우리 시대가 정전화한 장르
(장편소설, 단편, 시, 에세이)의 관점에서만 존재한다면, 우
리는 유럽인들이 주로 남긴 규범으로 문학을 재단하는 셈
이야.

이라 우리의 문화적 세계관이 전 세계의 최종적인 척도가 될
수는 없지만, 그렇다고 인정받지 못하거나 배격되어서도
안 되지. 두 입장 모두 극단적이야.

---

1 콜롬비아의 고대 문명.
2 스페인 정복 이전 일부 선주민 부족이 자신들의 땅을 부르던 이름.

아르카 독서와 글쓰기(문학)의 실천, 개념, 형식의 합이라고 우리가 이해하고 있는 것의 부단한 확장을 제안함으로써 '복수의 언어적 예술'(문학들)에 접근하고 연계될 수 있어. 게다가, 구술성에는 글쓰기만큼이나 혹은 그 이상으로 복잡다단한 형식들이 존재해. 다만 우리가 문자 중심 사회에서 교육받았기 때문에 글로 쓴 것이 현존하고 유효하게 여겨질 뿐이야. 범주화의 한계를 재고하는 것이 건전하고 필요하다는 네 말에 동의해. 우리가 듣기 위해, 가끔은 말하기 위해 들여다본 장소, 관점 혹은 책들을 전면 부정하거나 파괴할 필요까지는 없고.

이라 부인할 수 없는 일을 생각하게 만드는군. 언어적, 구술적 혹은 문자적 실천들의 버팀목, 장르, 방법, 유형들이 모든 사회, 시대, 언어에서 무한하고 다채로운 범위를 지니고 있다는 사실을 말이야. 게다가 '철학적'인 것은 그리스에서 물려받은 성찰과 범주화이기는 하지만, 아랍인 번역가들에게 크게 빚지고 있어. 이들의 번역을 통해 중세 유럽 말기와 르네상스 때 받아들여졌거든. 지혜에 대한 사랑이라는 뜻을 지닌 철학은 인류의 횡단 보편적인 경험인 셈이지. 헌신, 관심, 노력, 강조, 매혹, 심지어 관계와 유산으로서의 사랑 말이야.

아르카 르네상스라⋯ 우리 시대는 아직 르네상스기 사람들이 느끼던 경탄의 연장선상에 있어. 인간 중심적 이성의 빛이 계속 강세를 보인다는 뜻에서. 다리 맞은편의 중세 유럽에 대해서는 더럽고, 퇴행적이고, 억압적이고, 악취를 풍기고, 특히 몽매하다는 이미지가 공통적이야. 요즘의 대화 주제로 삼기 적절한지나 싶은 편견들이지. 어쨌든 중세에는 이베리아반도와 아라비아반도가 연결되어 있었어. 아프리카 북부와 지중해를 통한 언어적, 상업적, 종교적, 군사적 접점들이 존재했지. 덕분에 아랍인들은 일부 그리스 철학자의 번역물로 유럽과 대화를 나누며 학문을 확산시켰지. 가령, 아리스토텔레스의 자연철학 서적들에 대한 아랍인의 주석comentario 작업 같은 것을 통해서. 포에니전쟁 때 로마인은 카르타고를 점령한 후 페니키아인과 북아프리카인의 유산을 지워 버리고자 했지. 그 이전에 그리스인이 페르시아전쟁 후에 페르시아인의 유산을 지워 버리려 했듯이. 훗날의 알렉산더대왕은 각 지역의 신앙에 관대했다고는 하지만. 스페인 제국 역시 해외 영토에 대해 같은 짓을 했어. 무슬림, 유대인, 로마인, 그리고 물론, 많은 사람이 아비야 얄라로 인식하던 아메리카의 선주민의 기여를 지우고 전유한 대항 종교개혁을 통해서. 우리에게는 지리적으로 동쪽에 위치해 있는데도, 우리가 물려받았다 하는 그 '서양' 유산 내지 정체성은 낯설고 수용하기 어려운 팔림프세스트야. 게다가 수많은 부족 혹은 예나 지금이나 타자화 otrtificación를 일반화하기 위해 사용되는 용어인 인종에 대한 일련의 부정, 지우기, 동화를 통한 전략적인 유럽화일 뿐이지. 크레타인, 켈트인, 페니키아인, 북유럽인, 아랍인, 유대인, 베르베르인, 집시, 니그로, 인디오 등의 배격, 지우기, 동화.

이라　복수複數의 예술, 복수의 과학, 복수의 철학을 인정하는 비판적 독해 및 역사 서술이 필요해.

아르카　잠정적으로 문학을 상상 예술로, 철학을 탐구 예술로 간주하면, 왜 플라톤, 아리스토텔레스, 또 주로 남성이었던 그들의 후학들이 미토스mythos의 베일을 문제 삼았는지 이해할 만한 길들을 발견할 수 있을 거야. 에나 지금이나 인간이 스스로를 설명한 낭랑한 구전 서사와 이미지, 사물뿐만 아니라 감정과 경험을 위시하여 인과관계로는 이해할 수 없는 모든 것의 이유를 이해하기 위한 길들을.

이라 대화의 복잡성, 삶 자체의 복잡성은 우리의 인식 능력을 넘어서. 인간은 상상력으로 탐구하고, 탐구로 상상력을 발휘하거든. 신화적 차원과 논리적 차원은 이미지나 개념 그 어느 쪽도 절대적 우위를 차지하지 않는 가운데 상호 관계를 맺어. 밤과 낮, 위와 아래, 남성과 여성처럼 완전히 서로 다른 듯한 대립항들처럼. 오늘날의 젠더 논란에도 불구하고 우리 모두는 남성과 여성 두 대립항의 산물이잖아.

아르카 우리 모두는 과거의 합síntesis과 현재의 합의 딸이요 아들이지. 우리 모두가 새로운 증거인 셈이야. 개개인마다 유일한 조합이면서, 또한 공통의 정신·생물학적 구조들의 조합이야. 그 구조들은 반복되고 재조합되는 기본 요소들로 구성되고, 불가피하게 사회문화적 조건의 영향을 받지. 물론 탐구도 하면서 동시에 상징을 통한 상상적 성찰의 길을 좇은 문명들도 있어. 이들의 다양한 사유 체계는 상징적, 신화적, 종교적 성향을 띠기 마련이야. 탄트라교와 시바교 같은 일부 인도철학들이 그런 경우야. 또 호주의 일부 선주민 민족의 몽환시夢幻時 알처린가altjeringa, 아마존 무루이족의 제의적 사유, 마야인 사이에서 아직 유효한 철학적 달력 체계 등의 선주민 철학들도 그런 경우이고. 무루이족 혹은 우이토토족의 노래꾼들에 따르면, 최초의 아버지 나이누에마는 꿈에서 본 실 한 가닥의 도움으로 무無의 바

닫을 더듬어 보았어… 수많은 아름답고 적확한 시·철학적 설명이 인간은 그림자, 꿈 혹은 공空과의 대화 속에서 형성된다고 암시하고 있어. 우리는 1에서 시작해서 또 다른 1에 이르는 대화들을 통해 단단해져.[3] 기도는 신과의 대화야. 아기는 자신과 한 몸인 엄마의 뱃속에서 자기 자신으로 인해 울고 웃어. 엄마의 배는 자궁의 바다요, 인간이 출현한 동굴이요 혈이지. 창건 설화에서 인간의 지하에서 지상으로의 상승을 강조하는 호피족, 디네족, 누칵족[4]에게만 해당하는 것이 아니라고. 출생 후에 우리는 의식적으로든 무의식적으로든 망각의 굴을 찾으며 살아. 카메룬 소설가 프랜시스 니암조Francis Nyamnjoh가 단언하듯이 우리는 불완전한 존재라서 필연적으로 타인들과 관계를 맺지.

이라 어떤 민족들은 신화적 이미지의 비판 능력을 인식하지. 반면, 어떤 민족들은 신화적 의미의 통찰력에 의구심을 품어. 특히 지식인들이 날선 비판을 해. 그 차이가 발생하는 부분적인 이유가 플라톤의 바로 그 가장 유명한 신화적- 알레고리적 이야기에 담겨 있어.

아르카 너는 어떻게 생각하는지 말해 봐, 이라.

이라 플라톤의 「동굴의 우화」에서 죄수들은 바깥세상을 등지고 벽을 바라보고 있지. 그러다 보니 동굴 벽에 비친 왜곡된 그림자들이 진짜인 줄 알아. 그렇다면 '진정한' 철학적 탐구는 동굴에서 나오고, 빛에 너울거려 왜곡된 이미지

---

3 앞서 언급된 숫자 11과 관련된 언술임.
4 호피족과 디네족(나바호족)은 미국, 누칵족은 콜롬비아의 선주민 부족.

들에게서 멀어지고, 자신의 눈으로 직접 확인하여 태양이 질서, 진실, 선의 원천임을 직시하는 것이야. 역설적인 것은 동굴의 우상들과의 거리 두기 촉구가 탈신화적 탐구와 관련된 출발점이 된 신화의 하나라는 점이야. 반신화적 신화라고나 할까.

아르카 그 빛나는 태양은 아직 아크나톤과 네페르티티[5]의 태양을 위시한 이집트 신앙과 대단히 비슷해. 반면에 탈신화화는 니체의 말마따나 의심 많은 유럽의 특징일 거야.

이라 그것이 우리가 부분적으로는 철학적 논리로, 나아가 합리적이고 실증적이고 개념적인 '과학'으로 알고 있는 유형의 문제 제기라는 점을 생각해 봐. 내가 언급하고자 하는 것은 수많은 과학 중에서도 미토스의 서사와 이미지들을 비판하고 저평가하는 다양한 합리주의적 체계들이야.

아르카 그리스-유럽식의 장구하고 다양한 철학 '전통' 속에는 예외와 강조도 늘 존재했지. 데카르트의 공리, 로크의 경험주의, 헤겔의 변증법은 키르케고어의 실존주의나 니체의 자라투스트라의 시·철학적인 성찰과는 다른 합리주의적 범주의 탐구이지. 칸트의 경우처럼 또 다른 유형의 지시 대상과 기획들도 존재하고. 이 독일 철학자는 경험주의와 계몽적 합리주의의 두 기둥 사이의 좁은 공간을 넘어서고자 했어.

이라 18세기와 19세기의 낭만주의 및 전前 초현실주의 예술

---

5 아크나톤은 기원전 14세기 이집트 제18왕조의 10대 왕이고, 네페르티티는 그의 왕비.

가와 작가들, 특히 괴테를 필두로 한 독일인들, 그보다 이전의 영국인들(워즈워스와 코울리지)과 이들의 선구자 블레이크, 몇몇 프랑스 작가들(특히 로트레아몽, 네르발, 랭보 같은 소위 저주받은 문인들)이 특히 그 인과관계의 우주를 폭발적인 힘으로 뒤흔들었어. 백과전서파와 장구한 그리스·기독교적 신 중심 철학으로 인해 우리가 익숙해 있었던 그 우주를. 유럽적이라고 하지 않고 그리스·기독교적이라고 말하는 이유는 그 전통이 서구에 국한하여 말하기에는 너무나 광범위하고 모호하기 때문이야.

아르카 어떤 독일인 작가들을 지칭하는 거야?

이라 노발리스, 횔덜린, 하이네, 호프만… 그러나 무엇보다도 괴테. 괴테한테는 아직 과학과 문학, 철학과 시가 공존했거든. 훗날의 소로[6]와 더 훗날의 카르데날과 마찬가지로.

아르카 맞아, 요즘처럼 문인들이 '전문직화'되고 전문화되기 이전 이야기군. 요즘 문인들에게는 특정 유형의 텍스트, 특히 출판사가 인정하는 장르(특히 소설), 책을 얼른 읽거나 산다는 의미에서의 '베스트 독자'들의 감수성이 승인하는 텍스트 외에는 기대할 수 없어. 심지어 문인들의 온갖 실험조차 시장에 의해 규율되고 조절되어서, 이따금 돈만 밝히는 신전위주의자들도 출현해. 요즘은 시인을 과학자와 철학자에게서, 소설가를 심리학자 및 주술사에게서 너무 쉽게 분리해. 그러한 태도에는 시대의 포즈가 깃들어 있어. 예전에는 이처럼 쉽고 '자연스럽지' 않았거든. 일부 문학비

---

6   Henry David Thoreau(1817-1862). 미국의 철학자이자 시인.

평가가 말하기를 비평가가 창작을 겸하면 사람들이 좋게 보지 않는다는군. 왜 그러느지 모르겠어. '작품과의 거리와 객관성'이라는 원칙 훼손을 감수하고 하는 것인데. 자신은 하지 않으면서 비판만 하는 것이 더 낫다는 건가?

이라 역할보다는 포즈에 더 신경 쓰는 탓이지. 그래도 나는 대학의 요구 때문이 아니라 진짜로 그게 낫다 싶어 창작을 하지 않는 예술비평가, 문학평론가들을 존중은 해.

아르카 칼 럭Carl Ruck[7]은 고대 그리스의 시인과 철학자들의 주술사적 특징과 실천을 연구한 사람 중 하나야. 샤머니즘, 문학, 철학은 치유, 선도, 지혜의 예술들이야. 대중 언어에는 '지식으로서의 문학'이라는 뜻이 남아 있지. 과학적 주제를 위시한 특정 주제에 대한 광범위한 참고문헌도 '문학'이라고 부르잖아.[8] 철학이 '과학'의 그늘에서 '소피아'라는 지식의 특징[9]을 유지한 반면, 샤머니즘은 미신으로 독해되어 왔고, 문학은 글월letras과 허구로 축소되었지. 우리는 인쇄된 문장에 집착하고 있고. 그런 의미에서 지혜로서의 문학들이라는 개념과 실천의 복원은 철학 및 신화학과는 물론이고 과학, 구술성, 시각적이고 신체적인 다양한 표현 형식들과의 재접속이겠지. 과학이 우리 시대에 패러다임이 된 신화일 뿐이라는 말이 적확하지. 언어적이고 감성적인 지식으로서의 문학들을 재고하는 것도 중요해. 문학들

---

7 보스턴 대학의 고전 연구과 교수.
8 'literatura'가 '문학'과 '참고문헌'이라는 뜻을 동시에 지니고 있음.
9 철학에 해당하는 'filosofía'는 '사랑하다'라는 의미의 'filo'와 '지혜'라는 의미의 'sofía'의 합성어.

을 읽기 좋고 아름다운 글을 쓰는 특정 뮤즈 개인의 인쇄된 작품으로 축소하지 말고. 현재 상황에서는 추하고 미디어 적인 생산/해독producir/decodificar이 되고 말 테니까. 그래 서 하미오이Hugo Jamioy라는 카멘차camëntsá족 말문학 작가 oralitor[10]는 시학과 문학을 논하기보다 예쁜 말들을 논하고 싶어 하는 거야. 괴이하고 추한 말과 이미지들이 불경스럽 게도 이미 전 지구적 아이콘 세계를 뒤덮고 있잖아.

이라 합리주의가 특유의 계몽적 실증주의로 몰아내려 했던 신화적, 미신적 부정성은 낭만적 영혼의 창조적인 질풍노 도로 다시 출현했어. 주지하다시피 괴테는 낭만주의자들 과 거리를 두었어. 악마적인 것에 대한 그의 관념, 즉 "이성 과 분별력을 통한 이해"는 한계가 있다는 의미에서의 그 관념은 사람들 생각과는 달리 메피스토펠레스의 이미지에 해당하지 않아. 비서 에커만과의 대화에서 괴테는 "메피스 토펠레스는 지나치게 부정적인 피조물이야. 반면 악마적 인 것은 긍정적인 행동을 단호하게 할 수 있는 능력에서 표 출되지"라고 밝힌 바 있어. 가장 빼어나고 두려운 악마적 인 사례 중에 음악가 파가니니, 특히 나폴레옹이 있었지.

아르카 그런 의미에서는 히틀러, 심지어 트럼프도 괴테가 말 하는 악마적 본성을 지닌 존재들이 아닐까?

---

10 칠레의 마푸체족 시인 엘리쿠라 치와일라프Elicura Chihuailaf (1952-)가 1994년에 처음 쓴 용어. '말문학oralitura'이라는 용어도 같이 사용했어. 선주민 공동체에서 전해지는 말과 구전 이야기 등 을 영감으로 하여 문자로 창작한 작품을 '말문학', 그 작가를 '말문 학 작가'로 규정하였다.

이라 히틀러는 독일 민족주의의 가면을 쓴 악마적인 요소들의 총합이었지. 1차 대전으로 일정 부분 위축되고, 네오 라그나뢰크neo-ragnarök[11] 혹은 세상 종말 전쟁을 향한 증오의 수사修辭에 인도된 거만한 독일 민족의 화신이었어. 발키리아[12] 혹은 바그너류의 영웅 서사시들에 영감을 얻어 지그프리트[13]의 가면을 쓴 거야. 히틀러는 지그프리트가 니벨룽겐족의 난쟁이들에게 그리했듯이, 적과의 '투쟁'에서 압도하려고 팔을 치켜들지. 즉, 열등하다고 간주한 모든 사람, 다시 말해 아리아족 이외의 인류와의 싸움에서 압도하고자. 나치즘은 "긍정적인 행동을 단호하게 할 수 있는 능력"이라는 점에서 악마적인데, 전쟁 행위, 팽창주의, 인종주의, 차이 나는 이들의 몰살로도 번역해야 할 거야.

아르카 그 "능력들" 중 다수가 트럼프의 가면에 분명하게 드러나.

이라 괴테의 성찰에서 출발한다면 트럼프는 의심할 나위 없이 악마적 본성을 지니고 있어. 로제르 바르트라[14]가 트럼프의 야만성이라고 부르는 것. 트럼프는 대선 유세에서 히틀러를 권력에 이르게 한 것과 유사한 말을 되풀이했어. '미국을 다시 위대하게'라는 촉구 말이야. '위대하게'라는 말은 문자 그대로 목적(식민주의, 경제적 우월, '자연 자원'

---

11 북유럽 신화에서 신들과 인간세계의 종말, 특히 신들의 멸망을 뜻하는 말.
12 북유럽 신화에 등장하는 반신반인의 여전사.
13 서사시『니벨룽겐의 노래』의 주인공.
14 Roger Bartra(1942-). 멕시코의 사회학자이자 인류학자.

지배, 이민자에 대한 0퍼센트의 관용, 차이 나는 이들에 대한 박해 등)을 위해서라면 모든 수단 방법(통상, 군사, 정치)을 가리지 않겠다는 뜻이야. 트럼프Trump는 지체아의 도약jump을 한 셈이야. 자기 부족만의 바코드로 전 지구적인 팽창적 채굴주의의 마키아벨리적 승인을 향한 도약. 그러나 미국이 심각한 사회적 간극들이 내재된 '용광로'라는 점을 생각해 보라고. 그 간극들을 위대함의 약속으로 포장한 채 정치를 부족의 배타주의적 상상력으로 갈음하잖아. 그 상황에서 정당은 당파일 뿐이야. 갑부 정치인의 좌충우돌, 상스러움, 발작이 허용되면서 트럼프는 전쟁, 스파이 행위, 음산한 국경선, 두려움과 원한과 희망과 민족 차별dis-crimi-naciones을 망라한 조작질로 피비린내 나는 민족적 제의를 주재할 권한을 지닌 황제가 된 거야. 당파는 설사 수평적 평등을 약속하는 척해도 사실은 냉혹한 수직성을 띠고 있어. 실제로 미국 내 많은 비판자가 이를 입증했지. 어떤 사람들에게는 세계에서 가장 잘 사는 나라로 여겨지는 미국에 잘못된 인종 의식에 의거한 소위 백인 우월주의가 아직 잔존해 있다고. 사회의 최하층 계층과 최근 이민자 등의 타자에 대한 착취의 산물인 인종주의가. 이는 미국만의 문제는 아니야. 나는 이민자를 대할 때 아프리카나 라틴아메리카 같은 출신 지역이 아니라 인간 자체를 보라고 말하고 싶어.

아르카 미국에서 타자는 주로 니그로라고 불리는 사람들이었어. 하지만 가난한 유럽 이민자(아일랜드인과 이탈리아인)들도 타자였던 적이 있고, 오늘날에는 지구 전역에서 온 이민자 집단이 그에 해당해. 미국에서 버스를 탔을 때,

거대 프랜차이즈 점포 직원들과 이야기했을 때, 이주민 주거지역에 드나들었을 때 보고 경험한 바에 따르면, 이직 분리 사회인 미국의 최하층, 타자화된 하층에는 뭉뚱그려서 '라티노'라고 불리는 사람들이 있어.

이라 미국에는 온갖 유형의 라티노가 있지. 보여 주는 라티노와 선주민(영화에서), 보여 주지 않는 라티노(감옥의 라티노), 다른 라티노를 위해 투쟁하는 라티노, 쫓기는 라티노와 다른 라티노를 쫓는 라티노, 혹은 그 '표백blanquemien-to'의 이상 때문에 다른 이민자들과 경쟁하는 라티노 등등. '표백'의 이상은 어떤 희생을 감수하고라도 세계 앞에서, 또 그 세계 속에서 백인 우월성의 일부나마 획득하겠다는 심리야. 많은 현지인 혹은 국민이 한편으로는 아쉬운 처지의 이민자들을 이용해 먹고, 또 한편으로는 자기들의 특권이 손상될까 싶어 그들의 추방을 지지해. 너도 알겠지만, 미국에서만 일어나는 일은 아니야. 전 지구적 현안이지. 하지만, 아프리카계 주민의 노예화와 토착민에 대한 강탈과 몰살을 통해 경제적으로 일어난 이민자의 나라에서 국민 상당수가 새로운 이민자를 열등하다 간주하고 비난까지 하는 것은 놀라워. 자유의 나라라고 자처하는 미국이 자유의 횃불을 보장하지 않는다면, 니카노르 파라의 "자유가 그저 동상인 / 나라"라는 시 구절을 헌법의 자유 조항으로 삼는 것이 더 정직하겠지.

아르카 그렇게만 말할 수는 없어. 그 나라에서 노동을 통해 인간다운 자리를 획득한 예외적인 경우의 사람도 많으니까… 그러나 '라티노'는 지난 수십 년 동안 미국의 새로운 '니그로'였어. 히틀러가 독일의 대다수 문제를 유대인 탓이라고 본 것은, 많은 이가 노동과 연대를 통해 분명한 특권을 획득한 상황이었기 때문이야. 1차 대전 후 정신적, 경제적으로 피폐해진 독일에서 많은 사람이 유대계 독일인들과 이민자들(동유럽 이민자, 집시, 다른 성적 정체성의 사람들)의 번영을 감내하기 힘들어했어. '아리아'라는 범게르만 정체성에 부합되지 않는 모든 용모의 사람들도 본질적으로 감내하지 못했고. 나치즘은 탱크나 화장터 소각로 만들 듯 그 배타적이고 오만하고 인종주의적인 상자를 조립한 거야. 수백만 명의 사람에 대한 체계적인 고문과 몰살이라는 입에 담을 수 없는 그 사건이 2차 대전이지. 그렇게 부끄럽고 수치스럽기 짝이 없는 행위를 인간의 언어로 명명할 수 있겠어?

이라 트럼프와 그를 둘러싸고 있는 이들의 가면은 입 뚫린 가면이 아닌데도 극단적인 민족주의를 악다구니처럼 떠들어 대지. 역설적인 것은 나라 전체를 위한 기획 하나 명료하게 제시하지 못한다는 점이야. 덕분에 백인 우월주의라는 소용돌이가 다시 휘몰아치고 있고. 그건 미국 남부의 플랜테이션 농업에 뿌리를 둔 인종주의 기획이었어. 이미 미국 최악의 내전이라는 대가를 치렀을 뿐만 아니라 미국 헌법이 천명한 '자유와 평등'과 결코 다르지 않은 것을 요구한 마틴 루터 킹과 여타 아프리카계 미국인 행동가들의 암살로 귀결된 기획이었고. '자유와 평등'은 많은 사람이 찾았으나 이루지 못한 꿈, 너무 많은 사람에게 악몽으로 변한 꿈이었어.

아르카 이민자들을 범죄자 취급하며 쫓는 당국자들로부터 그들을 숨겨 주고 보호하는 네트워크에 대한 이야기를 누군가에게 들었어. 19세기에 노예들이 캐나다로 도망갈 수 있도록 도운 네트워크들이 생각나더군. 미국 학교에서 되풀이되는 총기 난사 외에도 별로 알려지지 않은 끔찍한 이야기들이 있지. 라티노 아이들을 찾아 학교로 오는 경찰 이야기야. 미등록 이민자indocumentado[15] 부모들을 추방하려고 그 아이들을 이용해 먹는 거야. 새로운 블랙리스트가 존재하고, 지난 수 세기 동안 대농장에서 도망친 흑인 노예들에 대한 사냥 뺨치는 일을 겪고 있는 사람들을 숨겨 주는 새로운 쉰들러 리스트도 존재하는 셈이야.

이라 세계 최고라고들 하는 대학들이 있는 나라에서 선출된 대통령이 나로서는 입에 담기도 싫은 막말로 아이티인을 추잡한 나라 사람 취급하고, 멕시코인은 도둑이고 강간범(멕시코인을 '라티노'라고 일반화시키기도 한다)이라고 말하는 판이니, 민족·인종적이고 비인간적인 기획들을 재출현시키고 대중적으로 재승인하는 확연한 사례야. 미국뿐만 아니라 2차 대전에 참전한 서반구 많은 나라에서 그런 일이 일어나고 있어. 2차 대전의 결말처럼 지옥 같은 것은 없어. 20만 명 이상의 사상자가 발생한 히로시마와 나가사키의 원폭 투하. 선뜻 와닿지 않고 그저 인류의 '수치'라고 느끼게 되는 그런 숫자를 들으면 악마적인 것이 실제로 다시 작동하고, 나아가 과잉 작동하고 있다는 사실을 깨달을 거야. 게다가 그저 흥미로운 메타포가 아니라 날것의 현실이지. 괴테가 지적했듯이 심리적 본성이기도 하지만.

---

15 과거에 불법체류자라고 불리던 체류 허가 서류가 없는 사람들.

아르카 괴테, 그의 시대, 그의 유산의 맥락에서는 프시케 psique(영)가 아니라 혼alma에 대해 논해야겠지. 에로스에게 납치된 소아시아 공주 프시케 말고 삶의 숨결로서의 프시케. '프시케'의 뜻은 우리에게는 심성·생물학적인 의미로 다가와. 그리스인에게는 프시케가 혼이고.

이라 옥타비오 파스는 『이중 불꽃Llama doble』에서 사랑의 현재 위기는 일정 부분 우리가 혼의 존재를 믿지 않으면서 발생했다고 주장했어.

아르카 프시케의 과학자인 융도 유사한 인식을 했지. 분명 양차 대전의 충격에 따른 실존적 관점에서였지만. 양차 대전은 그의 꿈에도, 또 그의 환자들의 꿈에도 예고되었어. 융은 당대의 유럽인들이 소위 신성의 극복과 신의 죽음을 선언하면서 심리적 대가를 톡톡히 치렀다고 생각했어. 가톨릭은 사회적 겉치레로 변하는 경향이었어. 상징적으로 이미 심금을 울리지 못하는 의식儀式에 의해 겨우 보증되는. 근대적 인간, 적어도 '서양'의 근대적 인간의 세계관에서는 가톨릭의 상징들이 지닌 의미가 이미 망각된 상태였어. 그런데 이들이 근대적 인간의 잠재의식을 교란한 거야. 그런 무의미한 상황에서, 근대적 인간은 무의식의 상징들에 의해 깨어나지 못하고 거기에 그냥 휩쓸려 갔어. 그 스위스 심리학자에게 혼의 재활성화는 중요한 문제였어.

이라 융은 여성의 혼을 아니무스, 남성의 혼을 아니마라고 불렀지.

아르카 나는 인간의 혼에서 남성적인 것과 여성적인 것의 상호 보완을 갈망해. 일상에서는 늘 조화로운 상호 보완을 이루지는 못하겠지. 하지만 힌두교의 정신·영성적 발견들을 생각해 보면, 아트만과 브라만의 일치에서 상호 보완이 옳다는 것을 알 수 있어. 대충 기독교적 견지에서 보자면, 인간의 양극성을 초월하고자 하는 유사한 갈망이 존재하는 셈이겠지. 혼 혹은 아트만은 총체성의 대양에 다시금 합류하기를 갈망하는 물 한 방울이야.

이라 하지만 우리가 그 양극성과 부침들을 배격할 수는 없어. 이들이 우리를 규정한다고까지 할 수는 없지만 우리를 형성하고 있으니까. 게다가 불자들에게는 혼이 존재하지 않아. 아나트만, 즉 무아라고 부르는 개념으로 나 혹은 실체는 없다는 뜻이야. 불교에 따르면 정신과 육체의 복합체는 분리되지. 공空과 번뇌를 넘어서는 불가설不可說/un inefable이 가능할까? 고苦가 끝난다고? 침묵만 남는다고?

아르카 그런 점에서 불교와 기독교 사이에는 엄청난 간극이 있어. 불교는 특히 역사와 시간에 대해 비판적이야. 기독교는 역사, 특히 인간의 타락에서 구원에 이르는 성스러운 역사에 기초해 있고. 유일하고 양도할 수 없는 영혼은 아들 그리스도를 통해 아버지 하느님과의 (재)회를 경험하고 갈구하지. 기독교는 그리스도를 통한 하느님에 대한 영적 사랑과 신실함에 기초해 있어. 그런 사랑 개념은 자애롭고 구원을 약속해. 바로 그래서 그리스도를 구세주라고 부르지. 영혼은 육신과 함께 죽지 않고 부활하거나, 혹은 부활을 희망해. 하느님 아버지에 대한 그리스도의 사랑, 하느님 아버지의 품에 안긴 그리스도의 사랑을 통해. '영원한 삶의 공유'란 죽으면 하늘나라로 간다는 상징주의의 일환이야. 대양을 갈망하는 물 한 방울이 기독교에서는 주님의 하늘나라로 가는 일에 해당하는 셈이야. 하느님의 원형原型인

성령은, 이 세상에서 물과 함께 다시 태어날 때, 더 정확히 말하자면 물로 다시 거듭날 때 임하는 것이야. 예수는 랍비 니고데모에게 "바람이 임의로 불매 네가 그 소리는 들어도 어디서 와서 어디로 가는지 알지 못하나니 성령으로 난 사람도 다 그러하니라"라고 말한 바 있어. 이는 죄의 사슬에서 풀려나 얻게 되는 자유와 관련된 영적 이미지야. 사람들이 생각하듯 교리가 아니라고. 힌두교도는 태양을, 기독교도는 하늘을, 불교도는 모든 것을 내포하고 있는데도 아무것도 포착 불가능한 무無를 갈망하는 거야.

이라 그 뚜렷한 차이에도 불구하고, 시각과 실천의 상이함에도 불구하고, 불교와 기독교는 현세적 존재의 고통스럽고 덧없는 조건을 인정할 필요성을 강조한다는 점에서는 일치해. 또한 불교는 무한한 연민, 기독교는 타인에 대한 사랑을 촉구한다는 점에서도 일치하고. 비록 공통의 종교적 그리고/혹은 우주론적 토대를 공유하고 있지는 않지만, 이두 종교의 일부 윤리는 서로 대화가 가능하고, 나아가 이 시대의 어지러운 파노라마에 맞설 지평들을 공유할 수 있게 해주지. 달라이 라마와 남아프리카공화국의 투투 대주교 사이의 화기애애한 대화를 위시해 불교 승려들과 가톨릭 사제들이 공유하는 생각은 정치사상, 비인간화시키는 소비 경향, 민족주의, 새로운 인종주의 등으로 갈라지고 타자가 되어 버린 이 세계에서 아주 희망적인 일이야… 그런데 타자는 누구라고 생각해?

아르카 너에게는 내가 타자겠지. 나에게는 네가 타자이고. 그러나 타자가 차이의 화석화를 의미한다면, 즉 타자가 나와 유사한 사람이 아니라 정반대의 사람, 친구가 아니라 적,

단순히 이국적인 혹은 비인간화된 나의 거울이라면, 타자성otredad이 아니라 타자화otrificación일 뿐이야.

이라 '타자화'라는 말은 처음 들어봐. 그러나 우리에게 꼭 필요한 타자성과는 구분하는 것이 온당할 듯싶어. 타자성은 관능적이고 우리를 살게 해줘. 또 속이 비치는 투명 베일이어서 다른 사람들과의 의미 있는 공존을 포착할 수 있어. 단자들의 세계를 상상해 봐. 우리는 단자였으면 지금처럼 두에르메아우토피스타스와 함께 숲을 걸으면서 대화하지 못했을 거야.[16] 개는 자신만의 구체를 타고 떠다니고, 너는 네 원형들에 침잠하고, 나는 헬륨 기구를 타고 문자 그대로 무의 영역에 진입할 때까지 하늘로 올라가는 형국이었을 테지. 내가 '무'를 운운한다고 라플라타강 유역에 불교가 있었다는 이야기는 아니고.

아르카 다른 사람들, 기독교적인 개념의 타인들이 없다면, 사실 우리는 아무것도 아닐 거야. 우리 인간은 서로 간의 관계를 통해 형성되거든. 의사이자 시인인 어느 친한 친구가 이야기하듯, 뇌는 고독한 신체 기관이 아니라 관계 지향적이고 사회적인 기관이야.

이라 심장은 더 그래. 예수의 대중적인 재현에서 그는 완고한 인물, 위대한 교리서를 대변하는 인물이 아니라 위대한 심장을 지닌 인물이야. 성심sagrado corazón이라고 부르는 심장… 게다가 부처 역시 위대한 머리나 두뇌보다는 위대

---

16 라이프니츠 철학에서 단자, 즉 모나드는 이 세상에 무수히 존재해도 자신의 자발적인 작용에 의해 변화할 뿐 서로 영향을 미치지는 않는다.

한 심장이 낫다고 말했다더군. 똑똑한 인간보다 연민을 느끼는 인간들이 사는 세상에 대해 성찰했어… 일본에 원폭을 투하한 이들은 틀림없이 나름 이성적이고 준비되어 있고 헤아릴 줄 아는 사람들이었어. 유대인 수용소를 설계한 이들도 준비된 사람들이었고. 쌍둥이 빌딩에 비행기를 처박은 이들도 영악한 사람들이었지. 인류의 파괴자이자 집단 학살자들은 지능지수가 높은 사람들이었다고. 하지만 심장이 없는 사람, 마음이 병든 사람들이었지. 자기 자신의 적이자 모두의 적이었고, 자기 파괴에 있어서는 위대한 지도자들이었어.

아르카 초경쟁적이고 초정치적인 우리 시대에 각광 받는 소위 지도력도 반드시 훌륭한 자질은 아니야. 우리는 마치 순한 양떼처럼 목자를 따르라고, 이를테면 자기 문제를 다른 사람들이 생각하게 하라고 배웠어. 여론을 좌지우지하는 정치인, 지식인, 사제 혹은 기자 같은 사람들이 말이야.

이라 그렇지. 심지어 선량한 목자로서의 예수 이미지도 나는 좀 거슬려. 우리가 알기로는, 나사렛 사람은 목자 아들이 아니라 목수 아들이었어. 양이나 소가 아니라 나귀를 타고 예루살렘에 입성했고, 어릴 때는 목자보다 어부들과 많은 시간을 보냈어. 복음사가들은 홀笏을 든 예수를 묘사한 적이 없어. 그런 도상圖像은 제국의 권력과 제휴하면서 형성된 성직자 계급, 그 후 마치 우리가 선량한 양떼인 양 그들이 원하는 대로 순순히 따르기를 원했던 그 계급에서 비롯되었어. 그 계급은 심지어 예수의 가르침이 아닌 것까지 우리가 따르기를 원했지. 우리에 대한 도상도 길 잃은 양의 우화에 대한 수천 년 오해의 역사야. 에이즈에 가장 큰 피해를 입은 대륙인 아프리카에서, 콘돔 사용은 죄악이라고 주저 없이 말하는 그 대주교들과 교황들의 후안무치를 생각해 보라고. 종교 결혼이 권장하는 성의 이미지는 아름다운 이상이기는 하지만, 수많은 사람의 현실에 부합하지 않아. 특히 청년, 청소년들의 현실에는. 이에 더해, 많은 개신교와 가톨릭 목자들의 남색 스캔들을 생각해 보라고. 그중에는 허위 고발인 경우도 더러 있지만, 그리스도와 부처의 가르침이 왜 도그마와 허구적인 자격 요건으로부터 해방적인지 알 수 있잖아. 양떼의 울음소리를 돌보는 일이 목자의 몫이라는 것도 그런 종류의 도그마요 허구적인 자격 요건이지.

아르카 동의해, 이라. 부처의 도강 이야기를 해준 사람이 너였던 것 같네. 강 건너편에 도달하고 나면 배를 버려야 한다고 말했다지.

이라 맞아. 부처는 중생이 자신의 가르침에 묶여 있기를 원하지 않았어. 자신들만의 마법의 공식, 되풀이되는 공식에 집착했던 승려와 고행자들과는 달랐지. 그러나 우리 위치에서 볼 때 사실 서양인 동양에서는 자유주의 교육을 받은 우리로서는 온전히 이해하기는 힘든, 스승에 대한 순종이 있어.

아르카 예수는 자신의 이름으로 말하는 많은 사람이 출현하리라고 경고했지. 사실 이 새로운 시대에는 구루가 유행이야. 사제의 탈을 쓴 장사치들이 예수도 놀랄 만큼 많아. 그들은 마법사, 변혁가, 조력자 등으로 불리지. 주술사, 심리학자, 사제의 장점들만 모으려는 시도를 하고. 그러나 많은 이가 결국 장사치의 물욕과 비인간성을 드러내. 타인의 트라우마, 공포증, 두려움으로 돈을 벌거든. 그 대가로 추종자들의 자아를 하늘까지 고양시키는데, 종국에는 굉음을 내면서 추락하는 일이 빈번해.

이라 거짓 선지자라는 관념은 대단히 유대·기독교적이야. 아비야 얄라, 아오테아로아,[17] 아프리카의 선주민 설화들에는 종교 지도자나 신-군인 지도자들의 권력 남용에 대한 서사적 비판이 도처에 담겨 있어. 또한 타인을 위해 헌신하는 사람들, 사람을 노예로 만들어 버리는 타자화가 아니라 사랑스러운 타자성에 대한 아름다운 이야기들도 항상 있고. 그래서 많은 현자와 정의로운 이들이 시대를 초월해 존경받고 무조건적인 추종이 뒤따르는 거야.

아르카 어젯밤 라디오를 듣는데 청취자들에게 그들을 행복하게 만드는 것이 무엇인지 묻더군. 온갖 유형의 답이 있었어. 섹스 체위에서부터 이국적인 음식과 국내에서는 구하지 못하는 자동차 모델에 이르기까지. 한 가지 대답만이 나를 감동시켰어. 이민자의 대답이었는데, 자신을 행복하게 하는 것은 남들의 행복이라는 거야. 자신의 행복과 안락을 넘어 남들을 도와줄 때가 행복하다더군. 이것이 인류에게는 진정한 진화야.

이라 그 행복이라는 것이 사실 상대적인 것인데, 아마 유토피아가 최종적인 상태일 거야. 완벽한 행복이 사랑하는 사람들과 함께 있는 것이라면 그건 불완전한 행복일 수밖에 없어. 그 누구와도 영원히 같이 있을 수 없으니까. 행복이

---

17 마오리어로 뉴질랜드를 지칭하는 말.

물질적인 것의 획득과 향유에 달려 있다면, 그 역시 분명 불완진한 행복이야. 모든 것을 잃을 수 있는 세상이고, 제 아무리 많은 것을 소유해도 더 가진 사람이 늘 존재하고, 눈길을 끄는 물건이 늘 있는 법이니까. 체크리스트나 죽기 전에 해야 할 모든 것 같은 식의 소망 실현이 행복이라면, 그 역시 불완전한 것이야. 소망이 실현되어도 새로운 소망이 뒤따를 테니까. 머리를 자를 때마다 수천 개의 머리가 새로 돋아나는 용처럼.

아르카 양손에 헌신의 상징으로 자신의 참수된 머리를 들고 있는 성인聖人들, 자신을 포기하지 않으면서도 '그대가 먼저'를 실천하는 그들은 가히 신화적인 존재들이야. 우주로 비상하여 은하계를 누비는 영웅, 용을 물리치고 공주와 포위된 도시를 구하는 영웅의 신화보다 더 환상적이라서 우리 시대에는 도저히 실현될 수 없는 신화 속의 주인공들이지.

이라 인류에 대한 헌신으로 시대를 초월하여 존경과 무조건적 추종의 대상이 된 이들은 그들의 사랑과 연민을 기리는 다양한 이름을 얻었어. 그들 중 다수는 군중 사이로 걷고 있는 사람보다 더 익명의 사람들이야.

아르카 우리가 믿음을 철회한, 혹은 더 이상 고려하지 않는 성자와 성녀, 현자, 구루, 구세주 혹은 그저 봉사자들도 있어. 자기 비즈니스 때문에 그리 자처했다가 주로 횡령과 권력 남용을 저질러서. 그들은 그리스도가 맞서 싸운 거짓 선지자, 제한적 비전의 사제, 회칠한 무덤[18]들이었어. 이들이 종국에는 로마 식민 지배자들을 부추겨 그리스도를 체포하게 했지. 그리스도가 장사치들 자체에 반대 입장을 취한 것은 아니었어. 부에 대한 그들의 집착은 물론이고, 동물을 희생시켜 가면서, 또 존재적 필요성 때문에 예루살렘 대회당에 가는 신도들을 악용해 돈을 벌려는 많은 사람의 욕망에 비판적이었지.

이라 그리스도를 넘겨준 것은 유대 민족이었다는 부정확한 이야기를 많이들 했지. 권력이 위태로워진 부패한 지도자들이 한 짓인데 일반인들이 그랬다는 듯이.

아르카 숱한 사원이 불타고, 숱한 민족이 괴멸되고, 숱한 믿음이 파괴되고, 숱한 과학자가 실의에 빠지고, 숱한 보통 사람이 쫓기는 이 시대에 우리는 가끔 등대 없이 항해하는 배 같고, 조명이 휘황찬란한 축구장에서 어딘가에 소속감을 느끼기 위해 함성을 지르는 익명의 관중 같아. 어디에 소속감을 느끼고 싶은 것일까?

이라 신자에서 팬으로의 이행은 현 세계의 '문명적 우월함'과 동떨어진 현상이야. 게다가 로돌포 쿠쉬가 깨달았듯이, 무언가가 되고자 하는 욕망과 압박은 예의 진화 장벽론[19]으로는 설명이 되지 않아.

아르카 그리고 우리는 숱한 전쟁의 폐허 앞에 있지.

이라 그리고 숱한 사망자의 유해 사이에.

아르카 우리는 군중 속에서 부모를 찾아 헤매는 그 고아들처럼 성장했어. 헨젤과 그레텔처럼 수없이 사탕집의 함정에 빠지고.

---

18 속 다르고 겉 다른 위선자를 뜻함.
19 다윈의 진화론을 일부 수정한 것으로, 무한한 진화를 가로막는 장벽도 있을 수 있다는 주장.

이라 우리도 양부모에 의해 수없이 방치되었지. 차이를 지닌 사람을 능멸하고 미래의 연쇄살인범들의 증오와 좌절감이 커져 가는 학교에 말이야. 2차 대전의 폐허에서 다시 일어서는 과정에 대해서 잠깐이라도 생각해 보라고. 그토록 끔찍한 광경들을 목격하고 경험한 후에 어떻게 다시 인간을 믿을 수 있겠어?

아르카 바로 그때 원시 부족이라고 불리는 사람들에게 시선을 돌리는 일이 훨씬 더 큰 의미를 띠게 되었지. 정신분석, 인디오와 선주민 스승, 이미 알려진 약초와 파괴적인 마약초들이 붐을 일으켰어. 아직도 우리는 이런저런 방식으로 다시 동굴에, 즉 우리 내면에 들어갈 것을 요구받는 시대에 살고 있어. 의미를 복원하고, 그림자들에 대한 분별력을 다시 키우기 위해서. 또 실체와 환영, 의미 있는 것과 없는 것을 분별하기 위해서.

이라 …

아르카 동굴은 우리 안에 있어. 20세기 초에 프로이트가 모든 것이 성性과 관련 있다고 생각하면서 논하던 무의식 또한 동굴이야.

이라 융은 아버지 프로이트보다 더 멀리 도달했지. 이는 일정 부분 고대 신화와 괴테를 더 제대로 독해했기 때문이야. 프로이트가 무의식을 발견했다고들 믿어 왔지만, 악마적인 것에 대한 괴테의 성찰을 알아야 해. 의미 있는 전례前例들과의 관계를 확립하려면. 심도 깊은 프시케 연구는 신화와 종교 연구에 크게 빚고 있고, 또한 자신의 꿈, 느낌, 내면의 이미지들의 세계에 침잠한 예술가들의 유산이기도 해.

아르카 이건 좀 역설적이네. 안 그래? 그리스-기독교 철학자
들은 오랜 세월을 민초의 신화들에 대해 체계적인 의구심
(때로는 배격)을 표명했건만, 20세기에 마음의 연구에 골
몰한 일련의 의사들이 출현했으니. 이들은 이내 생리학과
행동과학만으로 인간 존재의 심연을 설명하기에는 역부족
이라고 깨달았지. 그래서 플라톤의 위험한 동굴에 다시 들
어가야 했는데, 이 동굴이 수백만 개의 동굴 중 하나일 뿐
이라는 사실에 망연자실했어. 비록 많은 경우 꿈속에서였
지만, 선조들이 다녔고 우리도 계속 다니고 있는 지하통로
들로 연결되어 있는 동굴들이.

이라 이 점에서 우리는 '집단 무의식'이라고 부르게 된 것의 발
견과 마주하고 있는 셈이야. 융이 이렇게 명명하지 않았나?

아르카 맞아. 하지만 물리적 세계에 대한 탐구가 고갈되었다
고 말할 수는 없겠지. 동굴 밖이 미지의 대륙을 향한 유럽
인의 항해 때문에 예상보다 지나치게 확장되었거든. '신세
계'라고 불리게 된 아비야 얄라, 오세아니아의 호주, 아오
테아로아, 기타 섬들 같은 곳으로의 확장. 항해 시대와 식
민화 시대에 광활한 무대가 펼쳐졌음에도 불구하고, 종국
에는 내면을 주목하게 되었다는 점이 놀라워. 서양의 유산
이라 부르든 유럽의 유산이라 부르든 간에 그 유산을 물려
받은 이들은 수많은 경로를 통해 동굴에 다시 들어갔어. 지
식을 얻기 위한 참된 길을 열고 싶으면 동굴에서 나올 필요
가 있다고 플라톤 신화가 경고했건만.

이라 낭만적 탐구들이 지하 세계만 대상으로 한 것은 아니
야. 소위 저주받은 시인들의 경우처럼 지나치게 고독하고,
절망적이고, 자기 파괴적인 탐구일 때도 많았어. 낭만적 탐

구는 몽환적 탐구(네르발류)와 야행적 탐구(노발리스류)였을 뿐만 아니라 자연의 매력에 대한 깨어 있는 감수성이기도 했어. 존 로크의 금지적 자연법과 대조되는 윌리엄 블레이크의 상상의 자연을 생각해 봐. 무의식 이론이 대두되기 이전의 많은 작가가 자신의 내면으로 자연을 감지했어. 그들의 자연 묘사나 이미지들은 경험주의자들의 합리적이고 분석적인 세세한 분석에 반反하면서도 더 세심한 경우가 많았어. 자연이 그들을 통해 말을 했어. 그들이 자연의 묘사와 소환을 통해서 자신의 감정과 직관을 더 잘 표현했다고.

아르카 요약하자면 내가 보는 것이(그리고 내게 보이는 방식이) 나를 통해 말한다는 뜻이군.

이라 1940년에 네 명의 소년이 개, 즉 최고의 지하 세계 안내자를 찾다가 유럽적 정체성에 대한 우리의 시각을 바꾸어 버린 동굴 중 하나를 발견했어. 라스코 동굴벽화에서는 인간과 동물의 정신적 유사함을 알 수 있었고. 이는 쇼베 동굴처럼 그 뒤에 발견된 것들에서도 재확인되었어.[20] 많은 유럽 민족이 원시적이라고 여기고, 인종주의적 전제에 입각해 착취하고 식민화한 선주민 부족들의 관계성 및 상징적 형식들과 유사한 점을 그 아득한 옛날 유럽인들도 지니고 있었던 거야. 또 갑자기 발견했지. 모성 숭배가 가톨릭의 성모 숭배는 물론이고, 수메르와 바빌로니아의 여신 숭

---

20 라스코 동굴과 쇼베 동굴 모두 프랑스에서 발견되었으며 구석기 시대의 동물벽화로 유명하다.

배보다 더 오랜 것이었다는 사실을. 제우스가 납치한 페니키아 공주 에우로페 이야기는 일정 부분 서양에서 남성 숭배가 우위를 점하기 시작한 시점의 상징일 뿐이고.

아르카 투우사에게 희생되는 황소의 교란적 이미지, 또 미노스왕이 수치스럽게 여긴 반인반우半人半牛의 아들 미노타우로스가 가장 유명한 당대 화가인 파블로 피카소의 몽환적, 원시주의적, 무의식적 상징주의와 더불어 재출현했어. 가끔은 들소인 그 투우는 쇼베 동굴에서는 어머니의 몸에 융합되어 그려졌고, 라스코 동굴에서는 남근적 사냥꾼과 맞서는 투우와 비슷한 점이 있지. 하지만, 피카소의 〈게르니카〉의 폭격 장면에서 투우는 인간의 정신이 전쟁에서 겪은 끔찍한 혼란을 표현하고 있어.

이라 유럽인을 동굴과 거리를 두게 한 수천 년의 합리주의, 우월하고 더 진화된 것으로 여겨지던 그 합리주의가 마치 거울이 된 형국이야. 자기 꼬리를 삼키는 길의 종착역에 펼쳐진 혼란스럽고 고통스러운 이미지가 투영된 거울이.

아르카 그건 우리가 빠진 과도한 합리주의, 인도-아프리카-아메리카 국가들이 모방하고자 했던 합리주의에 대한 문제 제기이기도 해. 모방이 진보의 열쇠라면서, 그 합리주의를 따르고자 했으니까. 그러나 곧 고대인의 신화와 제의가 농담이 아니었다는 것이 입증되었지. 신화와 제의를 통해 질서를 창조하거나 세계를 파괴할 수 있는 힘을 지닌 물길을 낸 거야. 그 신화와 제의를 민족적, 합리적, 제국주의적, 팽창적 신화와 제의로 대체하고, 이와 동시에 과학을 모든 것을 통제하고 설명할 수 있는 신화로 추켜 세우는 일은 그 시절이나 지금이나 온갖 제어 불능과 교란의 원인이야. 양

두 개의 화산이 있는 니카라과의 오메테페섬.

차 대전을 통틀어 1억 명 이상의 사망자가 발생한 이유를
누가 설명할 수 있겠어? 한국, 베트남, 아프가니스탄, 이라
크의 가증스러운 전쟁에서 발생한 사상자들을 뺀 수치인
데도 말이야.

이라 현대에 접어들어 발견한 원자력과 무의식은 문자 그대
로 동전의 양면이야. 한 면에는 원자력이, 또 한 면에는 무
의식이 새겨진. 돈과 무기를 과시하면서 경쟁 중인 많은 나
라의 투자 산물이 바로 그 동전이지.

아르카 여전히 비판의 대상인 양차 대전은 우리에게 지울 수
없는 이미지를 남겼어. 청년들의 총구에 꽂혀 있는 꽃의 이
미지.

이라 서늘한 비구름이여, 모락모락 연기 나는 분화구를 식혀
  주기를!
이라 사랑은 증오보다 항상 더 강력할 거야.
아르카와 이라 사랑은 우주의 창조적인 힘!

옮긴이의 말

나이 들어 만나도 좋은 인연이 있다. 이 책의 저자 미겔 로차 비바스Miguel Rocha Vivas와의 인연이 그렇다. 10년 전쯤에 인천에서 열린 AALA문학포럼(아시아·아프리카·라틴아메리카 문학포럼)에 참석한 페루 친구이자 선주민 시인이, 앞으로도 가끔은 선주민 문학 작가 혹은 비평가를 포럼에 초청할 생각이 있다고 말했더니 귀국 후에 미겔을 추천하는 메일을 보내왔다. 선주민 문학 행사에서 만난 적이 있는데 대단히 인상적이었다는 것이다. 예기치 않은 추천이었다. 선주민 문학에 관한 한 페루는 본산이라 할 만한 나라인데 자기 나라 사람들을 제쳐 두고 콜롬비아 사람을 추천했기 때문이었다. 그 뒤로도 두어 번 초청을 권하고, 와중에 미겔에게 직접 연락하도록 권유하기까지 했다. 그러나 당장은 그런 계획이 없었기에 기회가 되면 어떤 사람인지 알아보고 판단하면 되겠지 싶었다.

그러다가 2016년에 페루에 갈 일이 생겼고, 마침 이듬해 국제학술대회 개최 계획이 있어서 콜롬비아에 들러 미겔을 한 번 만나 보게 되었다. 긴 이야기를 나누지는 못했지만 성품이나 실력이 괜찮아 보여서 초청을 결정하게 되었다. 이듬해 미겔은 내가 소속되어 있는 서울대학교 라틴아메리카연구소의 학술대회는 물론, 뒤이어 제주에서 열린 AALA문학포럼에도 참가하였다. 두 발표 모두 대단히 참신했지만 또한 생소하기도 했다. 선주민 문학에 대해 어느 정도 지식이 있는 내게도 생소했으니, 지속적인 교류는 힘들지도 모르겠다는 생각이 언뜻 들었다.

그런데 그 이후 미겔이 이 인연을 살려 내고 주도했다. 2018년 본인이 재직 중인 하베리아나 대학과 피츠버그 대학 이베로아메리카문학국제연구소 공동 주최 학회에 콜롬비아-아시아 교류 세션을 만들어 가게 되었고, 다시 만나 이런저런 이야기 끝에 이듬해 부산에서 열릴 AALA문학포럼에 미겔이 한 번 더 오게 되었다. 두 번째 방문 때의 미겔은 인상 깊었다. 포럼에 참석한 여타 외국인 문인이나 학자들과의 대화에 적극적이고, 한국에 대해서도 더 많이 알고 싶어서 영어로 된 책이라도 구하려 애쓰고, 첫 방문 후 쓴 제주도 관련 에세이의 번역 기회를 알아보았다. 이 에세이가 바로 이 책의 5장인 「제주, 하하」인데, 당시 그 글을 읽으면서 놀랐다. 제주 방문 당시 나도 모르는 사이에 짬짬이 여기저기 다닌 것을 알게 되었기 때문이기도 하고, 글이 그저 가벼운 제주 스케치가 아니라 제주라는 또 다른 세계와의 대화 가능성을 모색하는 성찰을 담고 있었기 때문이다. 그 뒤로도 미겔은 여러 차례 교류 제안을 했지만, 처음에는 내 개인적인 사정이 여의치 않아서, 그 뒤에는 코로나 때문에 성사되지 않았다. 그러다가 한국이 주빈국이 된 보고타도서전과 콜롬비아를 주빈국으로 하는 서울도서전을 계기로 이런저런 일을 제안해 왔는데, 그새 우리나라에 대한 지식이 꽤 축적되었다는 것을 알게 되었다.

그 뒤 알게 된 미겔의 이력을 보면 그의 이런 행보는 계속

될 것이 분명하다. 미겔은 청소년기 때 벌써 선주민들의 세계관이나 구전문학, 전통 의학 등에 관심이 있었다. 그리고 1990년대 중반 대학을 다닐 때는 예술과 종교를 주제로 하는 국제학술대회 소식을 우연히 접하고, 동료들과 함께 콜롬비아 선주민 현자들도 참여시키자고 주최 측에 제안해 관철시켰다. 덕분에 세계적으로 확실히 종교로 인정받는 이슬람교, 힌두교, 유대교, 기독교의 영적 지도자들에게 선주민들의 세계관을 알릴 수 있었다. 이 책에서 설파하는 '하나의 우주 universo'가 아닌 '다중 우주pluriverso'의 당위성을 그 나이에 벌써 깨닫고 실천한 셈이다. 선주민 세계에 대한 관심은 더 커져서, 툭하면 선주민 마을이나 유적지를 찾아다니면서 며칠씩 하염없이 산길을 걷기도 하고, 선주민 인구 비중이 높은 에콰도르, 페루, 볼리비아로 배낭여행을 떠나기도 하고, 잉카제국의 수도 쿠스코에서 석사 과정을 하면서 인근을 누비고 다니기도 했다. 박사 과정은 미국 노스캐롤라이나 대학에서 했는데, 캐서린 월쉬Catherine Walsh, 월터 미뇰로Walter Mignolo, 아르투로 에스코바르Arturo Escobar 등처럼 선주민을 위시해 오랫동안 "대지의 저주받은 사람들"의 복권을 통해 인류 문명의 실질적인 변화를 추구하던 걸출한 학자들의 연구 기획에 관심을 두었다. 서울대학교 라틴아메리카연구소가 지난 15년가량 관심을 둔 탈식민주의 연구decolonial studies의 대가들이 바로 그들이었으니, 미겔과는 처음부터 접점이 있었던 셈이다(이 책을 번역하면서 접점이 생각보다 더 크다는 사실을 알게 되었다. 호세 마리아 아르게다스와 메르세데스 소사 등에 대한 공동의 관심 때문이다). 당시 라틴아메리카 연구 흐름에서 탈식민주의 연구는 의미 있는 분야였고, 미겔이 인류학자 아르투로 에스코바르 등의 인정을 받았고, 박사논문을 발전시킨『말의 협업Mingas de la palabra』으로 국제적으로 권위 있는 아메리카의 집Casa de las Américas(쿠바) 연구상을 수상해서 더 나은 연구 여건이 보장되는 미국 대학에 충분히 남을 수도 있었을 것 같다. 그러나 그다지 이를 원한 것 같지는 않다. 미겔은 귀국을 택했고, 하베리아나 대학에 재직하면서 몇 년 전에 생태비평·상호문화연구센터를 설립하여 현재 소장직을 맡고 있다.

이 책의 내용을 살펴보아도 선주민에 뿌리를 둔 미겔의 전 지구적 행보, 또 그 일환으로서의 한국 관심은 계속될 것 같다. 사실 라틴아메리카에서 선주민의 위상은 정치, 경제, 사회, 문화 어느 영역에서도 높지 않다. 그러다 보니 선주민 문인이나 관련 연구자들은 위축되어 제목소리를 내지 못하거나, 방어 심리가 과잉 작동하여 선주민 세계관, 문화, 예술 등의 우수성만 주장하기 쉽다. 이는 다른 세계, 다른 문화, 다른 예술과 활발히 대화하지 못하고 침묵하거나 독백만 늘어놓는 꼴이다. 그런데 이 책을 보면 미겔은 대화의 의지가 강력하다는 점을 쉽게 포착할 수 있다. 무엇보다도 라틴아메리카는 물론이고 아시아, 유럽, 아프리카, 중동 등 세계 각지에 대해 알고 성찰하려고 하고 있다. 또, 음악, 종교, 철학, 심리학, 언어, 문학, 문화, 정치, 사회 등 다양한 분야를 넘나들고 있다. 심지어 인간, 자연, 문화의 서열 없는 조화에 대한 꿈을 토로하기도 한다. 그야말로 다양한 차원의 대화를 모색하고 있는 것이다.

이 책의 형식은 이 다차원적 대화를 뒷받침하고 있다. 기본적으로 아르카와 이라라는 두 인물의 대화를 통해 이야기가 전개된다. 아르카는 콜롬비아인이고 이라는 아르헨티나 인으로 설정되어 있지만, 이 두 사람은 또한 시쿠sikú를 의인 화시킨 인물이기도 하다. 기본적으로 두 사람이 짝을 이루어 연주한다는 데서 안데스의 취주악기인 쉬쿠를 착안한 것이 다. 4장에서 숫자 11에 여러 가지 의미를 부여하는 대목이 있 는데, 1이 나란히 있는 모습을 서열 없는 대화의 상징으로 승 화시키고 있는 것도 그 때문이다. 이 책이 다분히 여행기 형 식을 취하고 있는 것도 대화의 필요성을 강조하기 위해서이 다. 여행은 필연적으로 타자, 타문화와의 접촉을 요하기 때 문이다. 게다가 미겔의 문제의식의 하나인 신자유주의적 세 계는 이주가 인간 조건이 된 세상, 따라서 타자, 타문화와의 접촉이 일상이 되어 상호문화적 이해 없이는 갈등과 파국으 로 치달을 수밖에 없는 세상이기 때문에 여행은 그 인간 조 건에 대한 메타포이기도 하다. 두에르메아우토피스타스라 는 개가 자주 등장하는 것도 다차원적 대화의 필요성을 암시 하는 장치이다. 이를테면 인간과 동물, 나아가 인간과 자연 의 조화 의지를 피력한 것이다. '비인간화 시대의 대/화'라는 부제는 이 의지와 관계있다. '비인간화 시대'란 인간다움을 상실한 세계에 대한 비판이기도 하지만, 인간 중심의 세계에 서 탈피해야 한다는 중의적 의미도 지니고 있기 때문이다.

　친구의 책을 직접 번역하게 되어 즐거움이 컸다. 지난 10 여 년 동안 많은 외국인 문인, 연구자와 접촉을 했지만, 거의 유일하게 지한파가 될 소양과 관심을 지닌 친구의 책이라 더 그렇다. 그래서 이 책의 번역, 출판을 위해 애써 준 여러분들 에게 특별히 감사를 표하고 싶다. 먼저 번역 지원 과정에서 여러모로 신경을 써준 한국 거주 콜롬비아 문인 안드레스 펠

리페 솔라노에게 감사를 표하는 바이다. 저자나 책 내용에
대한 많은 정보가 없는 상황에서도 출판을 선뜻 결정해 준
에디투스 연주회 대표에게도, 일정이 빠듯해서 이 동서고금
을 넘나드는 책의 공역을 부탁하게 된 김현균 교수에게도 마
음의 빚을 많이 졌다. 마지막으로 이 책의 감수에 참여하여
애를 써준 박세형 번역가에게도 깊은 감사를 표한다.

우석균

아르카와 이라
비인간화 시대의 대 / 화

제1판 1쇄 2022년 5월 31일

지은이 미겔 로차 비바스
옮긴이 우석균·김현균
감수자 박세형
펴낸이 연주희

펴낸곳 에디투스
등록번호 제2015-000055호 (2015.06.23)
주소 경기도 성남시 분당구 황새울로351번길 10, 401호
전화 070-8777-4065
팩스 0303-3445-4065
이메일 editus@editus.co.kr
홈페이지 www.editus.co.kr
제작처 (주)상지사피앤비

가격 20,000원
ISBN 979-11-91535-05-1 (03100)